浙江省哲学社会科学规划课题（18NDJC227YB）

新型城市化与政府成本

New Urbanization and Government Costs

翁异静　著

中国农业出版社
北　京

图书在版编目（CIP）数据

新型城市化与政府成本／翁异静著．—北京：中
国农业出版社，2021.1
ISBN 978-7-109-27944-5

Ⅰ.①新… Ⅱ.①翁… Ⅲ.①城市化－研究－中国②
地方政府－成本管理－研究－中国 Ⅳ.①F299.21
②F812.7

中国版本图书馆 CIP 数据核字（2021）第 028159 号

中国农业出版社出版

地址：北京市朝阳区麦子店街 18 号楼
邮编：100125
责任编辑：赵　刚
版式设计：王　晨　　责任校对：赵　硕
印刷：北京中兴印刷有限公司
版次：2021 年 1 月第 1 版
印次：2021 年 1 月北京第 1 次印刷
发行：新华书店北京发行所
开本：720mm×960mm　1/16
印张：15.25
字数：230 千字
定价：68.00 元

前言
FOREWORD

中国改革开放 40 年来的成绩单，无疑是令人自豪的，称为"奇迹"并不为过。快速的工业化，为我国带来了近 40 年的快速经济增长，使我国成为全球第二大经济体，全球最大的贸易体。而快速工业化的阶段已经过去，城市化接力工业化，成为中国经济新一轮高质量发展的重要引擎。城市是现代经济的载体，是技术创新、产业升级、消费升级的容器，未来的发展动力来自进一步的新型城市化，未来的精彩故事，都将围绕"新型城市化"这个主题发生。

新型城市化是一个内涵极为丰富的综合性过程，新型城市化发展涉及产业的转型升级、城乡社会结构调整、基础设施建设、社会治理、生态环境等诸多方面，需要科学的顶层设计进行有效指导。第一版新型城市化规划有效期是 2014—2020 年。国内外环境发生深刻变化，给新型城市化建设带来新的挑战。我们要与时间赛跑，在继续推进新型城市化发展过程中，坚定以质量为导向的新型城市化发展理念；同时也要借助改革的力量，向新型城市化谋求质量的红利。而随着城市化的推进，一个毋庸置疑的事实就是，"城市化"这一伟大的经济与社会结构变革，需要巨额成本的投入，在各方条件的合作推动下，才可能产生巨大的经济与社会效益。尤其在中国，我国的城市化进程更凸显出政府行政干预力量的痕迹，政府在城市化进程中的行政干预带来了一些问题，推升了政府行政成本。但城市化发展终究离不开政府的作用，须在促进城市化发展和行政成本控制之间寻求平衡，实现政府对城市化进程干预合理化。

基于对上述问题的思考，本书以"新型城市化发展成效及对经济社会、生态环境的影响"和"政府主导型城市化建设中的政府成本"为两大核心问题为主线，以耦合理论、协调发展理论为新型城市化与产业结构及生态环境互动发展研究的理论基础，以包容性发展理论、新制度经济学交易成本理论、新公共管理理论、瓦格纳法则、公共选择理论等为新型城市化发展中政府成本研究的理论基础，借助于熵权法、综合评价法、双重差分模型等方法，从"空间视角"切入，以环杭州湾地区、浙江省、长江经济带、中国省级城市为样本，多区域、多角度进行了大量实证研究。城市化、经济发展与生态环境之间的协同发展，城市化有效推进和政府成本控制的均衡发展，是赢得未来社会健康发展的关键。

近年来，笔者同科研团队几位成员一起对城市化及其相关成本等问题进行了一些研究，成功申报并完成了多项省部级等课题，公开发表多篇学术论文。本书是浙江省哲学社会科学规划课题（包容性发展理念下新型城市化建设中政府作用研究——基于政府成本视角，课题号 18NDJC227YB）的成果。值此专著出版之际，感谢浙江省哲学社会科学工作办公室的大力支持，感谢中国农业出版社责任编辑的辛苦付出，感谢部分研究生和本科生在课题调研中的积极参与。同时，本书的出版也得到了浙江省高校领军人才培养计划项目、浙江科技学院科大青年英才项目及学校科研处、人事处、经济与管理学院等为作者及科研团队的科研工作所提供的研究条件和经费上的支持，特此致谢！

翁异静

于杭州小和山

2020 年 11 月

目　录
CONTENTS

第一章　导　　论

第一节　问题的提出

　　自 2013 年中国新一届领导班子形成以来，城市化已提到经济社会发展的最高议程之一。诺贝尔经济学奖得主斯蒂格利茨曾预言，有两件事将对 21 世纪人类社会进程产生深刻影响，其中一件就是中国的城市化。过去 30 多年，城市化已成为中国经济增长的主要驱动力。按世界银行的标准，我国在 21 世纪初就已经由低收入国家进入中等偏下收入国家，在 2010 年人均 GDP 超过 4 000 美元后，又跨入中等偏上收入国家的行列，由此引出了中国是否面临"中等收入陷阱"的问题。因此，城市化被赋予更重要的历史使命，成为中国避免进入中等收入陷阱的一种重要战略安排，是优化产业结构、扩大内需、缩小收入差距等重要手段，"新型城市化"被推升至举国关注的战略高度。

　　从世界各国的经验和实践来看，城市化发展受到市场和政府两股力量的作用。一是市场力的作用，市场力应该是城市化发展的基本动力，在市场机制作用下价格竞争等资源配置手段会发挥其积极作用，对人们的利益比较和行为选择实现有效的引导和调节，进而影响人口、土地、资本等资源的流动与发展。二是政府行政力的作用，政府的行政干预也是影响城市化进程的重要力量，政府可以通过制定法律法规、战略规划或其他相关的制度安排，对城市化进程实现调控或引导。中国也不例外，既有推动城市化进程的自上而下的强制型政府主导模式，又有政府主导与市场相结合的混合模式。在计划经济体制时代，我国的城市化进程基本上就是典型的自上而下政府主导和强制推动模式，完全通过政府施加强制力进行干预和推动，以行政力量来配置人力、土地等要素和资源，以达成经济进步和城市化发展的目的。改革开放以后，尤其是在建立和完善社会主义市场经济体制的过程中，政府主导模式逐渐与市场相结合，开始突出市场配置资源的作用，通过发挥政府和市场的共同作用推动经济发展和城市化进程。在目前中国强调以人为本的新型城市化战略实施中，政府的主导因素仍然十分强大，新型城市化战略中政府的作用更加明显，与西方国家相比我国的新型城市化进程更能凸显政府行政干预力量的痕迹，传统计划经济体制时期所盛行的依靠行政力配置资源的方式和城市发展理念影响依然很大。乃至学界基本都认为当前中国新型城市化进程的"政府主导"因素大于"市场自然演变"因素，也就是说中国的新型城市化其实还是政府在强力推进，从这个意义上甚至可以说，我国"城市化的革命"就是"政府的革命"。

那么，"政府的革命"必然导致政府职能的扩张，正如张康之教授所言，"政府职能扩张的直接结果是政府规模的膨胀。每项新的政府职能的出现，都或大或小地意味着一个新的政府部门或政府机构的出现，即使在没有设立相应的部门或机构的情况下，也需要由相应的人员去具体地承担这项新的政府职能。"显然，政府推动下的新型城市化战略的实施，需要增加新的政府机构和人员去专门负责各种事项，这必然会增加地方政府的成本。并且，中央政府也会通过财政拨款、投资及转移支付来支持各地方政府新型城市化战略的推进，这在一定程度上也会膨胀地方政府成本。国家行政学院课题组在对于农民工市民化的研究中做过一个小的成本模型，该模型包括农民工随迁子女的教育成本、社会保障成本（养老、医疗、最低生活保障）、保障性住房、就业成本这四项成本，在一系列严格的限定条件下，假设要将在城市居住的将近 1.6 亿的农民工市民化，所需的这四项成本按照 2011 年的价格计算大概是 1.8 万亿元。这个计算结果出来后，他们分别在一些场合进行了汇报，也听到一些反馈，总的意见是觉得偏低。这是一个年度数据，即如果要把这 1.6 亿的农民工纳入到城市基本公共服务保障体系，财政每年都要支出这么多钱。从这个角度来说，这个成本实际是非常大的，相当于现在整个全国财政支出每年的 15% 左右。以未来的眼光来看，这个成本以后随着时间的推移会越来越大，1.8 万亿元只是根据 2011 年数据所进行的一个时点价格的计算，未来要一直运营下去的话，成本的确是相当巨大的，相当于现在每年全国财政支出的 15%，而且是刚性运行，只增不减。

因此，作为未来我国城市化发展的一种理念，新型城市化道路是对传统城市化道路的一个系统性扬弃，传统城市化道路是中国成就 30 多年经济增长奇迹的重要引擎。然而，当城市化被戴上"新型"二字以后，政府主导下的"新型城市化"成效如何？对中国经济、社会、环境的发展又该起到何种深刻影响？政府在自己主导下的这场革命中，到底起到了何种作用？此外，我们不能孤立地考虑新型城市化带来的各种效益，也要考虑到政府在新型城市化推进过程中付出的成本，政府主导下的"新型城市化"会对政府成本产生怎样的影响？或者说新型城市化战略的实施在政府成本膨胀效应中发挥怎样的作用？

第二节 研究内容及结构安排

一、研究内容

立足于中国新型城市化战略全面推进及中国政府成本扩展的现实背景，通过对城市化理论、政府成本理论等的梳理，一方面，系统研究新型城市化发展成效及对经济社会、生态环境的影响；另一方面，系统研究政府主导型城市化建设带来的政府成本。基于以上两大方面的核心内容，本书的第二章到第七章进行了研究。

第一章为导论部分。阐述本书的研究背景和意义，指出了研究内容和结构安排，概述了理论基础和研究方法。

第二章以环杭州湾地区为例，对新型城市化的质量进行综合评价。在分析环杭州湾地区 6 个城市经济社会发展基础上，从经济发展质量、居民生活质量、社会公共服务、生态环境质量、科学技术发展、城乡协调发展6 个子系统构建新型城市化发展质量评价指标体系，采用综合评价法，对杭州、宁波、绍兴、嘉兴、舟山、湖州 6 个城市在 2014—2018 年间的新型城市化质量进行全面评价。此外，考虑到由于 2012 年是加快推进环杭州湾地区建设的起始年，所以对 2011 年的环杭州湾地区的新型城市化质量和 2018 年的环杭州湾地区新型城市化质量进行对比分析。

第三章以浙江省为例，对新型城市化与产业结构的时空耦合特征进行研究。在对产业结构与城市化国内外研究现状梳理的基础上，基于耦合理论，对浙江省现阶段的产业结构与城市化发展的近况进行分析，并探讨了二者之间耦合互动的作用机制。然后，运用协整检验查检了浙江省产业结构与城市化发展的互动机制，同时，进一步构建产业结构和新型城市化指标体系及耦合协调模型，运用熵值法和综合发展指数评价法对二者的综合发展水平及耦合协调度进行了测度，从时空角度对新型城市化与产业结构耦合特征进行分析。

第四章以长江经济带为例，对新型城市化与生态环境的协调性进行研究。从复杂系统角度出发，基于协调理论和 PSR 模型，分析新型城市化和生态环境两个系统的协调作用机理，从人口城市化、经济城市化和空间城市化三维度构建长江经济带新型城市化综合评价指标体系，从生态环境压力、生态涵养能力以及环境治理水平三维度构建长江经济带生态环境综合评价指标体系，借助协调度模型，研究 2004—2018 年新型城市化与生态环境的综合水平以及协调度的时空格局演变特征。

第五章以浙江省为例，对城市化的成本进行分析。在分析城市化带来的正面、负面影响、城市化成本的种类以及城市化成本影响因素的基础上，从环境成本、交通成本、社会保障成本、教育成本等方面，从空间维度对浙江省 11 个市的城市化成本进行比较，从时间维度对浙江省 2012—2016 年的城市化成本进行比较。最后，从区域经济发展水平、城市性质、城市规模及城市生活质量 4 个方面，选取人均生产总值、城镇居民可支配收入、物价水平、城市化水平、产业结构、城市人口等变量对城市化成本影响因素进行了理论和实证分析。

第六章基于中介效应和调节效应，研究了"政府成本"视角下城市化与包容性发展的影响机理。以"包容性发展理论"为指导，把政府成本作为中介变量和调节变量，建立政府成本与"城市化对社会包容性发展"关系的理论框架模型。据此理论模型，在验证政府成本、城市化和社会包容性发展相互作用关系的前提下，检验政府成本在"城市化对社会包容性发展"关系中的中介效应和调节效应。以中国 2000—2013 年省级面板数据为样本，将政府财政支出规模和政府人员规模作为政府成本衡量指标，进行了实证分析。

第七章基于倍差法，从新型城市化战略视角下对地方政府成本膨胀效应进行测度。以倡导以人为本的"新型城市化"为切入点，从"政策评估"角度，采用双重倍差法，测算新型城市化战略实施对地方政府成本的膨胀效应。分别用政府支出规模和政府人员规模作为政府成本的衡量指标，以中国2000—2013年省级面板数据为样本进行了实证分析。

二、结构安排

基于上述六大核心研究章节，本书的结构安排如图1-1。

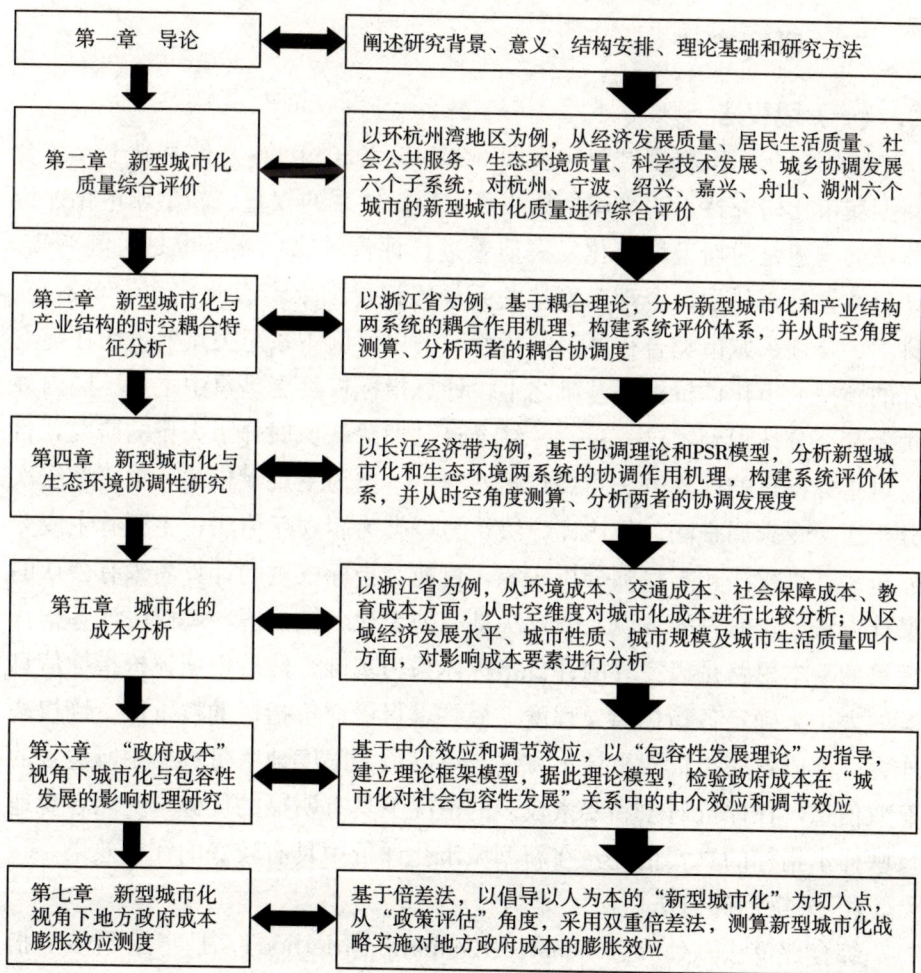

```
┌─────────────────────┐        ┌──────────────────────────────────┐
│   第一章　导论        │◄──────►│ 阐述研究背景、意义、结构安排、理论基础和研究方法 │
└─────────────────────┘        └──────────────────────────────────┘
         │
         ▼
┌─────────────────────┐        ┌──────────────────────────────────┐
│  第二章　新型城市化    │◄──────►│ 以环杭州湾地区为例，从经济发展质量、居民生活质量、社 │
│  质量综合评价         │        │ 会公共服务、生态环境质量、科学技术发展、城乡协调发展 │
│                     │        │ 六个子系统，对杭州、宁波、绍兴、嘉兴、舟山、湖州六个 │
│                     │        │ 城市的新型城市化质量进行综合评价 │
└─────────────────────┘        └──────────────────────────────────┘
         │
         ▼
┌─────────────────────┐        ┌──────────────────────────────────┐
│  第三章　新型城市化与  │◄──────►│ 以浙江省为例，基于耦合理论，分析新型城市化和产业结构 │
│  产业结构的时空耦合特  │        │ 两系统的耦合作用机理，构建系统评价体系，并从时空角度 │
│  征分析               │        │ 测算、分析两者的耦合协调度 │
└─────────────────────┘        └──────────────────────────────────┘
         │
         ▼
┌─────────────────────┐        ┌──────────────────────────────────┐
│  第四章　新型城市化与  │◄──────►│ 以长江经济带为例，基于协调理论和PSR模型，分析新型城 │
│  生态环境协调性研究    │        │ 市化和生态环境两系统的协调作用机理，构建系统评价体 │
│                     │        │ 系，并从时空角度测算、分析两者的协调发展度 │
└─────────────────────┘        └──────────────────────────────────┘
         │
         ▼
┌─────────────────────┐        ┌──────────────────────────────────┐
│  第五章　城市化的      │◄──────►│ 以浙江省为例，从环境成本、交通成本、社会保障成本、教 │
│  成本分析             │        │ 育成本方面，从时空维度对城市化成本进行比较分析；从区 │
│                     │        │ 域经济发展水平、城市性质、城市规模及城市生活质量四个 │
│                     │        │ 方面，对影响成本要素进行分析 │
└─────────────────────┘        └──────────────────────────────────┘
         │
         ▼
┌─────────────────────┐        ┌──────────────────────────────────┐
│  第六章　"政府成本"   │◄──────►│ 基于中介效应和调节效应，以"包容性发展理论"为指导， │
│  视角下城市化与包容性  │        │ 建立理论框架模型，据此理论模型，检验政府成本在"城 │
│  发展的影响机理研究    │        │ 市化对社会包容性发展"关系中的中介效应和调节效应 │
└─────────────────────┘        └──────────────────────────────────┘
         │
         ▼
┌─────────────────────┐        ┌──────────────────────────────────┐
│  第七章　新型城市化    │◄──────►│ 基于倍差法，以倡导以人为本的"新型城市化"为切入点， │
│  视角下地方政府成本    │        │ 从"政策评估"角度，采用双重倍差法，测算新型城市化战 │
│  膨胀效应测度         │        │ 略实施对地方政府成本的膨胀效应 │
└─────────────────────┘        └──────────────────────────────────┘
```

图1-1　本书研究结构框架

第三节　理论基础及研究方法

一、理论基础

以耦合理论、协调发展理论作为新型城市化与产业结构及生态环境互动发展的理论基础；以包容性发展理论、新制度经济学的交易成本理论、新公共管理理论、瓦格纳法则、公共选择理论等为新型城市化发展中政府成本研究的理论基础。

二、研究方法

（一）熵权法

本书在《国家新型城镇化规划（2014—2020 年）》文件基础上，结合新型城市化研究特点，采用熵权法确定指标体系的权重。新型城市化评价体系的构建是对新型城市化发展质量进行评价的第一步，也是关键一步。评价体系是否科学、合理，直接关系最终评价结果，因此建立一套系统、科学、合理、城市契合程度高的新型城市化评价体系至关重要，而在建立好的新型城市化评价体系基础之上，计算指标权重更是重中之重。国内外学者都充分认识到了这一点，并结合自己理解认识展开了大量的研究，目前对指标权重的计算方法主要包括两类：一类为主观赋权法，主要有层次分析法、专家调查法、环比评分法；另一类为客观赋值法，主要有主成分分析法、熵权法、多目标分析法等，目前对指标权重的计算尚未有公认的最佳方法[1]。但总的来说，熵权法是一种客观赋权方法，熵权法计算指标权重的基本思路是以完善的评价指标体系为基础，然后根据评价指标信息熵的大小来确定各指标离异程度，最终求得该评价指标的权重值。熵权法作为一种成熟的指标权重评价方法，可以最大限度地衡量数据中所包含的有效信息，在评价对象和要素较多的情况下具有明显的优势，更能客观地反映样本指标的真实情况，在新型城市化评价中具有较好的评价效果。

（二）综合评价法

综合评价法（Comprehensive Evaluation Method），是指运用多个指标对多个参评单位进行评价的方法，称为多变量综合评价方法，或简称综合评价方法。其基本思想是将多个指标转化为一个能够反映综合情况的指标来进行评价。如不同国家经济实力，不同地区社会发展水平，小康生活水平达标进程，企业经济效益评价等，都可以应用这种方法。综合评价法的特点，评价过程不是逐个指标顺次完成的，而是通过一些特殊方法将多个指标的评价同时完成的；在综合评价过程中，一般要根据指标的重要性进行加权处理；评价结果不再是具有具体含义的统计指标，而是以指数或分值表示参评单位"综合状况"的排序。综合评价分析指标值的计算方法主要有打分综合法、打分排队法、综合指数法、功效系数法等。

本书对新型城市化综合评价值、生态环境综合评价值等的计算采用综合指数法。综合指数法将各项经济效益指标转化为同度量的个体指数，便于将各项经济效益指标综合起来，以综合经济效益指数作为企业间综合经济效益评比排序的依据。各项指标的权数是根据其重要程度决定的，体现了各项指标在经济效益综合值中作用的大小。综合指数法的基本思路则是利用权重计算方法计算的权重和模糊评判法取得的数值进行累乘，然后相加，最后计算出经济效益指标的综合评价指数。综合指数法方法简单、经济含义清晰、容易理解。

（三）协整检验

非平稳序列很可能出现伪回归，协整的意义就是检验它们的回归方程所描述的因果关系是否是伪回归，即检验变量之间是否存在稳定的关系。所以，非平稳序列的因果关系检验就是协整检验。20 世纪 80 年代，Engle 和 Granger 等人提出了协整（Co - integration）的概念，指出两个或多个非平稳（non - stationary）的时间序列的线性组合可能是平稳的或是较低阶单整的。有些时间序列，虽然它们自身非平稳，但其线性组合却是平稳的。非平稳时间序列的线性组合如果平稳，则这种组合反映了变量之间长期稳定的比例关系，称为协整关系。协整关系表达的是两个线性增长量的稳定的动态均衡关系，更是多个线性增长的经济量相互影响及自身演化的动态均衡关系。协整分析是在时间序列向量自回归分析的基础上发展起来的空间结构与时间动态相结合的建模方法与理论分析方法。

本书用协整检验方法检验城市化与产值结构和就业结构之间的协整关系。

(四) 双重差分模型

双重差分模型 (Difference in Difference，DID) 近年来多用于计量经济学中对于公共政策或项目实施效果的定量评估。通常大范围的公共政策有别于普通性研究，难以保证对于政策实施组和对照组在样本分配上的完全随机。非随机分配政策实施组和对照组的试验称为自然试验 (natural trial)，此类试验存在较显著的特点，即不同组间样本在政策实施前可能存在事前差异，仅通过单一前后对比或横向对比的分析方法会忽略这种差异，继而导致对政策实施效果的有偏估计。双重差分模型主要被用于政策效果评估，其原理是基于一个反事实的框架来评估政策发生或不发生这两种情况下被观测因素的变化。如果一个外生的政策冲击将样本分为两组：受政策干预的 Treat 组和未受政策干预的 Control 组，且在政策冲击前，Treat 组和 Control 组的被观测因素没有显著差异，那么我们就可以将 Control 组在政策发生前后被观测因素的变化看作 Treat 组未受政策冲击时的状况（反事实的结果）。通过比较 Treat 组被观测因素的变化（D1）以及 Control 组被观测因素的变化（D2），我们就可以得到政策冲击的实施效果（DD＝D1－D2）。

本研究将中国大陆 31 个省份分为两组，即处理组（中、西部 20 省份）和对照组（东部 11 省份），并分成新型城市化战略实施前期（2000—2006 年）和新型城市化战略实施之后（2007—2013 年），用双重差分模型来研究新型城市化战略实施对东、中、西部地方政府成本的不同影响。

第二章　新型城市化质量综合评价
——以环杭州湾地区为例

第一节　城市化历史变迁概述

纵观古今，人类社会的发展促进了城市的建设发展，而城市的发展也伴随着人类社会的不断进步。在人类社会漫长的发展进程中，各个时代的人们都创造出光辉灿烂的文明，留下丰富的文化遗产，而这些文化遗产和大自然造就的自然遗产，构成了后人生存和发展的文化和自然环境。可以说是一个城市见证了该地区文明的发展，是该地区历史文明的记录者、传承者。从记录了超凡的金字塔建筑艺术的尼罗河畔孟菲斯到传承了奥林匹克运动精神的古城雅典，从兴起文艺复兴运动的佛罗伦萨到开展启蒙运动的巴黎，从被誉为"魔都"的上海到享有"世界金融中心"之称的纽约，由此可见，城市的不断发展为人类文明的萌芽和繁荣提供适宜的环境，而璀璨夺目的人类文明也为一个个兴盛的城市提供无与伦比的文化底蕴。就像政治家威·柯珀说的那样：城市是各种行业的中心。城市普遍具有该地区行政、经济、文化等多方面的功能，而城市化的程度可以作为衡量该地区综合实力发展水平的标尺，选定一个城市作为目标对象，利用对城市化程度的评估，我们可以全面地了解该城市的综合发展情况。

就世界范围而言，城市化进程可以说是一个漫长而复杂的过程，但是第一次工业革命却在历史上第一次加速了城市化的进程。在第一次工业革命之前，世界各地的城市普遍呈现出城市化速度缓慢、城市化效率低下的特点。而在第一次工业革命的推动下，作为始发地的英国呈现出城市化速度快、城市化率高的特点；由于机械的进步，大量农民放弃耕地选择进入城市谋求发展，更是成为推动城市化进程强有力的催化剂，可以说第一次工业革命为世界市场的发展和人类文明的进步奠定了雄厚的物质基础和先进的技术基础。所以，自第一次工业革命以来，人类社会发生根本性的变化，这得益于科技的发展，越来越多的工厂劳动力被机械代替，从而允许工厂高效率地完成生产目标，也便利了人们的日常生活；越来越多的人关注高新技术行业，许多人投身于科研事业，人口的职业结构也在发生着翻天覆地的变化。根据世界银行数据显示，截至 2015 年，世界城市人口比重达 53.9%。

中国作为四大文明古国之一，有着深厚的历史底蕴，但是在封建制度统治时期，城市化的发展速度并不明显，早在战国时期，城市化率达到15%的水平，而到了唐朝天宝年间，城市化率达到了 20.8%，这其中隔了近千年的时间。到了清朝末年，华夏土地被列强不断入侵，中国陷入巨大的民族危机当中，城市化率在 1893 年时则跌至 7.7%，与同一时期正在开展第二次工业革命的欧美国家相比，中国的城市规模和发展程度都明显落后于欧美国家，加上后来抗日战争和解放战争尚未取得完全胜利的情况下，中国的城市建设无法全面开展，城市化发展很缓慢，到 1949 年新中国成立时，中国的城市化率仅有 10.6%，竟达不到唐朝时期的一半。所以，在 1949—1957 年，中国的城市化处于恢复阶段，扫清帝国主义、封建制度和官僚资本主义留下的障碍，完成对农业、手工业、资本主义工商业的改造，社会生产力在不断恢复和发展，加上第一个"五年计划"的实施，到 1957 年，中国的城市化率上升到 15.4%。在 1958—1963 年这个时间段，中国经历了大跃进、人民公社化运动，城市化建设起起伏伏，发展速度减缓下来，截至 1963 年，城市化率仅达到 16.8%。此后中国的城市化进程在 1964—1978 年"文革"动荡中停滞不前，1978 年的城市化率为 17.9%，十多年仅增长了 1 个百分点。在 1978 年改革开放以后，城市化进程进入稳定发展的阶段，到 2018 年末，中国的城市化率是 59.58%，改革开放 40 年，中国的城市化水平已经增长了 3 倍，城市人口从 2 亿增长到 8.13 亿。

表 2-1　各历史时期的城市化水平

朝代	年代	城市化率（%）
战国	公元前 300 年左右	15.9
西汉	公元 2 年	17.5
唐	745	20.8
南宋	1200 年左右	22.0
清	1820	6.9
清末	1893	7.7
中华人民共和国	1949	10.6
	1957	15.4
	1978	17.9
	1983	21.6
	1984	23.0
	1990	26.4
	2000	36.2
	2010	47.5

　　近年来，新型城市化这一名词逐渐进入大众的视野。早在 2014 年 3 月 17 号，我国发布了《国家新型城镇化规划（2014—2020 年）》，力求在 2020 年我国的城市化水平、基础公共服务、基础设施、资源环境四个方面达到相应的水平。到了 2016 年，国务院印发《关于深入推进新型城市化建设的若干意见》，明确指出要坚持走以人为本、"四化"同步、优化布局、生态文明、文化传承的中国特色新型城市化道路，要坚持点面结合、统筹推进，统筹规划、总体布局，促进大中小城市和小城镇协调发展，要着力解决好"三个 1 亿人"城市化问题，全面提高城市化质量。在 2019 年，国家发展改革委印发《2019 年新型城市化建设重点任务》，并指出城市化是现代化的必由之路，也是乡村振兴和区域协调发展的有力支撑。

第二节　城市化及新型城市化理论

一、城市化及城市化发展

　　城市，是人口稠密的中心，是市场活跃的场所。城市化，又称城市化，可以说是人类社会不断向现代城市演变的漫长过程。不论是在国内还是国外，古代城市基本上都是以农业、畜牧业为主发展起来的，由于一个城市能够自给自足，所以城市居民大多都固定居住在一个城市里，但是古代城市并没有完善的卫生设施，所以落后的卫生条件导致疾病肆虐，死亡率高，这些都是城市化最初期产生的负面影响的种种表现。早在19世纪80年代，城市化这个名词就出现在了美国的印刷品上，1867年，随着工业革命的顺利进行，《巴塞罗那改革和扩建计划》的作者、工程师伊尔德芬斯·塞尔达发表了他的城市化一般理论。这是历史上第一本将城市设计和建设过程作为一门科学进行系统分析的书。在同一年，西班牙建筑师塞尔（A. Serda）最早在其著作《城市化的基本理论》中提出城市化这一概念。

从定义层面来看，城市化是指农村地区由于经济发展和工业化而城市化的过程，是人们从农村的农田迁移到城镇的过程。农村地区人口密度高，城市以高薪工作和多样就业机会的形式为农村人口提供了更多的机会。世界上几乎每一个国家都经历了城市化的过程，特别是在它们开始工业化之后。城市和城镇成为贸易和文化的中心，越来越多的人开始移居城市或是大都市，以获得其中一些社会和经济利益。尤其是一个国家的生产从农业转移到工业，城市化更是不可避免的。人们为了更好地获得就业和资源，开始向城市迁移。人们寻求最好的机会来养活自己和家人，而城市环境往往是答案。然而，我们得明白不同国家界定城市的标准是不同的。城市和农村的主要区别在于，城市居民居住在更大、更密集、基础设施更完善、文化差异更明显的城市，而不是更小、更稀疏、基础设施更不完善、文化差异更小的农村地区。所以，农村地区向城市看齐的过程是城市化渐进的过程；发展相对落后的城市向发展相对领先的城市看齐也是城市化渐进的过程，可以说城市化是农村社区成长为城市或城市中心的过程，也就是这些城市的成长和扩张的过程。从空间方面来看，城市化是一个城市的扩张的过程，是建设用地面积不断增加的过程，是都市圈的边缘不断向外延伸的过程，更是人口从农村到城市的流动过程。从人口方面来看，城市化是城市人口不断增加的过程。从人口统计学的角度来看，城市化是指随着时间的推移，人口数量在农村和城市间进行重新分配，是城市人口不断增加、农村人口不断减少的过程。从经济学的角度，城市化是生产力发展的过程。参考《中华人民共和国国际标准城市规划术语标准》中对城市化的定义："城市化是人类生产和生活方式由乡村型向城市型转化的历史过程，表现为乡村人口向城市人口转化以及城市不断发展和完善的过程。"

学科的不同决定了对城市化的定义会局限在城市发展的某一方面。从不同的方面来看，城市化都是一个发展的过程。查阅不同学科对城市化的定义，将有助于我们从多个角度去理解城市化，为把握城市化的内涵奠定基础。

城市化发展主要是指一个国家和地区的生产力发展、科学技术进步以及现代产业结构的综合调整，使得区域社会从传统乡村农业模式转化为工业或者服务业等非农业模式的现代化城市。城市化发展是一个多维度的概念，不仅包括了人口城市化、经济城市化等内容，同时还包括了空间城市化和文明城市化等概念。在当前我国社会环境中，城市地区出现的城市群、城市带、都市圈、中心城市等各类模块，也标志着我国城市化水平正在不断加快，城市化发展形势也日趋多样化。

二、新型城市化的概念界定及测量

学界对城市化研究的热点近来也转向中国特色新型城市化的研究。2006 年，中国现代化研究中心"中国现代化战略研究"课题组在《2006年中国现代化报告》中提出：实施新型城市化战略，实现人口空间结构的两次转变，建设城乡平衡社会。之后，新型城市化研究在全国普遍展开。牛文元等人组成的新型城市化研究委员会，编制每年的新型城市化报告；汤敏等人在中国发展研究基金会的支持下，组成了中国新型城市化战略课题组。新型城市化的概念界定大概有三种代表性的观点。

第一种观点认为，新型城市化是体现政治、经济、文化、社会"四位一体"的城市化，是集约发展、统筹发展、和谐发展的城市化，是坚持以人为本的城市化。王永昌（2007）[2]、牛文元（2009）[3]认为，新型城市化是"坚持实现可持续发展战略目标，坚持实现人口、资源、环境、发展四位一体的互相协调，坚持实现农村与城市的统筹发展和城乡一体化，坚持实现城乡公共服务的均等化，以城乡之间和城际之间攫取财富和分享财富的机会平等为标志，逐步减缓和消解城乡二元结构，达到社会和谐的城市化之路。"

第二种观点认为，人口向城市转移的同时，推进结构转型的城市化道路，称为新型城市化。在继续推进人口转移型城市化的同时，大力推进结构转换型的城市化，这样的城市化道路可以称之为新型城市化道路。新型城市化包括三个内容：一是城镇人口在全国和区域总人口中的比重不断上升和农村人口比重相应下降；二是城镇的形态和分布，由各自独立的状况变成联系密切的城镇系统；三是城市物质文明和精神文明不断扩散，农村居民的生活方式日益接近城市居民（程必定，2007；邓智平，2011）[4,5]。

第三种观点认为，新型城市化应当是推动农村发展的城市化。过去我们认为，城市化主要是建设城市和发展城市。但党的十六大报告把全面繁荣农村经济与城市化结合在一起，十六届五中全会也提出建设新农村。因此，"我们应当把城市化建设的重点放在农村。这也可以说是'反弹琵琶'。城市化应当是推动农村发展的城市化。完整意义上的城市化的科学含义，一个层次是农村人口转化为城市人口，另一个层次是转入城市的那部分人的生存条件、生活方式、生活质量等的城市化。前一层次的城市化含义是形式，后一层次的城市化含义是内容。我们应当把评价城市化标准的重点放在后一层次上。由于农民和农村是城市化的重要对象，考察中国的城市化还应包括农村居民生存条件、生活质量、生活方式在城市化过程中的提升，即逐步向城市靠近"（许经勇，2006）[6]。

可见，新型城市化研究者在抛弃和继承已有关于传统城市化就是人口城市化这一观点基础上，专家学者各自从不同的角度提出了新型城市化的新概念，但迄今为止，严格来讲，什么是新型城市化道路还是没有一个统一的界定，但随着对新型城市化研究的广泛与深入，人们对新型城市化的性质与特征形成了共识。即新型城市化是与新型工业化战略相适应的城市化战略，新型城市化强调的是城市的内涵式经济增长和质量升级，是一种高级城市化途径。本质上是一种可持续的城市化道路，是与新型工业化发展同步的城市高级化战略。它强调的是城市内涵增长，是一种城市增长模式的改变。新型城市化是包括质和量的辩证统一的过程，城市发展既要有一定的速度，又应有相应的质量，没有速度就没有城市化了；而没有质量就失去了新型城市化的应有之义。

随着新型城市化概念的深入，新型城市化评价指标的研究也越来越受到关注，单一的人口城市化水平，只能测度农村人口向城市集中的数量过程，难以准确反映新型城市化的丰富内容，构造综合指标体系才能更为准确体现中国城市化进程（马卫等，2015）[7]。目前，新型城市化评价指标体系的研究也越来越受到学术界的高度关注。

董嘉明等（2008）[8]将影响浙江省新型城市化发展的评价指标体系概括为五大领域，分别为经济集约、社会和谐、环境友好、功能优化、城乡统筹。考虑到省、市、县与中心镇发展现实和发展目标的差异，分别设置了两套各由 30 项和 26 项指标组成的评价体系，以反映不同规模点位的发展特性。牛文元（2009）[9]以可持续发展为核心，构建了中国新型城市化指标体系，由城市发展动力系统、城市发展质量系统和城乡发展公平系统组成，是目前来说比较完备的新型城市化评价指标体系。祝保梁（2011）[10]认为，新型城市化的评价或衡量必须兼顾要素综合发展的因素，不但要进行人口比较，还要进行效益比较和成本比较，并提出了新城市化率＝城市财政集中率×城市信贷资金集中率×城市人口集中率。朱丽萌（2012）[11]从新型城市化的内涵出发，以江西 80 个县（市）为例，根据欠发达地区县域经济发展的阶段性特征，对欠发达地区县域新型城市化指标体系和发展路径进行研究，从人口结构、经济集约、社会服务、城乡和谐等 4 个方面构建了由 11 个具体指标组成的描述欠发达地区县域新型城市化水平的指标体系。廖海燕（2013）[12]通过对国内外城市化水平的评价方法进行归纳和总结，构建了我国发达地区的新型城市化评价指标体系，共包含经济发展、社会公平、环境优化和民生质量 4 个二级指标，14 个三级指标和 33 个四级指标，并以广东省为例，用现实的、翔实的数据将指标进行了核算。张丹、张冲（2013）[13]立足于人口均衡、经济高效、社会和谐、资源节约、环境友好的本质，以新型城市化水平为总体评价目标，构建了包含人口城市化、经济城市化、社会城市化、资源城市化和环境城市化为一级指标和 27 个指标为二级指标的新型城市化评价的指标体系。

综上所述，学者们从新型城市化概念出发，从人口、经济、社会、资源、环境等多方面来构建综合评价指标体系，这样才能更准确地体现中国特色新型城市化进程。但目前还未形成简明、系统、权威且具有通用性的指标体系。

第三节　环杭州湾地区发展现状和城市化特征

一、环杭州湾地区基本概况

环杭州湾地区位于浙江省东北部，长三角洲城市群的东南部。顾名思义，环杭州湾地区是由浙江省内6个主要城市组成的城市群，这6个城市分别是：杭州市、绍兴市、宁波市、舟山市、嘉兴市和湖州市（环杭州湾地区区位图，图2-1）。整个环杭州湾地区土地总面积为46 447平方千米，占据整个浙江省43.96%的面积，下辖25个市辖区、20个县级市，截至2018年底共计常住人口3 196.9万人，占浙江省常住人口的54.48%，其中就业人口达2 185.42万人，占全省就业人口的56.10%。生产总值2018年底为38 579.26亿元，占浙江省生产总值的66.89%，人均生产总值为114 548元，高出浙江省人均生产总值20 243.5元。截至2018年，环杭州湾地区财政总收入为8 528.94亿元，占整个浙江省财政总收入的74.8%。由此可见，环杭州湾地区城市群是浙江省经济中心，是浙江经济最发达地区。从外部地理位置上看，它的邻市上海市是中国的金融中心，上海口岸成为世界上最重要的贸易港口之一，它的进出口位居世界第一。上海还拥有着超大规模的综合交通运输网。所以有上海这样的邻市，给环杭州湾地区的发展起到很大的带动作用。从内部地理环境上看，环杭州湾地区所涵盖的六大城市均是浙江省内经济、科技、文化发达的地区，有着完善的基础设施建设，并且城市间的发展相对均衡，联系相对紧密，区域发展能有很好的协同性，区域内部的各个组成部分有良好的协同性，整个环杭州湾地区发展形势喜人。

时下，"湾区"这一名词悄然间跃然纸上，世界版图上也陆续出现几大湾区，如：旧金山湾区、纽约湾区、港珠澳湾区。中国也逐渐把注意力放在了我国的湾区建设上。早在2003年，浙江省政府就计划利用环杭州湾地区的发展从而达到接轨上海、融入"长三角"金融圈的目的，借用上海是一个国际交流大平台的优势，推动环杭州湾地区向更高水平的城市发展，通过科技创新、产业结构调整、不断推进城乡发展一体化、全面促进资源节约和环境保护，做到人与自然和谐发展，让该地区在城市建设当中提高抵御各类风险的能力，更好地适应国内外发展形势，成为国内城市群发展的领军者，成为新型城市化建设的排头兵。既然环杭州湾地区有着朝新型城市化建设的良好条件，并且在 2012 年召开的浙江新型城市化会议提出，要加快推进环杭州湾地区的规划建设，将其打造成为长三角地区世界级城市群的重要组成部分。所以，那就更要抓住发展机遇，积极参与，努力在国家提出新型城市化的大背景下，为全国其他地区的发展起到示范作用。对于环杭州湾地区来说，整个地区的经济发展和城市化水平虽然已经达到了浙江地区的最高水平，但是在新型城市化质量方面还是会存在一定的欠缺。而本章的研究方向也正在于此，即通过对环杭州湾地区新型城市化质量进行综合评价，提出新型城市化质量提升的有效策略。

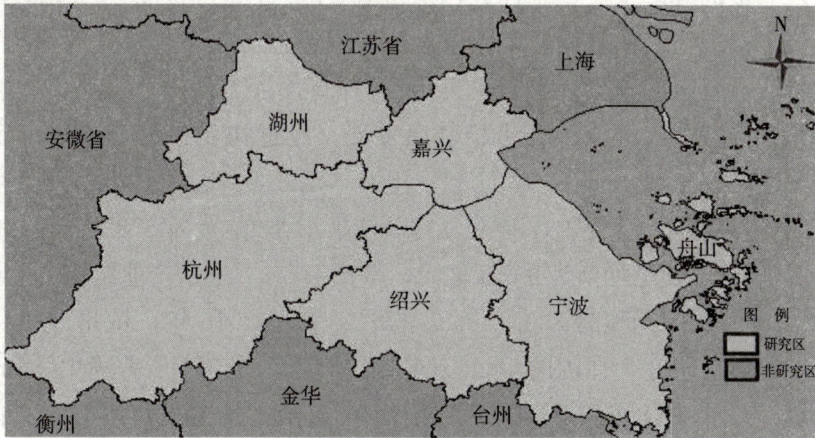

图 2-1　环杭州湾地区区位图

二、杭州市基本概况

杭州市，简称"杭"，旧称"临安"，是国务院批复确定的浙江省省会城市，也是杭州都市圈的核心城市，是全省政治、经济、文化、科研、教育中心，也是长三角核心圈的主要城市之一，是环杭州湾大湾区的核心城市。杭州市是一个东南沿海城市，处于钱塘江的下游，京杭大运河的南端，属于中国的华东地区，它的东面是杭州湾，衢州市和安徽黄山市与杭州市的南面相邻，安徽宣城市与其在西面接壤，湖州市和嘉兴市在北面与其毗邻，素有"人间天堂"的美誉，截至 2017 年，下辖 10 区、2 县，代管 1 县级市。

杭州市处于亚热带季风区，它一年的气候特点是：四季分明、雨量充沛。夏季高温多雨，冬季寒冷干燥。杭州市的自然环境以江、河、湖、山相互交错为主要特点，全市丘陵占据了其面积的 65.6%，平原占据了 26.4%，江、河、湖、水库占据 8%，世界上最长的人工运河——京杭大运河就是在杭州市穿过，还有以大涌潮闻名中外的钱塘江奔腾不息。杭州市物产丰富，素有"丝绸之府""鱼米之乡"的美称。引以为傲的是，全市的森林面积为 1 635.27 万亩①，有 64.77% 的森林覆盖率。杭州市的经济发展讲究稳中求进、稳中提质。在 2018 年，面对复杂严峻的国际环境和艰巨繁重的改革发展稳定任务，杭州全市深入贯彻党的十九大精神，坚持"稳中求进"工作基调，牢固树立新发展理念，准确把握杭州发展的阶段性特征，全面实施"六大行动"，统筹抓好发展、改革、建设和民生各项工作，推动全市经济社会平稳健康发展。经过初步核算，杭州市 2018 年实现生产总值达 13 509.15 亿元，比上年增长 6.7%，其中第一产业增加值为 306 亿元，增长 1.8%；第二产业增加值为 4 572 亿元，增长 5.8%；第三产业增加值为 8 632 亿元，增长 7.5%。三次产业结构由上年的 2.5∶34.6∶62.9 调整为 2.3∶33.8∶63.9。截至 2018 年，杭州市拥有 40 所高校和包括研究生在内的 49.6 万名在校学生，有 351 所普通中学和 478 所小学。15 个文化馆和 16 个公共图书馆的建成，均为杭州市居民文化素质的提高提供帮助。2018 年杭州市城镇人口数量为 515.04 万人，城市化率达到了 66.53%，有着较高城市化水平。杭州市城市化发展过程中，第三产业发展速度非常快，当前杭州市已经完成了第一产业向第二产业和第三产业转变发展的第一阶段，正在进行第二产业向第三产业转变的阶段。这主要是因为杭州市在发展过程中抓住了第三产业发展的机遇，目前已经

---

① 亩为非法定计量单位，1 亩≈667 平方米。下同

形成了以电子商务为主体，信息经济产业、文创产业、金融产业、旅游产业、时尚产业、高端装备产业等为辅的"1＋6"产业集群战略模式。到2019年，即使在中美贸易摩擦大背景下，杭州市依然实现5 597亿元的货物进出口，增长6.7％，杭州市更是拥有32.6％的"一带一路"市场出口，作为国家服务贸易创新发展试点，全年服务贸易实现出口124.9亿美元，增长19.0％。跨境电商进出口952亿元，增长28.8％。同年，全市实现财政总收入3 650亿元，增长5.6％，全市常住居民年人均可支配收入达59 261元，增长9.0％。

　　杭州市作为浙江省的省会，在近多年时间里一直维持着较高的发展速度，如2014—2018年杭州市GDP变化情况（图2-2）。结合图2-2中相关数据可以看出，杭州市GDP发展在近几年处于显著增长状态，并且增长速度相对来说也比较稳定，基本处于7％左右，2018年杭州市GDP总量达到了13 509.15亿元，在我国各个城市地区处于领先地位。这些都说明了杭州市经济发展水平的现状和未来发展势头相对较好。

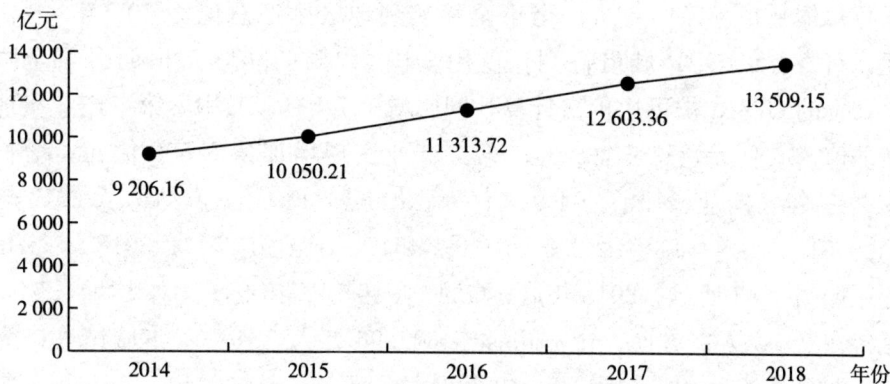

图2-2　2014—2018年杭州市GDP变化示意图

　　杭州市有着悠久的历史，人类早在4 700多年前就在此地繁衍生息，创造了有着"文明曙光"之称的良渚文化。五代时期的吴越国和南宋王朝更是选择定都于此，是我国七大古都之一。元代初期，著名意大利旅行家马可波罗在游玩杭州以后，称赞杭州为"世界上最为美丽华贵的天城"。1949年5月3日，杭州解放，杭州市成为浙江省的直辖市，并为浙江省省会。

三、宁波市基本概况

宁波市，简称甬，下辖 6 个市辖区和 4 个县级市，是浙江省副省级市、国务院批复确定的中国东南沿海重要港口城市，处于我国华东地区、东南沿海，是我国长江三角洲南翼经济中心。陆域面积为 9 816 平方千米。它的东面是舟山群岛，北边与杭州湾相邻，西面则是和绍兴市的嵊州、新昌等城市相接。宁波同样拥有着典型的亚热带季风气候，雨量充沛，加之倚山靠海，灾害性天气相对频繁，水资源丰富，是江南水乡典型的代表城市。宁波有着漫长的海岸线，是中国"海上丝绸之路"的东方始发港，由于钱塘江、甬江等众多河流的涌入，为滩涂和近海生物繁殖提供了丰富的营养物质。宁波市地势西南高、东北低。全市地形主要以平原为主，平原占了 40.3% 的面积，山地面积占陆域面积的 24.9%，丘陵占 25.2%。

2018 年，宁波市全市全面开展"六争攻坚、三年高攀"行动，经济运行总体平稳，稳中有进。全市全年实现地区生产总值为 10 745.46 亿元，跻身万亿 GDP 城市行列，仅用全国 0.1% 的陆域面积创造了全国 1.19% 的 GDP，按可比价格计算，同比增长 7.0%。其中，第一产业实现增加值 306 亿元，增长 2.2%；第二产业实现增加值 5 508 亿元，增长 6.2%；第三产业增加值为 4 932 亿元，增长 8.1%。三产结构从 2017 年 3.2∶51.8∶45.0 调整为 2.8∶51.3∶45.9。宁波市 2014—2018 年 GDP 变化如图 2-3 所示，2018 年底，GDP 达 10 745.46 亿元，平均增长速度保持在 9%。人口方面，宁波市拥有 602.96 万人，其中全市城镇人口为 360.06 万人，就业人数为 540.62 万人。

宁波的历史可以追溯到 7000 年前的河姆渡文化。五代后，人口的南迁，使得宁波的农业生产和文化方面都有了明显的发展。利用良好的地理优势，宁波的对外贸易得到进一步发展，宁波也因此成为"海上丝绸之路"的出发地。到了元代，宁波已经成为南北货物的集散地以及全国重要港口之一。2010 年 6 月，国务院发布长江三角洲地区区域规划，将宁波定位为"先进制造业基地、现代物流基地和国际港口城市"。

亿元

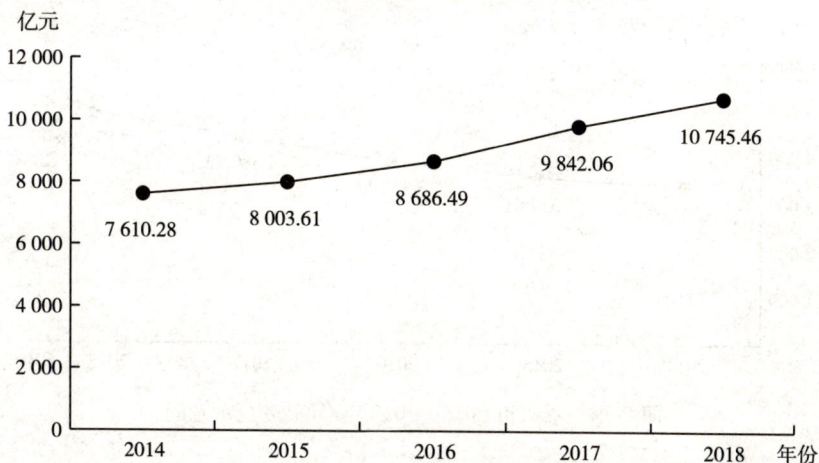

图 2-3　宁波市 2014—2018 年 GDP 变化示意图

四、嘉兴市基本概况

嘉兴市，别称"禾城"，地处浙江省东北部，处于长江三角洲杭嘉湖平原的腹地，占据江河湖海的交汇位置，扼太湖南走廊之咽喉，是浙江大湾区的核心城市。嘉兴市下辖 2 个区，5 个县级市，占地面积为 4 223 平方千米。嘉兴市属于东亚季风区，具有春湿、夏热、秋燥、冬冷的特点。由于其地形主要以平原为主，所以平原被纵横交错的塘浦河渠所分割，形成"六田一水三分地"的景象，旱地主要栽种桑树，水田用来种粮，湖泊用来养殖鱼类，具有明显的水乡特色。

嘉兴市 2014—2018 年 GDP 变化如图 2-4 所示，截至 2018 年底，嘉兴全市生产总值为 4 871.98 亿元，比上年增长 7.6%。分产业来看，第一产业增加值为 115.03 亿元，增长 0.1%；第二产业增加值为 2 624.49 亿元，增长 8.4%；第三产业增加值为 2 132.46 亿元，增长 7.1%。三产结构从 2017 年的 3.1∶53.0∶43.9 调整为 2.3∶53.9∶43.8。按常住人口计算，全年人均 GDP 为 103 858 元，增长 6.3%。嘉兴市截至 2018 年拥有 472.60 万常住人口，其中就业人数为 335.50 万人。

嘉兴市是新石器时代马家浜文化的发祥地，距今 7000 年前就有先民从事农牧渔猎活动。隋朝时期，由于京杭大运河的开凿，给嘉兴带来灌溉

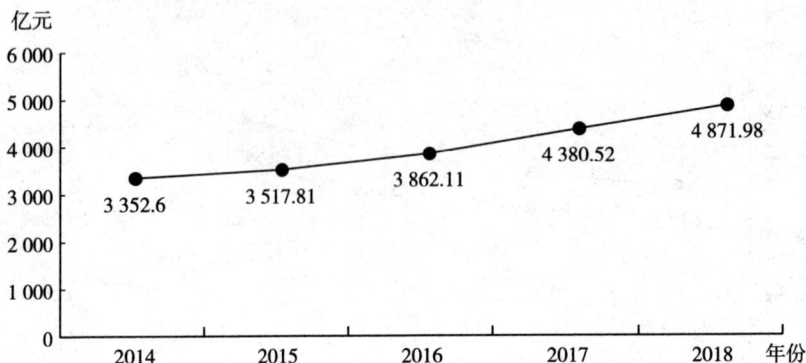

图 2-4 嘉兴市 2014—2018 年 GDP 变化示意图

舟楫之利。1921 年 7 月底，中国共产党第一次全国代表大会在嘉兴南湖的一艘游船上闭幕，宣告中国共产党成立，从而嘉兴市成为我国近代史上重要的革命纪念地，1949 年 5 月 7 日嘉兴解放。

五、湖州市基本概况

湖州市，别称"湖城"，位于浙江省北部，东面与嘉兴市相连，南面与杭州市接壤，西面有天目山，北面与无锡、苏州隔太湖相望。湖州市既是"长三角城市群"成员城市，又是 G60 科创走廊中心城市，是沪、杭、宁三大城市的共同腹地。湖州市下辖 2 个区、3 个县级市，总占地面积为 5 820 平方千米。湖州市东部为水乡平原，西部以山地丘陵为主，有"五山一水四分田"的俗称。湖州市有着明显的季风气候，四季分明、雨热同季、空气湿润。湖州市拥有总面积为 1 312 公顷的自然保护区，全市森林覆盖率为 48.40%，截至 2018 年，湖州市人工造林面积达 573 公顷。

2018 年，湖州市政府深入学习贯彻习近平新时代中国特色社会主义思想，紧紧围绕市委"一四六十"工作体系，谋求高质量发展，全市经济运行稳中有进，稳中求好。湖州市 2014—2018 年 GDP 变化如图 2-5 所示，经过初步核算，湖州市 2018 年全市生产总值为 2 719.07 亿元，其中，第一产业增加值为 127.7 亿元，增长 2.8%；第二产业增加值为 1 273.6 亿元，增长 8.2%；第三产业增加值为 1 317.7 亿元，增长 8.5%。三产结构从 2017 年的 5.1：47.4：47.5 调整为 4.7：46.8：48。

按常住人口计算的人均 GDP 为 90 304 元，增长 7.1%。截至 2018 年，湖州市拥有 302.70 万常住人口，其中就业人数为 191.50 万人。

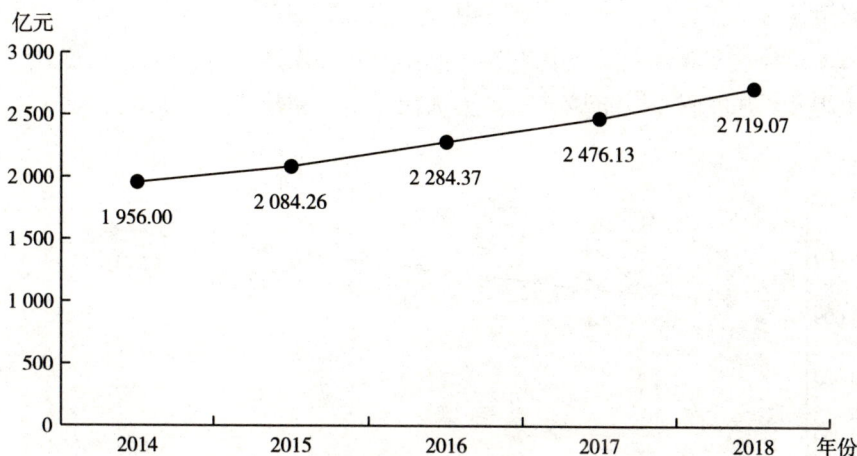

图 2-5　湖州市 2014—2018 年 GDP 变化示意图

早在百万年前，湖州先民就在湖州繁衍生息，其中七里亭遗址就将浙江的人类活动史往前推至 100 万年以前，是全国为数不多的超过百万年的遗址之一；钱山漾考古举世瞩目，被誉为"世界丝绸之源"。

六、绍兴市基本概况

绍兴市，简称"越"，古称"越州"，位于浙江省中北部，杭州湾南岸，东面与宁波市相连，南面与台州市和金华市接壤，西面是杭州市，北面与嘉兴市隔钱塘江相望。绍兴市作为浙江省地级市，同样也是长三角城市群重要城市、环杭州湾大湾区核心城市。绍兴市下辖 3 个区、3 个县级市，总占地面积为 8 279 平方千米。绍兴市处于浙西山地丘陵、浙东丘陵山地和浙北平原三大地貌单元的交接地带，全市地貌可以概括为"四山三盆两江一平原"。绍兴河道密布、湖泊众多，有着"水乡泽国"之称。绍兴拥有众多种类的自然植被，森林覆盖率达 46.2%。

绍兴市 2014—2018 年 GDP 变化如图 2-6 所示，初步核算，2018 年全市生产总值为 5 416.90 亿元，比上年增长 7.1%。其中第一产业增加值为 196 亿元，增长 2.3%；第二产业增加值为 2 612 亿元，增长 6.9%；第三产业增加值为 2 609 亿元，增长 7.7%。三产结构由上年的 4.0∶48.8∶47.2 调整为 3.6∶48.2∶48.2。2018 年人均生产总值为 107 853 元。截至 2018 年，绍兴市拥有常住人口 503.50 万人，其中就业人数为 346.60 万人。全年引进各类人才总计达 9.6 万人，其中新增就业大学生人数为 6.17 万人，引进外国人才 192 人，开展职业技能鉴定 5.54 万人次，培养高技能人才 3.3 万人。

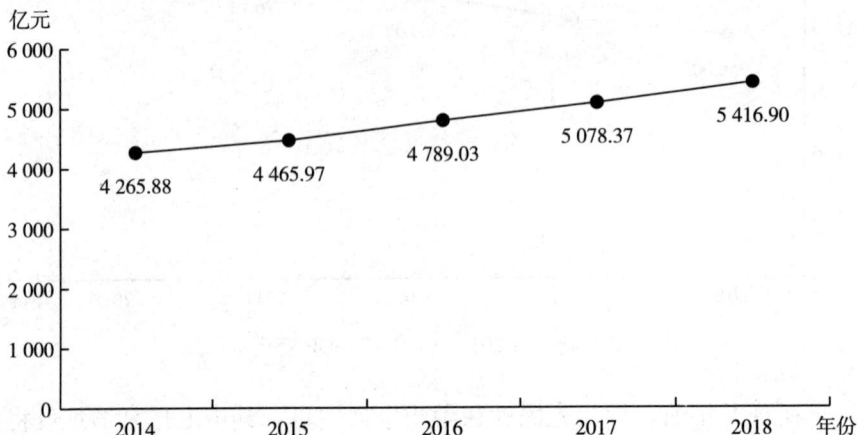

图 2-6　绍兴市 2014—2018 年 GDP 变化示意图

　　绍兴有着 2 500 多年的历史文化底蕴，是浙江文化中心之一，也是首批国家历史文化名城之一，是有名的水乡、酒乡、桥乡。这里有弃医从文以救中国的文学巨匠鲁迅，有投身革命视死如归的鉴湖女侠秋瑾，有吟唱着"红酥手，黄藤酒"思念前妻的陆游，还有王羲之、蔡元培等一个个名字在历史长河中灿若星辰。

七、舟山市基本概况

　　舟山市，旧称"翁洲"，位于浙江省东北部，四面临海，东临东海，面向浩瀚的太平洋，西靠杭州湾，北邻上海，占据中国南北沿海航线与长江水道交汇的枢纽位置，背靠中国最具经济活力的长江三角洲地区，使舟山市成为中国对外开放的主要海上门户和中外船舶南来北往的必经之地。其下辖 2 个区、2 个县级市，陆域面积为 1 459 平方千米，区域总面积为 2.22 万平方千米，其中舟山岛是舟山群岛最大的岛屿，也是中国第四大岛。舟山市位于亚热带季风气候区，冬暖夏凉，温和湿润，光照充足。

截至 2018 年，舟山市紧紧围绕市委市政府工作部署，以"八八战略为指引"，以新型城市化为方向，全力打好"五大会战"、建设"四个舟山"、加快建设品质高端的海上花园城市，稳步推进新区和自贸区建设，全市经济向着健康发展，社会稳定和谐。舟山市 2014—2018 年 GDP 变化如图 2-7 所示，经过初步核算，截至 2018 年，全市生产总值达 1 316.70 亿元，比上年增长 6.7%。分产业看，第一产业增加值为 142.6 亿元，增长 5.8%；第二产业增加值为 428.4 亿元，增长 6.0%；第三产业增加值为 745.7 亿元，增长 7.2%。第一产业增加值占地区生产总值的 10.8%，第二产业增加值的比重为 32.6%，第三产业增加值的比重为 56.6%。舟山市目前拥有 117.30 万常住人口，其中就业人数达 75.10 万人。

舟山群岛有着悠久的历史，早在 6 000 多年前的新石器时代就有人在此定居，定海马岙村曾出土有半厚的河姆渡文化层，发现面积近 14 万平方米的古文化遗址群，有着"东海第一村"的称号。

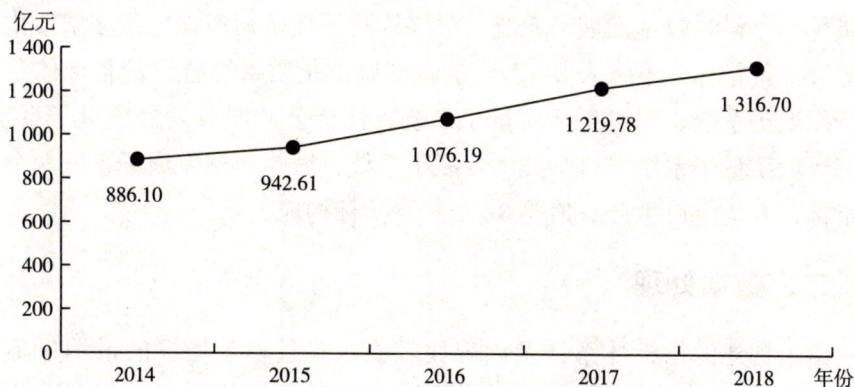

图 2-7　舟山市 2014—2018 年 GDP 变化示意图

第四节　环杭州湾地区新型城市化质量综合评价体系构建

一、评价指标的选取

关于环杭州湾地区新型城市化质量的综合评价，需构建相对应的评价模型，在构建评价模型的同时，评价指标是必不可少的组成成分。而在进行评价指标选择的时候，需要秉承相应的原则：第一，客观性原则。即新型城市化质量综合评价本身就是一个客观的活动，因此指标选择也应该具有较强的客观性。第二，综合性原则。新型城市化质量综合评价更重视城市地区的综合发展水平，涉及了城市人口、经济、环境、生活质量等多个方面的内容，因此指标选择也应该保证全面性。第三，代表性原则。即最终选择的指标内容应该具有较强的代表性，可以真实反映城市发展的各类特征。第四，可操作性原则。即选择的指标应该容易收集，数据来源也应该是统计局等权威机构公布的内容。

在进行新型城市化质量综合评价指标体系构建时，借鉴了国内外学者提出的新型城市化质量评价体系，然后，秉承上述指标体系建立原则，重点借鉴了福建省城调队课题组提出的中国城市化质量评价体系以及山东省地级市城市化质量评价体系，同时，结合环杭州湾六大地区的基本情况，结合环杭州湾地区城市群的发展特色，如加入环杭州湾地区城市化质量特色指标——科学技术发展子系统，最终构建了环杭州湾地区新型城市化质量综合评价指标体系（表 2-2），该新型城市化质量综合评价指标体系由经济发展子系统、居民生活质量子系统、社会公共服务发展质量子系统、生态环境质量子系统、科学技术发展子系统、城乡协调发展子系统六个二级指标，人均全市生产总值等 32 个三级指标构成。

二、数据处理

由于构建的指标体系涉及内容比较多，并且多数指标的量纲也不一致。因此，在进行综合评价之前，应该对这些指标的数据进行标准化处理。能够用于数据标准化处理的方法有很多，本章选择了常用的极小值—极大值标准化法，也就是离差标准化，对各个指标数据进行处理，其中极大值指标主要是指那些数值越大对新型城市化质量越好的指标，也叫正向指标，比如人均全市生产总值、人均地方财政收入、固定资产投资增长率等，而极小值指标则是指那些数值较小对新型城市化质量越好的指标，也叫负向指标，比如城镇居民恩格尔系数、城镇登记失业率、城乡人均收入差异等。

表 2-2　环杭州湾地区新型城市化质量综合评价指标体系

一级系统	二级子系统	三级城市指标	单位
环杭州湾地区新型城市化质量综合评价指标体系	经济发展子系统	人均全市生产总值	元
		人均地方财政收入	元
		固定资产投资增长率	%
		实际利用外资金额	万美元
		规模以上工业增加值	亿元
		第三产业增加值占 GDP 的比重	%
		第三产业从业人员比重	%
	居民生活质量子系统	城镇居民恩格尔系数	%
		城镇居民人均可支配收入	元
		城镇人均住房建筑面积	平方米
		基本养老保险参保人数	万人
		城镇居民百户拥有移动电话数量	部
		城镇居民百户接入互联网计算机数量	台
		城镇居民百户拥有私家车数量	辆
	社会公共服务发展质量子系统	人均城市道路面积	平方米/人
		市区内万人拥有公共汽车数量	辆/万人
		医疗卫生机构数量	个
		医疗病床数	张
		城镇登记失业率	%
		失业保险参保人数	万人
		文化事业单位数量	个
		人均公园绿地面积	平方米/人
	生态环境质量子系统	城市污水集中处理率	%
		城市生活垃圾无害化处理率	%
		一般工业固体废弃物综合利用率	%
		建成区绿化覆盖率	%
	科学技术发展子系统	每万名从业人员中研究与实验发展活动人数	人
		研究与实验发展经费支出与 GDP 之比	%
		专利授权数与专利申请数之比	%
	城乡协调发展子系统	城乡人均收入差异	元
		城乡恩格尔系数差异	%
		城乡人均住宅面积差异	平方米

三、指标权重确定

对于多指标评价体系来说，还需要明确各个指标的权重，而不同的权重则会产生差异化的评价结果。当前用于指标权重分配的方法有很多，比如主成分分析法、因子分析法等。而本章在获取各个指标权重时综合使用了主成分分析法和因子分析法进行权重确实。本章 6 个二级子系统权重运用主观确定法确定，在充分借鉴李文思（2015）《我国省际城市化发展水平测度及其比较研究》[14]、于佳（2018）《山东省地级市城市化质量评价》[15]等前人文献的基础上确定二级子系统的权重。三级指标的权重确定是运用主成分分析法，借助于 SPSS 统计软件，利用成分矩阵（即载荷矩阵）中各个成分系数乘以成分贡献率再除以特征值的开方根，之后再对各个指标系数进行归一化处理，从而得到 32 个三级指标的权重。环杭州湾地区六大城市的新型城市化质量综合评价指标的 6 个二级指标权重及 32 个三级指标权重见表 2-3。基于该指标体系及各指标权重，就可以对环杭州湾地区六大城市的新型城市化质量进行全方位的评价与分析。

表 2-3　环杭州湾地区新型城市化质量综合评价指标权重表

二级子系统	二级指标权重	三级城市指标	三级城市指标在二级子系统中的比重
环杭州湾地区新型城市化质量评价指标体系 经济发展子系统	0.24	人均全市生产总值	0.196 496
		人均地方财政收入	0.047 547
		固定资产投资增长率	0.177 097
		实际利用外资金额	0.176 720
		规模以上工业增加值	0.144 607
		第三产业增加值占 GDP 的比重	0.111 655
		第三产业从业人员比重	0.145 878
居民生活质量子系统	0.20	城镇居民恩格尔系数	0.154 711
		城镇居民人均可支配收入	0.140 062
		城镇人均住房建筑面积	0.083 163
		基本养老保险参保人数	0.047 770
		城镇居民百户拥有移动电话数量	0.227 607
		城镇居民百户接入互联网计算机数量	0.129 015
		城镇居民百户拥有私家车数量	0.217 673

（续）

二级子系统	二级指标权重	三级城市指标	三级城市指标在二级子系统中的比重
社会公共服务发展质量子系统	0.18	人均城市道路面积	0.141 907
		市区内万人拥有公共汽车数量	0.006 821
		医疗卫生机构数量	0.182 193
		医疗病床数	0.177 888
		城镇登记失业率	0.186 412
		失业保险参保人数	0.186 265
		文化事业单位数量	0.115 711
		人均公园绿地面积	0.002 803
生态环境质量子系统	0.15	城市污水集中处理率	0.409 506
		城市生活垃圾无害化处理率	0.018 337
		一般工业固体废弃物综合利用率	0.107 783
		建成区绿化覆盖率	0.464 374
科学技术发展子系统	0.13	每万名从业人员中研究与实验发展活动人数	0.476 230
		研究与实验发展经费支出与GDP之比	0.343 549
		专利授权数与专利申请数之比	0.180 222
城乡协调发展子系统	0.10	城乡人均收入差异	0.171 726
		城乡恩格尔系数差异	0.418 474
		城乡人均住宅面积差异	0.409 801

（左侧竖排）环杭州湾地区新型城市化质量评价指标体系

第五节　新型城市化质量综合
评价结果及分析

一、新型城市化质量总体得分及分析

根据数据标准化后的结果和表2-3所列出的各项三级指标权重，计算出6个二级子系统的得分，得出的分值再与各个二级子系统在指标体系中的权重相乘，计算出环杭州湾地区的6个主要城市（杭州市、宁波市、嘉兴市、湖州市、绍兴市、舟山市）在2014—2018年间的新型城市化质量综合评价得分，具体得分如表2-4所示。

表 2-4 环杭州湾地区 2014—2018 年新型城市化质量综合评价得分

年份	杭州市	宁波市	嘉兴市	湖州市	绍兴市	舟山市	均值	极差值
2014	0.581 2	0.437 7	0.329 5	0.318 7	0.303 4	0.236 6	0.368 0	0.345 4
2015	0.635 5	0.508 9	0.368 8	0.364 6	0.361 5	0.272 5	0.418 6	0.363 0
2016	0.671 9	0.551 3	0.398 1	0.393 0	0.397 0	0.322 2	0.455 6	0.349 7
2017	0.711 1	0.613 8	0.430 7	0.435 0	0.428 0	0.347 0	0.494 3	0.364 0
2018	0.758 4	0.666 2	0.472 8	0.496 0	0.491 3	0.390 4	0.545 9	0.368 1
均值	0.671 8	0.555 6	0.400 0	0.401 5	0.396 3	0.313 7		
排名	1	2	4	3	5	6		

　　根据环杭州湾地区 2014—2018 年新型城市化质量综合评价得分（表 2-3）所示，在 2014—2018 年五年间杭州市的新型城市化质量综合水平一直位居环杭州湾地区的第一位，五年评价得分均值为 0.671 8，值得一提的是，在这五年时间内，杭州市的新型城市化质量综合评价最高得分是发生在 2018 年，得分为 0.758 4。排名第二是宁波市，2014—2018 年五年间宁波市的新型城市化质量综合水平平均得分为 0.555 6，而它的最高得分 0.666 2，同样出现在 2018 年。湖州市是第三名，2014—2018 年五年间湖州市的新型城市化质量综合水平平均得分为 0.401 5，而它的最高得分 0.496 0，也出现在了 2018 年。排在第四名的是嘉兴市，2014—2018 年五年间嘉兴市的新型城市化质量综合水平平均得分为 0.400 0，2018 年它的得分为 0.472 8，也是这五年间最高得分。绍兴市是第五名，2014—2018 年五年间绍兴市的新型城市化质量综合水平平均得分为 0.396 3，它的最高得分也是发生在 2018 年，为 0.491 3。排在最后的是舟山市，2014—2018 年五年间舟山市的新型城市化质量综合水平平均得分为 0.313 7，最高值为 0.390 4，这一数值也出现在 2018 年。总的来说，这六大城市在这五年中的新型城市化质量综合水平在不断提高，速度有快有慢。在 2018 年末环杭州湾地区的新型城市化质量综合水平均高于该地区在 2014 年的时候，并且该 6 个城市的新型城市化质量综合水平均在 2018 年的时候达到这五年来的最高值，具体如图 2-8 所示。

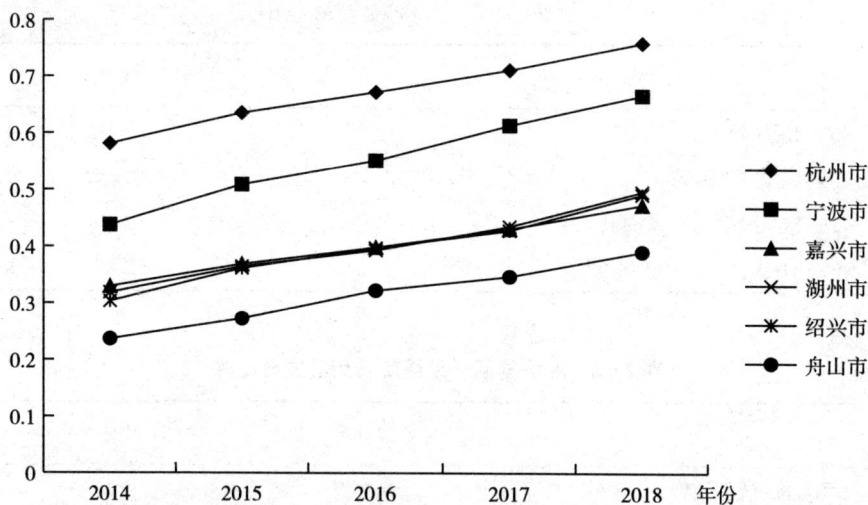

图 2-8　环杭州湾地区 2014—2018 年城市化质量评价得分变化趋势

二、经济发展子系统评价结果分析

经济发展子系统分别由人均全市生产总值、人均地方财政收入、固定资产投资增长率、实际利用外资金额、规模以上工业增加值、第三产业增加值占 GDP 的比重、第三产业从业人员的比重 7 个三级城市指标组成。采用主成分分析法，借助于 SPSS 软件，得到经济发展子系统的成分矩阵（表 2-5）。根据表 2-5[①] 显示，该子系统中的 7 个指标可提取出 2 个主成分。为了使各个成分所代表的含义更加明确，通过正交旋转法[②]，对成分矩阵进行旋转，经过旋转成分矩阵，得出表 2-6。

表 2-5　经济发展子系统成分矩阵

	成分 1	成分 2
人均全市生产总值	0.947	0.046
人均地方财政收入	0.834	0.311
固定资产投资增长率	0.496	0.777

---

① 提取方法：主成分分析法，提取了两个成分。
② 旋转方法：凯撒正态化最大方差法。

（续）

	成分 1	成分 2
实际利用外资	0.795	0.158
规模以上工业增加值	0.831	−0.242
第三产业增加值占 GDP 的比重	0.736	−0.381
第三产业从业人员比重	0.899	−0.369

表 2-6　经济发展子系统旋转后的成分矩阵

	成分 1	成分 2
人均全市生产总值	0.772	0.550
人均地方财政收入	0.535	0.712
固定资产投资增长率	−0.001	0.921
实际利用外资	0.585	0.562
规模以上工业增加值	0.831	0.245
第三产业增加值占 GDP 的比重	0.825	0.076
第三产业从业人员比重	0.927	0.174

　　有表 2-6 可知，人均全市生产总值、规模以上工业增加值、第三产业增加值占 GDP 的比重和第三产业从业人员比重在成分 1 上有着较大的载荷，说明成分 1 主要放映了在产业结构方面的特点；人均地方财政收入、固定资产投资增长率、实际利用外资金额在成分 2 中有较大的载荷，主要反映了经济实力方面的特点。根据各个成分的贡献率和特征值（表 2-7），计算出经济发展子系统中 7 个三级城市指标的权重，具体步骤是：先计算 7 个指标系数，即成分矩阵中各个成分系数乘以成分贡献率再除以特征值的开方根，之后对各个指标系数进行归一化处理得到这 7 个三级城市指标的权重，这 7 个指标权重分别和相对应的经过标准化处理后的三级城市指标数据相乘，最后将这相乘后的 7 个值相加就得到经济发展子系统的得分，其他 5 个子系统的得分均通过以上步骤完成。

表 2-7　经济发展子系统的主成分贡献率及对应的特征值

	成分 1	成分 2
贡献率%	64.472	15.237
特征值	4.513	1.067

　　环杭州湾地区在 2014—2018 年新型城市化质量综合评价中，经济发展子系统得分如表 2-8 所示。可以看出，杭州市的得分依旧最高，其均分为 0.789 0，最高值为 2018 年的 0.907 5。其次是宁波市，均分为 0.602 8，最高值同样发生在 2018 年，为 0.746 7。舟山市为第三名，均分为 0.404 6，最高值为 2018 年的 0.486 8。紧随其后的是绍兴市，其均分为 0.313 6，最高值为 2018 年的 0.440 4。排在第五位的是嘉兴市，所得均分为 0.307 0，最高值发生在 2018 年，为 0.428 8。排在末位的是湖州市，均分为 0.217 1，它的最高值同样发生在 2018 年，为 0.331 8。由图 2-9 所示，除了宁波市和舟山市在这五年中有短暂的得分下跌的情况发生，其余 4 个城市的得分均呈小幅度增长的趋势，其中杭州市在 2017 年后得分增长趋势区域平缓，嘉兴市和绍兴市的得分在这五年间很接近，湖州市的得分在 2017 年后增长幅度明显。

表 2-8　环杭州湾地区 2014—2018 年经济发展子系统得分

年份	杭州市	宁波市	嘉兴市	湖州市	绍兴市	舟山市	均值	极差值
2014	0.600 3	0.450 2	0.193 2	0.126 3	0.214 6	0.282 6	0.311 2	0.474 0
2015	0.708 8	0.570 2	0.255 9	0.177 4	0.272 0	0.382 8	0.394 5	0.531 4
2016	0.830 1	0.573 3	0.303 0	0.210 5	0.297 9	0.462 3	0.446 2	0.619 7
2017	0.898 3	0.673 4	0.353 9	0.239 3	0.343 0	0.408 4	0.486 1	0.659 0
2018	0.907 5	0.746 7	0.428 8	0.331 8	0.440 4	0.486 8	0.557 0	0.575 7
均值	0.789 0	0.602 8	0.307 0	0.217 1	0.313 6	0.404 6		
排名	1	2	5	6	4	3		

三、居民生活质量子系统评价结果分析

　　居民生活质量子系统主要由城镇居民恩格尔系数、城镇居民人均可

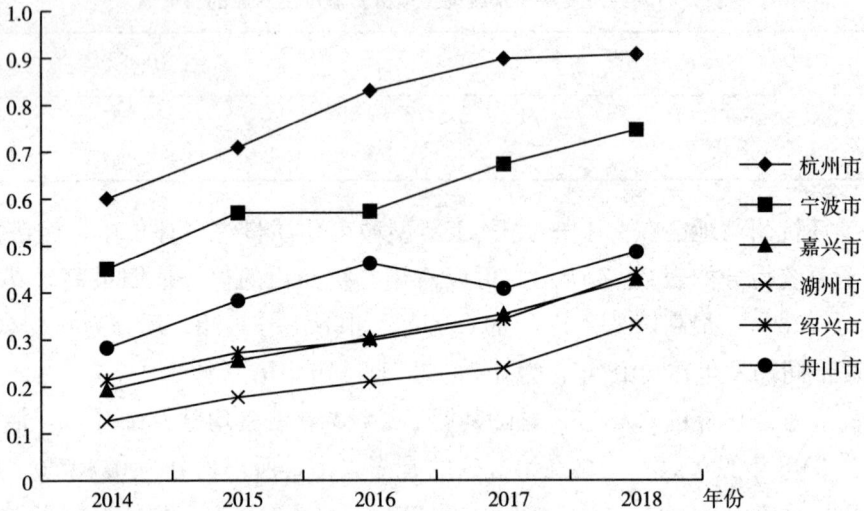

图 2-9　环杭州湾地区 2014—2018 年经济发展子系统得分变化趋势

支配收入、城镇人均住房建筑面积、基本养老保险参保人数、城镇居民百户拥有移动电话数量、城镇居民百户接入互联网计算机数量、城镇居民百户拥有私家车数量 7 个三级城市指标组成。采用主成分分析法，借助于 SPSS 软件，得到居民生活质量子系统的成分矩阵（表 2-9）。根据表 2-9、表 2-10 显示，该子系统中的 7 个指标同样可以提取出 2 个主成分（表 2-11）。

表 2-9　居民生活质量子系统成分矩阵

	成分 1	成分 2
城镇居民恩格尔系数	0.735	0.062
城镇居民人均可支配收入	0.657	0.067
城镇人均住房建筑面积	0.799	−0.489
基本养老保险参保人数	0.657	−0.537
城镇居民百户拥有移动电话数量	0.609	0.702
城镇居民百户接入互联网计算机数量	−0.033	0.887
城镇居民百户拥有私家车数量	0.875	0.293

表 2 - 10　居民生活质量子系统旋转后的成分矩阵

	成分 1	成分 2
城镇居民恩格尔系数	0.689	0.265
城镇居民人均可支配收入	0.620	0.226
城镇人均住房建筑面积	0.506	0.789
基本养老保险参保人数	0.357	0.770
城镇居民百户拥有移动电话数量	0.854	−0.367
城镇居民百户接入互联网计算机数量	−0.357	−0.812
城镇居民百户拥有私家车数量	0.915	0.118

表 2 - 11　居民生活质量子系统的主成分贡献率及对应的特征值

	成分 1	成分 2
贡献率%	45.425	27.166
特征值	3.180	1.902

根据表 2 - 10 居民生活质量子系统旋转后的成分矩阵得知，城镇居民百户拥有移动电话数量和城镇居民百户拥有私家车数量在成分 1 上有较大的载荷，说明成分 1 主要反映了城镇居民家庭平均每百户耐用品消耗量的特点；城镇人均住房建筑面积和基本养老保险参保人数在成分 2 上有较大的载荷，说明成分 2 主要体现居民住房和养老的特点。居民生活质量子系统得分参照经济发展子系统得分的计算步骤。

参照经济发展子系统得分的计算步骤，居民生活质量子系统得分具体如表 2 - 12 所示。由表 2 - 12 可见，在居民生活质量子系统中排名第一的是嘉兴市，其均分 0.620 8，最高值为 2018 年的 0.776 3。排在第二位的是绍兴市，其均分为 0.497 5，最高值为 2018 年的 0.670 2。杭州市是第三位，均分为 0.495 1，最高值为 2018 年的 0.664 3。排在第四位的是宁波市，其均分为 0.481 0，最高值出现在 2017 年，为 0.612 3。紧随其后的是湖州市，均分为 0.407 8，最高值为 2018 年的 0.599 7。排在末位的是舟山市，均分为 0.167 4，它从 2014 年的 0.064 1 上升为 2018 年的 0.255 1。

表 2 - 12　环杭州湾地区 2014—2018 年居民生活质量子系统得分

年份	杭州	宁波	嘉兴	湖州	绍兴	舟山	均值	极差
2014	0.372 5	0.281 7	0.448 1	0.218 1	0.329 0	0.064 1	0.285 6	0.384 0
2015	0.411 3	0.422 4	0.505 7	0.318 6	0.416 8	0.141 9	0.369 4	0.363 8
2016	0.473 5	0.505 7	0.667 9	0.388 1	0.497 0	0.171 1	0.450 6	0.496 7
2017	0.554 1	0.612 3	0.706 2	0.514 4	0.574 4	0.204 2	0.527 7	0.501 5
2018	0.664 3	0.582 9	0.776 3	0.599 7	0.670 2	0.255 1	0.591 4	0.521 2
均值	0.495 1	0.481 0	0.620 8	0.407 8	0.497 5	0.167 4		
排名	3	4	1	5	2	6		

　　从图 2 - 10 来看，6 个城市的居民生活质量子系统得分大体上均呈上升阶段，显而易见的是，舟山市的得分虽然也在不断上升，但是同其余 5 个城市的得分差距较大，同嘉兴市的差距尤为明显。杭州市、绍兴市、宁波市 3 个城市得分差距不大，但宁波市在 2017 年后得分出现下降的趋势，这是 6 个城市中唯一的例外，湖州市的得分在经过五年匀速增长后，在 2018 年反超宁波市。

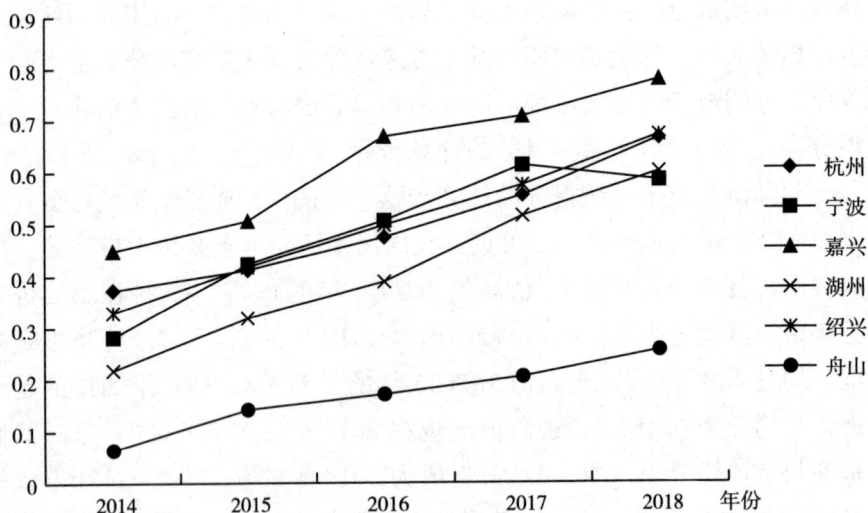

图 2 - 10　环杭州湾地区 2014—2018 年居民生活质量子系统得分变化趋势

四、社会公共服务发展质量子系统评价结果分析

社会公共服务发展质量子系统由人均城市道路面积、市区内万人拥有公共汽车数量、医疗卫生机构数量、医疗病床数、城镇登记失业率、失业保险参保人数、文化事业单位数量、人均公共绿地面积 8 个三级城市指标组成。采用主成分分析法，借助于 SPSS 软件，得到公共服务发展质量子系统的成分矩阵（表 2-13）。根据表 2-13、表 2-14 显示，该子系统中的 7 个指标可以提取出 2 个主成分（表 2-15）。

表 2-13　社会公共服务发展质量子系统成分矩阵

	成分 1	成分 2
人均城市道路面积	0.853	−0.160
市区内万人拥有公共汽车数量	−0.489	0.829
医疗卫生机构数量	0.972	−0.011
医疗病床数	0.953	−0.017
城镇登记失业率	0.893	0.149
失业保险参保人数	0.979	0.012
文化事业单位数量	0.096	0.816
人均公园绿地面积	0.476	−0.728

表 2-14　社会公共服务发展质量子系统旋转后的成分矩阵

	成分 1	成分 2
人均城市道路面积	0.860	−0.117
市区内万人拥有公共汽车数量	−0.530	0.804
医疗卫生机构数量	0.971	0.037
医疗病床数	0.953	0.030
城镇登记失业率	0.885	0.193
失业保险参保人数	0.977	0.061
文化事业单位数量	0.055	0.819
人均公园绿地面积	−0.493	−0.751

表 2-15　社会公共服务发展质量子系统的主成分贡献率及对应的特征值

	成分 1	成分 2
贡献率%	60.151	24.137
特征值	4.812	1.931

根据表 2-14 社会公共服务发展质量子系统旋转后的成分矩阵得知，医疗病床数和失业保险参保人数在成分 1 上有较大的载荷，说明成分 1 主要反映了医疗和失业救济的特点；市区内万人拥有公共汽车数量和文化事业单位数量在成分 2 上有较大的载荷，说明成分 2 主要有社会公共交通和社会公共文化事业的特点。社会公共服务发展质量子系统得分参照经济发展子系统得分的计算步骤。

根据表 2-16 可知，杭州市以均分 0.790 5 得到第一名，最高值出现在 2018 年，为 0.886 7。其次是宁波市，均分为 0.555 4，最高值为 0.651 0，出现在 2018 年。排在第三名的是绍兴市，均分为 0.333 5，最高值为 2017 年的 0.372 1。嘉兴市是第四名，均分为 0.200 1，最高值为 2018 年的 0.217 4。湖州市以均分 0.168 6 列于第五位，最高值出现在 2018 年的 0.233 2。最后一名是舟山市，均分为 0.112 8，它的最高值发生在 2018 年，为 0.199 2。

表 2-16　环杭州湾地区 2014—2018 年社会公共服务发展质量子系统得分

	杭州	宁波	嘉兴	湖州	绍兴	舟山	均值	极差
2014	0.703 4	0.498 3	0.180 0	0.104 5	0.280 6	0.153 7	0.320 1	0.599 0
2015	0.751 3	0.494 3	0.190 7	0.144 9	0.320 4	0.050 0	0.325 3	0.701 3
2016	0.785 8	0.542 5	0.203 3	0.160 3	0.350 3	0.020 4	0.343 8	0.765 4
2017	0.825 6	0.590 8	0.209 3	0.200 3	0.372 1	0.140 6	0.389 8	0.685 0
2018	0.886 7	0.651 0	0.217 4	0.233 2	0.344 0	0.199 2	0.421 9	0.687 4
均值	0.790 5	0.555 4	0.200 1	0.168 6	0.333 5	0.112 8		
排名	1	2	4	5	3	6		

根据图 2-11，位于前三名的杭州市、宁波市、绍兴市，其得分大体上呈上升的趋势，只不过其中绍兴市的得分在 2018 年略有下降。嘉兴市

虽然经过五年的发展，但成效并不显著，在社会公共服务发展质量子系统中的得分提高并不明显。湖州市的得分虽然提高速度缓慢，但是终于在2018年反超嘉兴市。6个城市中得分波动最明显的就是舟山市，在2016年以前，舟山市的得分在持续下降，并在2016年的时候达到这五年的最低分，说明前两年关于社会公共服务体系建设发展措施不太适合舟山市，在2016年后，舟山市的得分开始回升，到2018年其得分同湖州市和嘉兴市的得分差距最小。

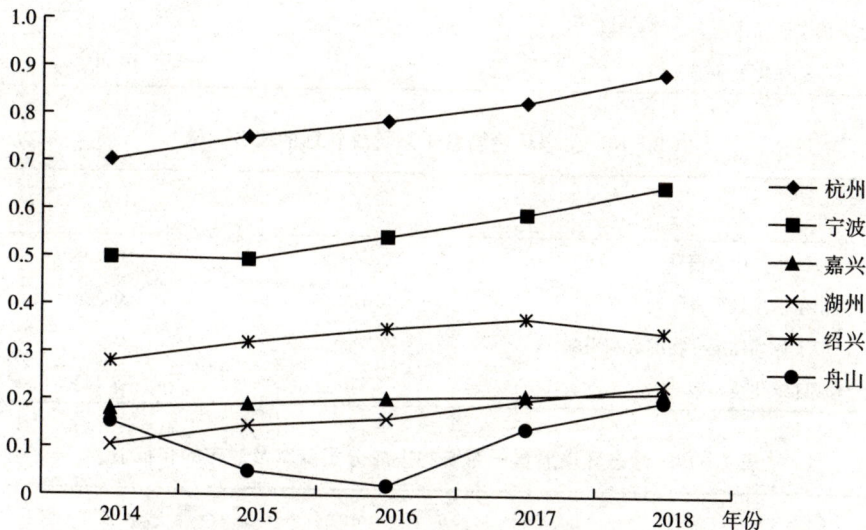

图2-11　环杭州湾地区2014—2018年社会公共服务发展质量子系统得分趋势

五、生态环境质量子系统评价结果分析

生态环境质量子系统是由城市污水集中处理率、城市生活垃圾无害化处理率、一般工业固体废弃物综合利用率、建成区绿化覆盖率4个三级城市指标组成。采用主成分分析法，借助于SPSS软件，得到生态环境质量子系统的成分矩阵（表2-17）。根据表2-17、表2-18显示，该子系统中的4个指标同样可以提取出2个主成分（表2-19）。

根据表2-18生态环境质量子系统旋转后的成分矩阵得知，建成区绿化覆盖率在成分1上有较大的载荷，说明成分1主要反映了绿化面积的特点；一般工业固体废弃物综合利用率在成分 2 上有较大的载荷，说明成分 2 主要反映了废弃物综合利用的特点。生态环境质量子系统得分参照经济发展子系统得分的计算步骤。

表 2 - 17　生态环境质量子系统成分矩阵

	成分 1	成分 2
城市污水集中处理率	0.729	0.286
城市生活垃圾无害化处理率	0.533	−0.513
一般工业固体废弃物综合利用率	−0.395	0.692
建成区绿化覆盖率	0.571	0.693

表 2 - 18　生态环境质量子系统旋转后的成分矩阵

	成分 1	成分 2
城市污水集中处理率	0.758	−0.198
城市生活垃圾无害化处理率	0.129	−0.728
一般工业固体废弃物综合利用率	0.087	0.792
建成区绿化覆盖率	0.810	0.144

表 2 - 19　生态环境质量子系统的主成分贡献率及对应的特征值

	成分 1	成分 2
贡献率%	32.499	29.379
特征值	1.298	1.175

生态环境质量子系统具体得分如表 2 - 20 所示，排在首位的是湖州市，均分为 0.863 2，其最高值 0.985 0 出现在 2018 年。排在第二位的是杭州市，其均分为 0.612 0，最高值为 2018 年 0.663 0。其次是宁波市，以 0.561 7 的均分排在第三位，它的最高值出现在 2018 年，为 0.709 9。舟山市以均分 0.528 5 排在第四位，它的最高值出现在 2017 年，为 0.706 1。排在第五位的是嘉兴市，其均分为 0.490 7，最高值为 0.539 9，出现在 2018 年。排在末位的是绍兴市，其均分为 0.398 1，最高值为 2018 年的 0.539 7。

表 2 - 20 环杭州湾地区 2014—2018 年生态环境质量子系统得分

	杭州	宁波	嘉兴	湖州	绍兴	舟山	均值	极差
2014	0.611 8	0.391 7	0.485 5	0.767 6	0.253 8	0.299 0	0.468 2	0.513 8
2015	0.609 1	0.471 5	0.510 5	0.800 1	0.331 5	0.375 4	0.516 4	0.468 7
2016	0.610 1	0.600 9	0.448 2	0.827 1	0.453 6	0.581 8	0.586 9	0.378 9
2017	0.565 8	0.634 6	0.469 4	0.936 2	0.412 0	0.706 1	0.620 7	0.524 1
2018	0.663 0	0.709 9	0.539 9	0.985 0	0.539 7	0.680 1	0.686 3	0.304 9
均值	0.612 0	0.561 7	0.490 7	0.863 2	0.398 1	0.528 5		
排名	2	3	5	1	6	4		

根据图 2-12 所示，湖州市的生态环境质量子系统的得分在这五年间一直遥遥领先，并且还呈现出平缓上升的趋势，说明在 6 个城市中，湖州市的生态环境质量可以作为其他 5 个城市学习的典范。杭州市和绍兴市在 2017 年得分均有所下降，但同时也在 2017 年后得分开始回升，其中绍兴市在 2018 年的得分与嘉兴市的得分很接近。宁波市的得分也在不断增加，只不过增长速度有快有慢。而舟山市在经过前四年的得分增长后，在 2018 年得分有所下降。

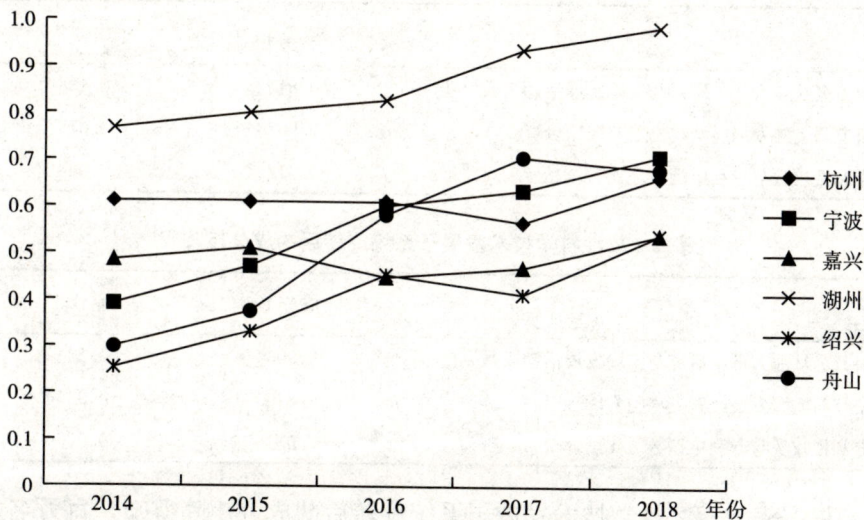

图 2-12 环杭州湾地区 2014—2018 年生态环境质量子系统得分变化趋势

六、科学技术发展子系统评价结果分析

本章根据当前国情需要和环杭州湾地区的实际情况，设置了具有环杭州湾地区特色的二级子系统——科学技术发展子系统。当前，我国经济正处于转变发展方式、优化经济结构、转换增长动力的攻关期，加快发展先进制造业已经成为增强我国制造业核心竞争力、构建我国现代化经济体系的重要支撑。中国科协更是准备打造"科创中国"的工作品牌，立志于推动科技资源的聚合优化，促进科技与经济的深度融合。环杭州湾地区经济实力雄厚，国家认定的高新技术企业众多，所以在评估环杭州湾地区城市化质量水平的同时，也应该需要考虑该地区的科学技术研发情况，科学技术的进步与城市化质量的提高息息相关。该子系统由每万名从业人员中研究与实验发展活动人数、研究与实验发展经费支出与 GDP 之比、专利授权数与专利申请数之比 3 个三级城市指标组成。采用主成分分析法，借助于 SPSS 软件，得到科学技术发展子系统的成分矩阵（表 2 - 21）。根据表 2 - 21、表 2 - 22 显示，该子系统中的 3 个指标可以提取出 2 个主成分（表 2 - 23）。

表 2 - 21　科学技术发展子系统成分矩阵

	成分 1	成分 2
每万名从业人员中研究与实验发展活动人数	0.815	0.438
研究与实验发展经费支出与 GDP 之比	0.907	−0.075
专利授权数与专利申请数之比	−0.312	0.926

表 2 - 22　科学技术发展子系统旋转后的成分矩阵

	成分 1	成分 2
每万名从业人员中研究与实验发展活动人数	0.906	0.183
研究与实验发展经费支出与 GDP 之比	0.846	−0.334
专利授权数与专利申请数之比	−0.031	0.976

根据表 2 - 22 科学技术发展子系统旋转后的成分矩阵得知，每万名从业人员中研究与实验发展活动人数在成分 1 上有较大的载荷，说明成分 1

主要反映了从业人员在科研方面的结构特点；专利授权数与专利申请数之比在成分 2 上有较大的载荷，说明成分 2 主要反映了专利申请的特点。经济技术发展子系统得分参照经济发展子系统得分的计算步骤。

表 2-23　科学技术发展子系统的主成分贡献率及对应的特征值

	成分 1	成分 2
贡献率%	52.766	35.144
特征值	1.583	1.054

　　具体得分如表 2-24 所示，其中，第一名为均分是 0.826 2 的杭州市，它的最高值为 2018 年的 0.936 7。其次是宁波市，均分为 0.602 8，最高值为 2018 年的 0.733 3。排在第三的是湖州市，它的均分为 0.378 6，最大值为 2015 年的 0.416 5。绍兴市以均分 0.328 5 排在第四位，得分最高的时候是 2018 年，为 0.406 7。紧随其后的是嘉兴市，它的均分为 0.296 5，它的最高值为 2018 年的 0.321 3。排在末位的是舟山市，它的均分为 0.170 7，最高值出现在 2015 年，为 0.212 4。根据图 2-13 所示，杭州市虽然在 2016 年出现过得分降低的情况，但总体上来说它的得分呈增长趋势，并且领先于其他 5 个城市。宁波市在这五年间大体上保持匀速增长的趋势。嘉兴市的得分虽然有所增长，但是后四年的得分同 2014 年相比增长幅度不大。湖州市、绍兴市、舟山市均在 2016 年间得分有一定程度的下降，其中湖州市和舟山市的得分下降趋势一直延续到 2017 年。

表 2-24　环杭州湾地区 2014—2018 年科学技术发展子系统得分

	杭州	宁波	嘉兴	湖州	绍兴	舟山	均值	极差
2014	0.755 4	0.499 8	0.251 4	0.349 3	0.284 2	0.171 4	0.385 3	0.584 0
2015	0.824 5	0.566 2	0.288 5	0.416 5	0.355 9	0.212 4	0.444 0	0.612 0
2016	0.786 4	0.580 9	0.307 1	0.386 3	0.279 1	0.171 4	0.418 5	0.614 9
2017	0.828 3	0.634 0	0.314 3	0.341 0	0.316 6	0.110 2	0.424 1	0.718 1
2018	0.936 7	0.733 3	0.321 3	0.400 1	0.406 7	0.187 9	0.497 7	0.748 8
均值	0.826 2	0.602 8	0.296 5	0.378 6	0.328 5	0.170 7		
排名	1	2	5	3	4	6		

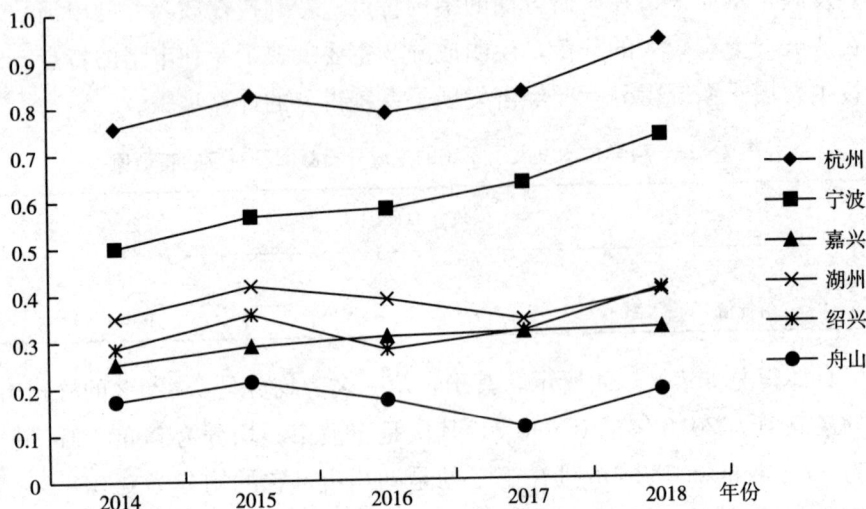

图 2-13　环杭州湾地区 2014—2018 年科学技术发展子系统得分变化趋势

七、城乡协调发展子系统评价结果分析

由于城乡发展一体化是一项重大而又深刻的社会变革，是中国现代化和城市化发展的一个全新阶段，所以本章在评价体系中加入最后一个子系统，即城乡协调发展子系统，该子系统包括城乡人均收入差异、城乡恩格尔系数差异、城乡住宅面积差异 3 个三级城市指标。采用主成分分析法，借助于 SPSS 软件，得到城乡协调发展子系统的成分矩阵（表 2-25）。根据表 2-25、表 2-26 显示，该子系统中的 3 个指标可以提取出 1 个主成分。由于仅提取一个成分，所以无法旋转此解。

表 2-25　城乡协调发展子系统成分矩阵

	成分 1
城乡人均收入差异	0.396
城乡恩格尔系数差异	0.965
城乡人均居住面积差异	0.945

具体得分如表 2-27 所示，其中第一名为舟山市，均分为 0.613 8，它的最高值出现在 2016 年，为 0.637 5。其次是绍兴市，均分为 0.590 5，

它的最高值为 2017 年的 0.608 9。排在第三的是湖州市，均分为 0.587 5，它的最高值出现在 2014 年，为 0.654 0。嘉兴市以均分为 0.539 7 排在第四名，最高值为 2015 年的 0.578 3。第五名是宁波市，均分为 0.521 5，最大值为 2014 年的 0.599 5。排在最后一位的是杭州市，均分为 0.418 8，而它在 2015 年达到最高值，为 0.493 4。

表 2 - 26　城乡协调发展子系统的主成分贡献率及对应的特征值

	成分 1
贡献率%	66.022
特征值	1.981

表 2 - 27　环杭州湾地区 2014—2018 年城乡协调发展子系统得分

	杭州	宁波	嘉兴	湖州	绍兴	舟山	均值	极差
2014	0.467 9	0.599 5	0.555 9	0.654 0	0.605 3	0.611 0	0.582 3	0.186 1
2015	0.493 4	0.542 3	0.578 3	0.581 0	0.592 4	0.593 0	0.563 4	0.099 5
2016	0.427 6	0.493 2	0.480 9	0.617 3	0.587 5	0.637 5	0.540 7	0.209 9
2017	0.435 2	0.457 8	0.555 9	0.538 6	0.608 9	0.625 4	0.537 0	0.190 2
2018	0.269 7	0.514 8	0.527 5	0.546 6	0.558 5	0.602 2	0.503 2	0.332 5
均值	0.418 8	0.521 5	0.539 7	0.587 5	0.590 5	0.613 8		
排名	6	5	4	3	2	1		

　　根据图 2 - 14 可以清楚地看出，该 6 个城市得分在城乡发展一体化方面均有着较明显的波动，其中杭州市 2018 年在这一方面的成绩相较于 2014 年有着明显的退步，这说明杭州市应该自省这五年来对于城乡协调发展的举措是否需要变动，更应该向得分第一的舟山市学习，从而因地制宜选择合适的发展方法更好地完成城乡发展一体化。湖州市和嘉兴市的得分变化趋势可谓是"一波三折"，这两个城市的得分变化趋势在前四年的时候都分别向不同的方向变化，但最终在 2018 年两者得分趋于接近。绍兴市和舟山市的得分变动幅度不大，但都存在得分下降的情况。宁波市得分下降趋势持续时间较长，直到 2017 年后其得分才开始回升。

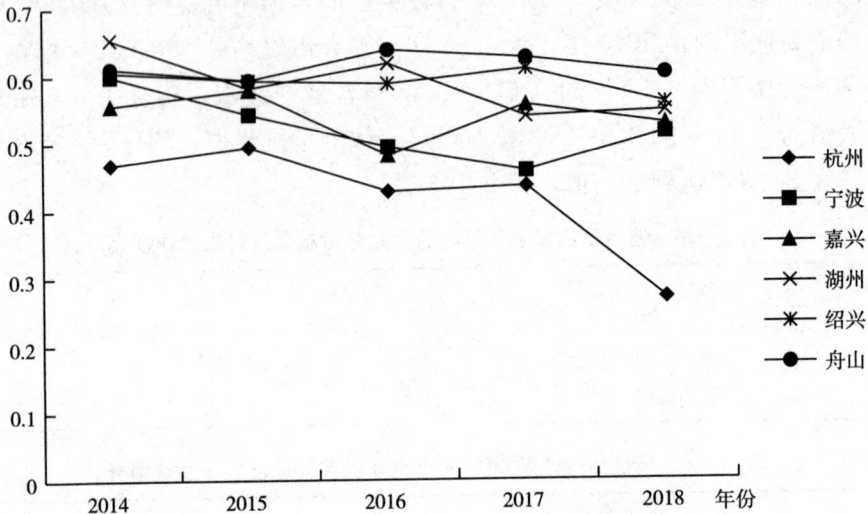

图 2-14 环杭州湾地区 2014—2018 年城乡协调发展子系统得分变化趋势

八、环杭州湾地区新型城市化质量综合评价总结

通过对环杭州湾地区新型城市化质量综合评价结果来看，详细结果参考表 2-28，杭州市作为浙江省的省会城市、浙江省的政治、经济、文化中心，城市化发展水平相对比较好，其经济发展子系统、社会公共服务发展质量子系统和科学技术发展子系统的得分均排在首位，生态环境质量子系统得分均排在全地区第二的位置，因此新型城市化质量综合评价总得分在 6 个城市中排在首位。杭州市在社会公共服务发展质量子系统中的得分

表 2-28 环杭州湾地区 2014—2018 年新型城市化
质量综合评价体系总得分汇总

城市及年份	经济发展子系统得分	居民生活质量子系统得分	社会公共服务发展质量子系统得分	生态环境质量子系统得分	科学技术发展子系统得分	城乡协调发展子系统得分	总得分
杭州 2014	0.600 3	0.372 5	0.703 4	0.611 8	0.755 4	0.467 9	0.582 0
杭州 2015	0.708 8	0.411 3	0.751 3	0.609 1	0.824 5	0.493 4	0.635 5
杭州 2016	0.830 1	0.473 5	0.785 8	0.610 1	0.786 3	0.427 6	0.671 9

（续）

城市及年份	经济发展子系统得分	居民生活质量子系统得分	社会公共服务发展质量子系统得分	生态环境质量子系统得分	科学技术发展子系统得分	城乡协调发展子系统得分	总得分
杭州 2017	0.898 3	0.554 1	0.825 6	0.565 8	0.828 3	0.435 2	0.711 1
杭州 2018	0.907 5	0.664 3	0.886 6	0.663 0	0.936 7	0.269 7	0.758 4
宁波 2014	0.450 1	0.281 7	0.498 3	0.391 7	0.499 8	0.599 5	0.437 7
宁波 2015	0.570 2	0.422 4	0.494 3	0.471 5	0.566 2	0.542 3	0.508 9
宁波 2016	0.573 3	0.505 7	0.542 5	0.600 9	0.580 9	0.493 2	0.551 4
宁波 2017	0.673 4	0.612 3	0.590 8	0.634 6	0.634 0	0.457 8	0.613 8
宁波 2018	0.746 7	0.582 9	0.651 0	0.709 9	0.733 3	0.514 8	0.666 2
嘉兴 2014	0.193 2	0.448 1	0.180 0	0.485 5	0.251 4	0.555 9	0.329 5
嘉兴 2015	0.255 9	0.505 7	0.190 7	0.510 5	0.288 5	0.578 3	0.368 8
嘉兴 2016	0.303 0	0.667 9	0.203 3	0.448 2	0.307 1	0.480 9	0.398 1
嘉兴 2017	0.353 9	0.706 2	0.209 8	0.469 4	0.314 3	0.555 9	0.430 7
嘉兴 2018	0.428 8	0.776 3	0.217 2	0.539 9	0.321 3	0.527 5	0.472 8
湖州 2014	0.126 3	0.218 1	0.104 5	0.767 6	0.349 3	0.654 0	0.318 7
湖州 2015	0.177 4	0.318 6	0.144 9	0.800 1	0.416 5	0.581 0	0.364 6
湖州 2016	0.210 5	0.388 1	0.160 2	0.827 1	0.386 3	0.617 3	0.393 0
湖州 2017	0.239 3	0.514 4	0.200 3	0.936 2	0.341 0	0.538 6	0.435 0
湖州 2018	0.331 8	0.599 7	0.233 2	0.985 0	0.400 1	0.546 6	0.496 0
绍兴 2014	0.214 6	0.329 0	0.280 6	0.253 8	0.284 2	0.605 3	0.303 4
绍兴 2015	0.272 0	0.416 8	0.320 4	0.331 5	0.355 9	0.592 4	0.361 5
绍兴 2016	0.297 9	0.497 0	0.350 3	0.453 6	0.279 1	0.587 5	0.397 0
绍兴 2017	0.343 0	0.574 4	0.372 1	0.412 0	0.316 6	0.608 9	0.428 0
绍兴 2018	0.440 4	0.670 2	0.344 0	0.539 7	0.406 7	0.558 5	0.491 3
舟山 2014	0.282 6	0.064 1	0.153 7	0.299 0	0.171 4	0.611 0	0.236 6
舟山 2015	0.382 8	0.141 9	0.050 0	0.375 4	0.212 4	0.593 0	0.272 5
舟山 2016	0.462 3	0.171 1	0.020 4	0.581 8	0.171 4	0.637 5	0.322 2
舟山 2017	0.408 4	0.204 7	0.140 0	0.706 1	0.110 2	0.625 4	0.347 0
舟山 2018	0.486 8	0.255 1	0.199 2	0.680 1	0.187 9	0.602 2	0.390 4

居于首位，这就从实证角度证实杭州市有着健全的基础设施服务。同样，杭州市在科学技术发展子系统中取得第一名，这就说明杭州市正在不断深入落实"科学技术是第一生产力"的理论，实现科学技术的发展带动城市未来发展。然而，杭州市在城乡协调发展方面的措施和其他5个城市相比，成效并不明显，并且在近几年还有后退的现象，所以它在城乡协调发展子系统中的得分居于末位，说明在杭州市的城市化进程中，城乡协调发展是它的短板。

宁波市作为一个港口城市，交通运输业十分发达，从而带动其经济的发展，所以在经济发展质量子系统中得分排在第二位。除了在城乡协调发展子系统中的得分落后、居民生活质量子系统得分排在第四位，在其余四个子系统中的得分排名均排在前三的位置，其中社会公共服务发展质量子系统的成绩在6个城市中排在第二位，说明宁波市城市公共基础设施完善。科学技术发展子系统的得分同样排在第二位，说明宁波市在经济发展的同时也重视科学技术的发展，向省会城市杭州市看齐。然而宁波市的城市发展同样和杭州市一样，需要注意城乡协调发展的问题，通过数据可以看出，宁波市近年来也正在解决这一问题，并且取得初步成效，因为从2017年开始，宁波市在城乡协调发展子系统中的得分在逐渐回升，宁波市在不断探索中寻求一条适合其城乡发展一体化的道路。

湖州市的新型城市化质量综合评价得分排在第三位，与嘉兴市、绍兴市的得分很接近。湖州市的明显优势体现在它拥有着高质量的生态环境，是"绿水青山就是金山银山"理念付诸实践的重要体现，其次在科学技术发展和城乡协调发展方面也有着不错的成绩。然而湖州市的经济发展质量、居民生活质量、社会公共服务发展方面在整个环杭州湾地区居于后三位。相比较而言，湖州市的经济发达程度比不上绍兴市和宁波市，更比不上杭州市。湖州市的居民生活质量和社会公共基础服务质量仍有很大的提升空间。

嘉兴市的新型城市化质量综合评价得分处于第四的位置。除了在居民生活质量方面有着较为明显的优势外，其余5个方面有着很大的提升空间。说明嘉兴市作为新型城市化的试点城市，仍需要加倍努力向新型城市化转变。

　　绍兴市作为环杭州湾地区新型城市化质量综合评价总得分的第五名，其优势主要集中在居民生活有较高的质量，社会公共服务体系较为完善，城乡协调发展取得成效，但它在生态环境污染治理方面成效并不显著，因为6个城市中绍兴市的生态环境质量子系统中的得分排在末位，从而体现出绍兴市在现阶段的生态环境质量提高措施方面需要改进，所以绍兴市需要就这一方面向其他城市如湖州市和杭州市学习经验，找到适合绍兴市生态环境质量提高的方式，坚持"绿水青山就是金山银山"的发展理念。

　　舟山市的新型城市化质量综合评价得分在6个城市中居于末位。虽然它综合排名靠后，但是其在经济发展质量和城乡协调发展方面均有着不错的成绩，尤其是城乡协调发展方面，这说明舟山市有较强的经济实力，其中渔业和旅游业有着较大的潜力，城乡发展一体化取得不错的进展，是环杭州湾地区其余几个城市的学习榜样，尤其是杭州市和宁波市。舟山市城市发展的短板主要体现在居民生活质量、社会公共服务发展质量、科学技术发展三个方面。所以它要重视居民生活水平的提高、社会公共服务体系的完善、科学技术的研究和发展。

　　根据新型城市化质量综合评价得分的情况来看，这6个城市的得分在这五年间并没有出现降低的现象，反而该6个城市的综合得分大体上保持匀速增长的态势。从6个子系统之间的联系来看，经济发展水平好的城市有着较为完善的社会公共服务体系，它们在处理生态环境问题时有着良好的解决措施，比如杭州市和宁波市，它们同样更注重科学技术发展的重要性。然而这些城市往往无法在城乡协调发展方面有着明显的成效。值得一提的是，经济发展有助于当地居民生活质量的提高，社会公共服务体系的愈加完善也对居民生活质量的提高有所助力，两者共同推动当地居民生活幸福指数的提高。

　　在对新型城市化质量进行综合评价时，主要分为经济发展质量、生活质量、基础设施质量、社会发展质量、生态环境质量、科学技术发展质量、统筹城乡与地区发展质量7个层面进行全面的探讨。虽然该地区新型城市化质量的整体水平比较高，但是在以后的发展中还有较大的提升空间，该地区的城市化要不断向中国新型城市化迈进。因此在后续分析该地区新型城市化质量提升的时候，也主要立足于这7个方面进行深入分析。

第六节　环杭州湾地区 2011 年和 2018 年
新型城市化质量比较

2012 年 5 月 11 日，浙江省新型城市化会议在杭州市召开，会上提出在新型城市化过程中将加快推进环杭州湾、温台沿海、浙中三大城市群规划建设，将其打造成长三角世界级城市群南翼的重要组成部分。《浙江省深入推进新型城市化纲要（征求意见稿）》指出，三大城市群基本建成，将会成为浙江率先基本实现现代化的重要支撑之一。所以本章认为，2012 年可以成为加快推进环杭州湾地区规划建设的起始年。所以 2011 年是环杭州湾地区尚未加快建设的一年，而到了 2018 年，环杭州湾地区已经经过 7 年的规划发展，通过对比 2011 年的数据，将会清晰地看出经过 7 年的发展，环杭州湾地区在哪些方面有了显著的提升。

一、环杭州湾地区 2011 年新型城市化质量综合评价结果

通过对收集到的关于 2011 年环杭州湾地区新型城市化质量综合评价的相关数据进行标准化处理，再由标准化后的数据分别同 32 个指标权重相乘、相加分别得到 6 个子系统的得分。根据子系统的权重，最终将乘以子系统权重的 6 个数据相加，得到最后的总得分。其中 32 个指标权重和 6 个子系统权重均参照表 2 - 29 的内容。

表 2 - 29　环杭州湾地区 2011 年新型城市化质量综合评价得分

城市及年份	经济发展子系统得分	居民生活质量子系统得分	社会公共服务发展质量子系统得分	生态环境质量子系统得分	科学技术发展子系统得分	城乡协调发展子系统得分	总得分	排名
杭州市 2011	0.851 5	0.801 3	0.850 3	0.659 3	0.966 9	0.254 9	0.767 7	1
宁波市 2011	0.654 6	0.893 6	0.563 1	0.211 1	0.619 2	0.371 2	0.586 5	2
嘉兴市 2011	0.378 4	0.856 6	0.238 2	0.564 0	0.387 3	0.710 3	0.511 0	3
湖州市 2011	0.299 4	0.463 3	0.162 0	0.840 1	0.408 4	0.456 3	0.418 4	4
绍兴市 2011	0.307 0	0.869 5	0.375 2	0.041 2	0.170 5	0.489 4	0.392 4	5
舟山市 2011	0.325 0	0.193 4	0.326 1	0.240 0	0.030 9	0.858 7	0.301 3	6

根据表 2-28 可知，杭州市以总得分 0.767 7 位居第一名。宁波市以 0.586 5 排在第二位。第三位的是嘉兴市，总得分为 0.511 0。湖州市以总得分 0.418 4 排在第四位。第五位的是绍兴市，总得分为 0.392 4。排在末位的是舟山市，总得分为 0.301 3。

在经济发展子系统中，杭州市、宁波市、嘉兴市位列前三，其得分分别为：0.851 5、0.654 6、0.378 4。排在后三位的是舟山市、绍兴市和湖州市，它们的得分分别为：0.325 0、0.307 0、0.299 4。

在居民生活质量子系统中，宁波市以得分 0.893 6 位列第一。排在第二的是得分为 0.869 5 的绍兴市。第三名是嘉兴市，其得分为 0.856 6。杭州市以得分 0.801 3 排在第四位。湖州市的得分为 0.463 3，排在第五位。排在末位的是舟山市，其得分为 0.193 4。

在社会公共服务发展质量子系统中，杭州市以 0.850 3 分位居第一位。排在第二位的是宁波市，其得分为 0.563 1。绍兴市排在第三位，其得分为 0.375 2。排在第四位的是舟山市，其得分为 0.326 1。嘉兴市的得分为 0.238 2，排在第五位。湖州市以 0.162 0 排在最后。

在生态环境质量子系统中，湖州市以得分 0.840 1 排在首位。排在第二位的是杭州市，其得分为 0.659 3。紧随其后的是嘉兴市，其得分为 0.564 0。舟山市排在第四位 0.240 0。宁波市和其差距不大，得分为 0.211 1。绍兴市的得分仅为 0.041 2，排在最后。

在科学技术发展子系统中，杭州市的得分排在第一位，其得分为 0.966 9。排在第二位的是宁波市，其得分为 0.619 2。第三名是湖州市，其得分为 0.408 4。紧随其后的是得分为 0.387 3 的嘉兴市。绍兴市的得分为 0.170 5，排在第五位。舟山市以 0.030 9，排在最后。

在城乡协调发展子系统中，得分最高的是舟山市，得分为 0.858 7。嘉兴市以得分 0.710 3 排在其后。第三位的是绍兴市，得分为 0.489 4。湖州市的得分为 0.456 3，排在第四位。宁波市和杭州市分别排在第五、第六位，其得分分别为：0.371 2 和 0.254 9。

根据图 2-15 所示，在经济发展子系统中，杭州市和宁波市的得分遥遥领先，其余 4 个城市的得分相互间差距不大。而在居民生活质量子系统中，排在前四位的城市的得分差距不大，但是排在后两位的湖州市和舟山市与前四位的差距比较大。在社会公共服务发展质量子系统中，杭州市和宁波市同样遥遥领先，但是它们之间的差距比在经济发展子系统中的差距要大。在生态环境质量子系统和科学技术发展子系统中，出现了明显的低分，最高分和最低分之间的差距显著。在城乡协调发展子系统中，6个城市之间的得分并没有像前面5个子系统一样差距明显，但是排在后四位的城市同排在前两位的城市还是存在一定差距。总的来说，6个子系统都呈现出一个共同点，那就是6个城市的得分两极分化严重。

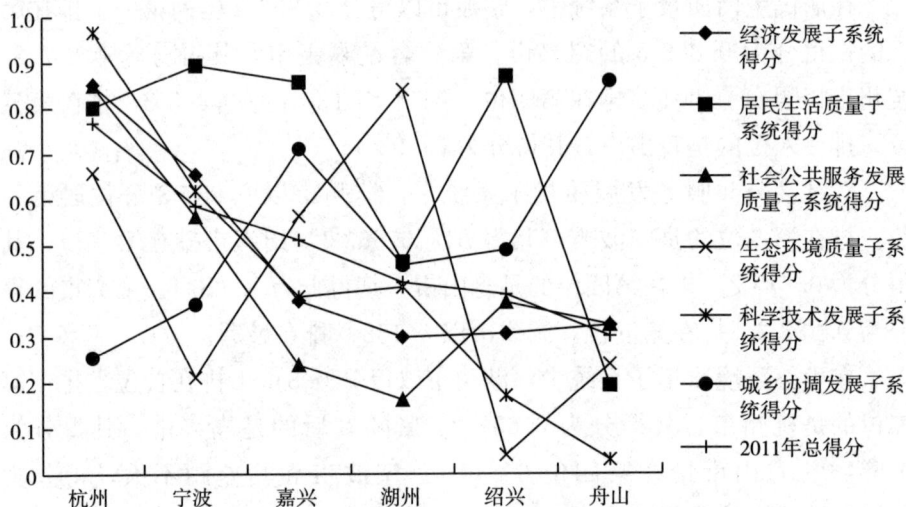

图2-15 环杭州湾地区2011年城市化质量评价得分图

二、环杭州湾地区 2018 年新型城市化质量综合评价结果

根据表2-30可知，杭州市以总得分0.758 4位居第一位。宁波市以0.666 2排在第二位。第三位的是湖州市，总得分为0.496 0。绍兴市以总得分0.491 3排在第四位。第五位的是嘉兴市，总得分为0.472 8。排在末位的是舟山市，总得分为0.390 4。

在经济发展子系统中，杭州市、宁波市、舟山市位列前三，其得分分别为：0.907 5、0.746 7、0.486 8。排在后三位的是绍兴市、嘉兴市和湖州市，它们的得分分别为：0.440 4、0.428 8、0.331 8。

在居民生活质量子系统中，嘉兴市以得分0.776 3位列第一位。排在第二位的是得分为 0.670 2 的绍兴市。第三位是杭州市，其得分为 0.664 3。湖州市以得分 0.599 7 排在第四位。宁波市的得分为 0.582 9，排在第五位。排在末位的是舟山市，其得分为 0.255 1。

在社会公共服务发展质量子系统中，杭州市以 0.886 6 分位居第一位。排在第二位的是宁波市，其得分为 0.651 0。绍兴市排在第三位，其得分为 0.344 0。排在第四位的是湖州市，其得分为 0.233 2。嘉兴市的得分为 0.217 4，排在第五位。舟山市以 0.199 2 排在最末位。

在生态环境质量子系统中，湖州市以得分 0.985 0 排在首位。排在第二位的是宁波市，其得分为 0.709 9。紧随其后的是舟山市，其得分为 0.680 1。杭州市排在第四位得分 0.663 0。排在第五位的是嘉兴市，其得分为 0.539 9。排在最后的是绍兴市，其得分为 0.539 7。

在科学技术发展子系统中，杭州市的得分排在第一位，其得分为 0.936 7。排在第二位的是宁波市，其得分为 0.733 3。第三位是绍兴市，其得分为 0.406 7。紧随其后的是得分为 0.400 1 湖州市。嘉兴市的得分为 0.321 3，排在第五位。舟山市以 0.187 9，排在最后。

在城乡协调发展子系统中，得分最高的是舟山市，得分为 0.602 2。绍兴市以得分 0.558 5 排在其后。第三位的是湖州市，其得分为 0.546 6。嘉兴市的得分为 0.527 5，排在第四位。宁波市和杭州市分别排在第五、第六位，其得分分别为：0.514 8 和 0.269 7。

表 2-30　环杭州湾地区 2018 年新型城市化质量综合评价得分

城市及年份	经济发展子系统得分	居民生活质量子系统得分	社会公共服务发展质量子系统得分	生态环境质量子系统得分	科学技术发展子系统得分	城乡协调发展子系统得分	2018 年总得分	排名
杭州市 2018	0.907 5	0.664 3	0.886 6	0.663 0	0.936 7	0.269 7	0.758 4	1
宁波市 2018	0.746 7	0.582 9	0.651 0	0.709 9	0.733 3	0.514 8	0.666 2	2
嘉兴市 2018	0.428 8	0.776 3	0.217 4	0.539 9	0.321 3	0.527 5	0.472 8	5
湖州市 2018	0.331 8	0.599 7	0.233 2	0.985 0	0.400 1	0.546 6	0.496 0	3
绍兴市 2018	0.440 4	0.670 2	0.344 0	0.539 7	0.406 7	0.558 5	0.491 3	4
舟山市 2018	0.486 8	0.255 1	0.199 2	0.680 1	0.187 9	0.602 2	0.390 4	6

根据图 2-16 所示，在经济发展子系统中，杭州市和宁波市的得分领

先于环杭州湾地区的其他几个城市，其余 4 个城市的得分相互间差距不大。而在居民生活质量子系统中，除了舟山市其余的 5 个城市得分接近。在社会公共服务发展质量子系统中，杭州市和宁波市同样遥遥领先，但是它们之间的差距比在经济发展子系统中的差距要大，作为第三名的绍兴市与前两名城市差距较大。在生态环境质量子系统和科学技术发展子系统中，并没有出现明显的低分，但是在科学技术发展子系统中得分的两极分化比较明显。在城乡协调发展子系统中，6 个城市之间的得分并没有像前面 5 个子系统一样差距明显，除了杭州市的得分明显落后于其余 5 个城市外，剩下的 5 个城市得分相差不大。总的来说，在 2018 年的环杭州湾地区城市化质量评价结果中，每个子系统中都存在个别城市得分明显高于其他几个城市或是明显低于其他几个城市，这说明到 2018 年，这 6 个城市关于这 6 个方面的发展并不均衡。

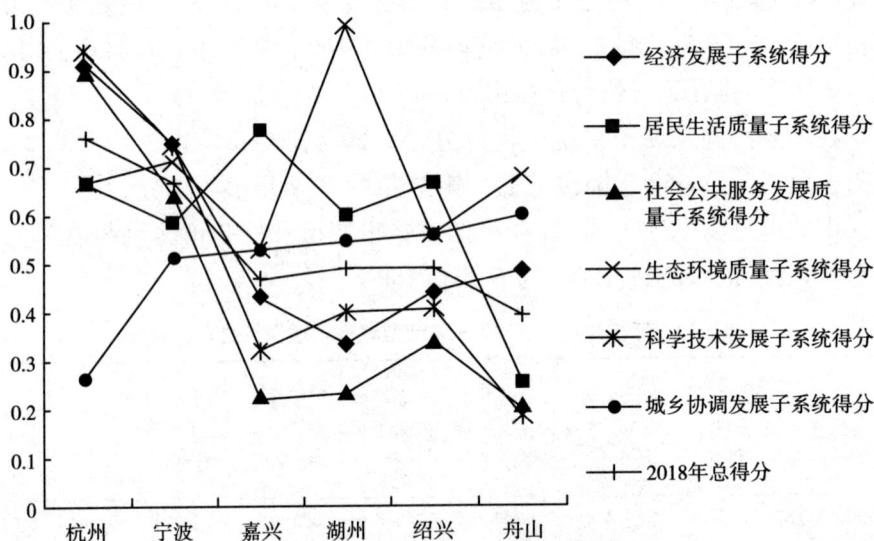

图 2-16　环杭州湾地区 2018 年新型城市化质量综合评价得分图

三、2011 年和 2018 年新型城市化质量综合评价结果对比分析

根据图 2-17 所示，可以清楚地看出在经济发展子系统中，这 6 个城市的 2018 年得分相较于 2011 年均有提高，其中绍兴市和舟山市的增长幅

度较大，舟山市的得分从 2011 年的第四名反超嘉兴市成为第三名，绍兴市在 2018 年排在第四名，而嘉兴市则退到了第五名的位置。

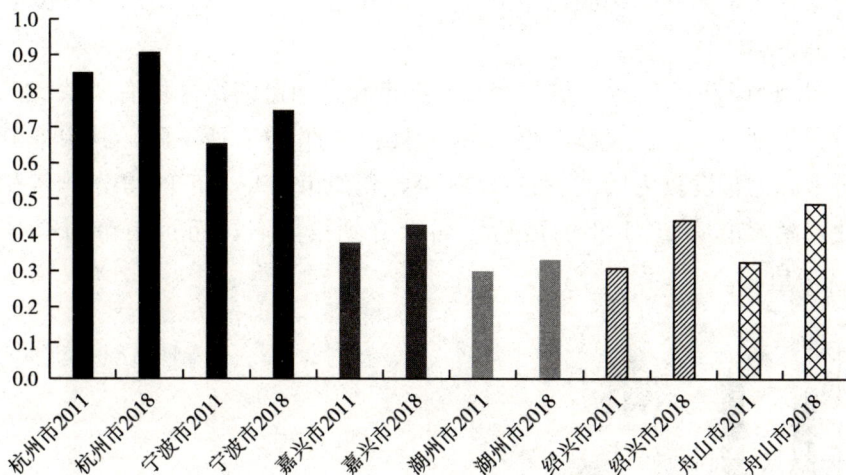

图 2-17　环杭州湾地区 2011 年和 2018 年经济发展子系统得分比较

根据图 2-18 所示，在居民生活质量子系统中，杭州市、宁波市、嘉兴市和绍兴市的得分均有一定程度的下降，其中宁波市下降幅度较大，嘉兴市的下降幅度较小。湖州市和舟山市的得分有一定程度上的提高，湖州

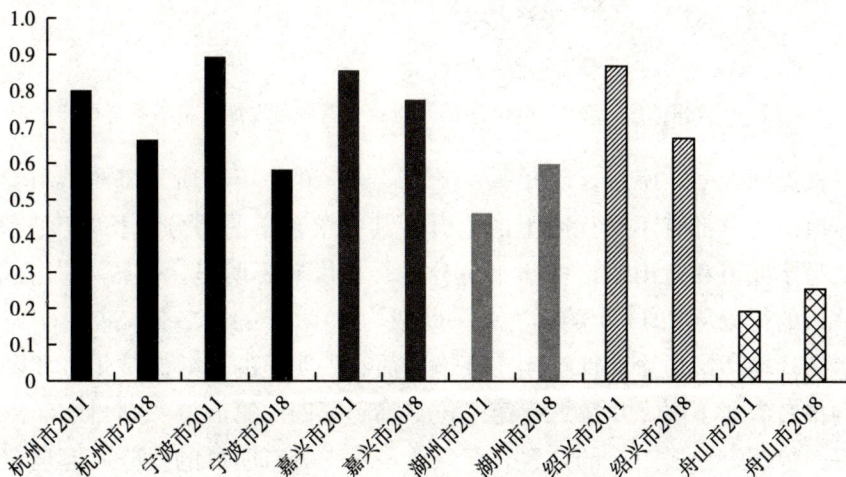

图 2-18　环杭州湾地区 2011 年和 2018 年居民生活质量子系统得分比较

市的提高幅度较大。在 2018 年，嘉兴市、杭州市、湖州市的排名均有提升的情况发生，嘉兴市一跃成为第一名，杭州市从 2011 年的第四位跻身前三，湖州市上升到第四位。然而宁波市的排名从 2011 年的第一位退到了第五位。

　　根据图 2-19 所示，杭州市、宁波市和湖州市的得分均有所增长，但是增长幅度不大。嘉兴市、绍兴市和舟山市的得分有所下降，其中舟山市得分下降的程度较为明显。在 2018 年，湖州市和舟山市的得分排名发生变化，湖州市从 2011 年的最后一名上升到第四名，而舟山市的得分在 2018 年垫底。

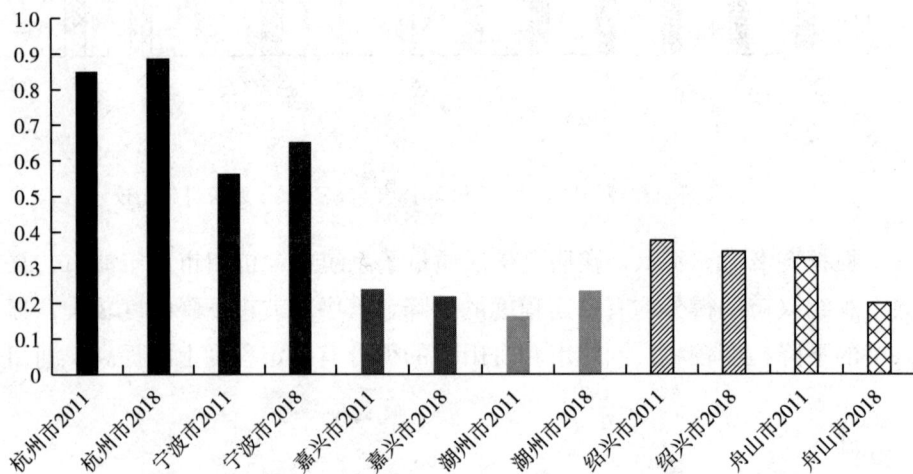

图 2-19　环杭州湾地区 2011 年和 2018 年社会公共服务发展质量子系统得分比较

　　根据图 2-20 所示，除了嘉兴市得分在 2018 年有所下降外，其余 5 个城市的得分都有不同程度上的上升。其中绍兴市的得分增长幅度最大，其次是宁波市和舟山市。杭州市得分增长幅度并不明显。值得一提的是，宁波市的得分从 2011 年的第五名一跃成为 2018 年的第二名，说明宁波市在生态环境污染质量和保护生态环境方面有着明显的成效。杭州市和嘉兴市的排名有所下降，从第二、第三位下降到第四、第五位。湖州市保持其良好的势头，稳居第一的位置，绍兴市虽然得分有明显的提升，但是它的得分排名依旧是排在 6 个城市的末位。

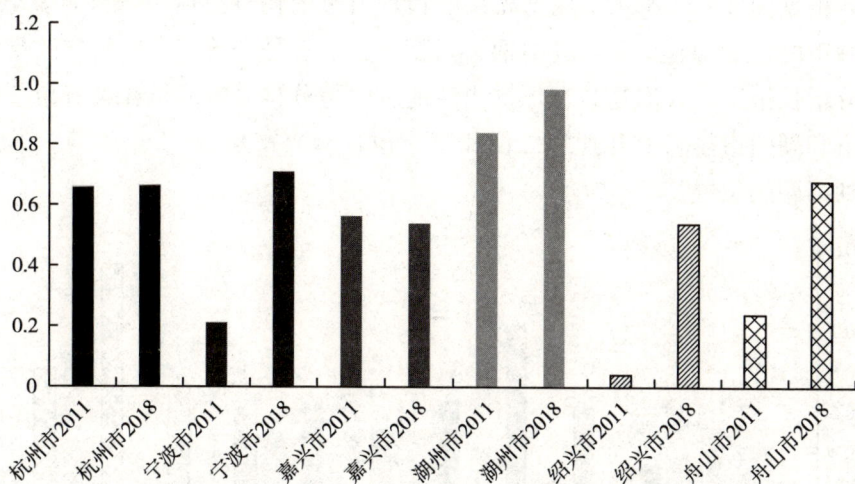

图 2-20　环杭州湾地区 2011 年和 2018 年生态环境质量子系统得分比较

　　根据图 2-21 所示，宁波市、绍兴市和舟山市的得分有所上升，其中绍兴市的增长幅度较大，排名从 2011 年的第五名上升到第三名。杭州市、嘉兴市和湖州市得分有轻微的下降，其中杭州市依旧稳居环杭州湾地区的第一名，但是嘉兴市的排名下降到第五的位置。舟山市得分的增长幅度虽然也较为明显，但是其得分排名依旧在末位。

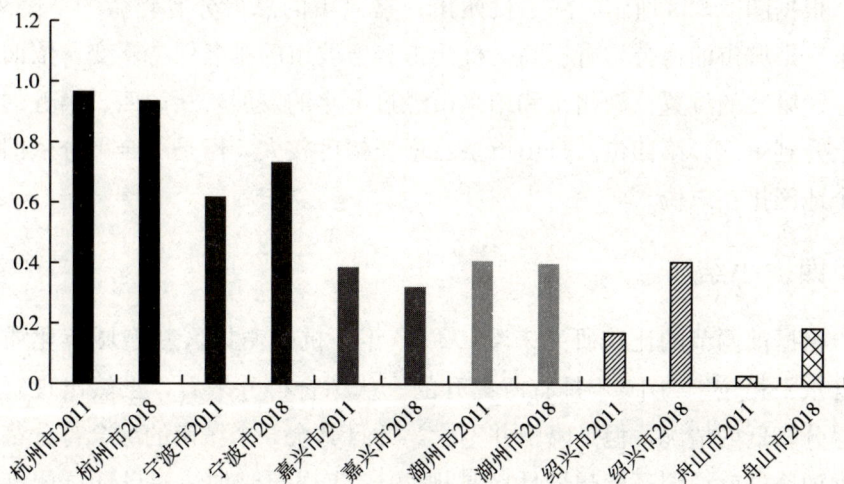

图 2-21　环杭州湾地区 2011 年和 2018 年科学技术发展子系统得分比较

根据图 2-22 所示，除了嘉兴市和舟山市的得分有所下降外，其余 4 个城市的得分均有上升，其中增长幅度最大的就是宁波市。虽然宁波市的得分增长幅度大，但是其在环杭州湾地区的得分排名依旧排在第五位。绍兴市和湖州市排名上升到第二位和第三位，嘉兴市从 2011 年的第二名跌落到第四的位置。

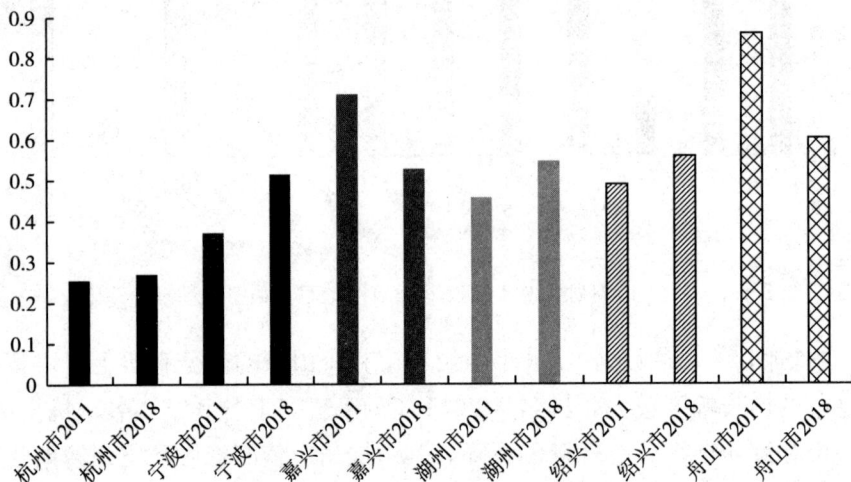

图 2-22　环杭州湾地区 2011 年和 2018 年城乡协调发展子系统得分

根据图 2-23 所示，除了杭州市、嘉兴市的总得分有轻微的下降外，其余 5 个城市的得分均有提高。杭州市和宁波市的排名保持不变，依旧是第一、第二的位置。湖州市和绍兴市经过七年的发展，从第四、第五的位置上升到第三、第四位。舟山市虽然增长幅度较大，但是综合得分依旧在整个地区排在末位。

四、小结

根据前两节的比较研究来看，2018 年环杭州湾地区新型城市化质量综合水平相较于 2011 年是有所提升的。从综合得分来看，虽然出现嘉兴市得分降低的情况，但是降幅并不大，并且其余 5 个城市的综合得分都有所增加，这就说明环杭州湾地区是把 2012 年提出要加快建设环杭州湾地区的目标在这七年中不断地落实，虽然总体上城市化水平得到提升、子系

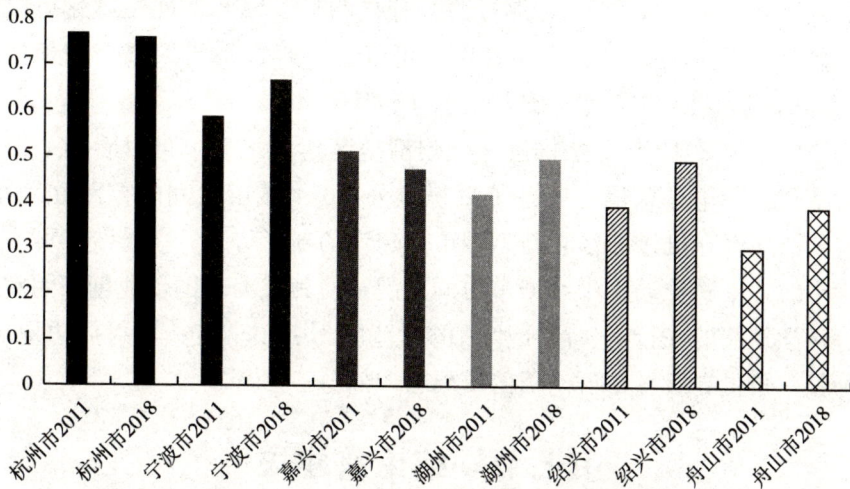

图 2-23 环杭州湾地区 2011 年和 2018 年新型城市化质量综合评价总得分比较

统得分的两极分化现象得以缓解，但是从细节上来看仍需要重视协调发展。

从子系统的角度来看，环杭州湾地区的 6 个主要城市都重视经济发展，在这七年的发展过程中，实施"三大国家战略"构筑海陆联动城乡统筹发展新格局，推动 6 个城市经济实力无一例外在不断提高。在居民生活质量这一方面，舟山市和湖州市的质量有所提升，但是宁波市的质量水平下降较大，可能与其在经济发展的同时没能很好地兼顾当地居民生活水平提高。在社会公共服务发展质量这一块，舟山市的质量水平有一定程度上下降，但是杭州市、宁波市和湖州市的社会公共服务质量在逐年提高，结合它们的共同点，可以说这 3 个城市的经济发展带动了当地基础设施和公共服务的完善，全面加强社会建设，加快实施富民惠民十大工程。在生态环境质量这一方面，整个地区大体上质量有所提升，从得分看出，绍兴市和舟山市取得明显的成效，其得分明显高于 2011 年，说明它们在节能减排和环境保护上取得新进展。随着不断落实"八八战略"和"创业富民、创新强省"总战略，环杭州湾地区加大对科学技术研发的支持力度，通过科技的发展带动经济的发展，便利居民的生活。虽然其中有几个城市在科学技术发展子系统中的得分有轻微的下降，但是可以看出 6 个城市之间的差距在缩小，不会像 2011 年那样两极分化明显。城乡发展一体化可以说成效显著，因为对比 2011 年的成绩，可以看出到 2018 年环杭州湾地区的 6 个城市的城乡协调发展子系统得分的差距在缩小。

所以，在 2012 年加快推进环杭州湾地区建设之后，可以看出一个明显的变化，无论是总得分还是子系统得分，6 个城市之间的差距在缩小。环杭州湾地区在推进浙江省新型城市化建设的新形势下，坚持统筹城乡发展为主线，不断推动大中小城市协调发展，使其成为全国创业创新的宜居区、科学发展的先行区、品质生活的示范区。引领全省、辐射周边地区，成为长三角世界级城市群南翼的重要组成部分。

第七节　结论及建议

一、结论

结合环杭州湾地区城市化发展的基本现状来看，环杭州湾地区城市化质量水平虽然位居全国前列，但是为了在未来的时间里能够长久健康稳定地发展下去，环杭州湾地区仍有很大的提升空间，仍需在诸多方面改进发展战略及相关措施，因为在整个地区发展的同时，需要兼顾该地区内六大城市发展程度不一致的现状，做到先发展城市带动后发展城市，发展速度快的城市带动发展速度慢的城市，发展质量水平高的城市帮扶发展质量水平相对较低的城市，从而真正实现整个地区的新型城市化建设。

从子系统角度来看，6 个城市在 6 个子系统中所体现的优势不同，这就说明尺有所短寸有所长，在未来的城市建设中既要扬长又要补短，而并非是避短。杭州市的优势体现在经济发展质量水平高、社会公共服务体系完善、重视科学技术研发 3 个方面。宁波市的优势主要体现在经济发展好、社会公共服务体系完善、重视科学技术发展 3 个方面。嘉兴市的一个很明显优势是居民生活质量在 6 个城市中是最高的。湖州市在生态环境问题治理方面有明显的优势，能很好地处理城市污水和城市生活垃圾，高效率地利用固体废弃物，建成区绿化覆盖率高。绍兴市在居民生活质量方面有着显著优势，这就说明绍兴市居民有着良好的生活质量。舟山市在城乡协调发展方面有着不错的成绩，可以作为其余 5 个城市的学习榜样。然而通过数据可以看出，这 6 个城市的发展并没有做到 6 个方面面面俱到。杭州市和宁波市的短板均出现在城乡协调发展这方面，嘉兴市的不足体现在社会公共服务发展这方面，湖州市在经济发展质量方面明显落后于其余 5 个城市，绍兴市在城市污染治理方面能力有所欠缺。值得注意的是舟山市，它在居民生活质量方面和科学技术发展方面都有明显的不足，这两项子系统的得分在 6 个城市中均居于末位。所以根据"木桶理论"，木桶上的短板将会成为木桶盛水量的限制因素，城市的发展好比木桶，这 6 个城市的短板和不足都将成为城市日后发展路上的"绊脚石"。

从新型城市化质量综合得分来看，杭州市作为浙江省的省会城市，在 2014—2018 年这五年间其综合得分一直稳居第一位，可以给其余的 5 个城市的发展起到很好的示范引领作用。宁波市在这五年间基本上保持着匀速发展的趋势。嘉兴市、湖州市和绍兴市三者分数接近、发展速度也相似。舟山市虽然在这五年间得分一直落后于其他 5 个城市，但是也在稳定发展。

通过 2011 年和 2018 年环杭州湾地区新型城市化质量综合得分比较看出，在加快建设环杭州湾地区过程中，6 个城市的发展注重"协调"二字。同 2011 年相比，2018 年环杭州湾地区 6 个城市在经济、人口、社会、生态环境等方面差距明显缩小，在各自发展中，深入贯彻科学发展观，真正做到自身发展辐射周边地区共同发展。

总的来说，杭州市作为综合得分最高的城市，说明杭州市城市化质量水平在整个环杭州湾地区是最高的，杭州市应继续发挥先锋作用，带动其余 5 个城市发展。但是 6 个城市都不应该忽略自己的短板和不足，相互之间取长补短，努力做到在不影响长板的条件下，补齐短板，然后协调发展。

二、建议

（一）促进第三产业进一步发展

结合环杭州湾地区当前产业发展现状来看，第三产业的发展速度非常快，已经超过了第一产业和第二产业的综合。事实上，第三产业本身就对区域经济有着非常显著的推动作用，而这 6 个城市经济水平的提高在很大程度上也是因为第三产业的推动作用。因此在后续发展过程中，杭州市应该能够继续提高自身对于第三产业发展的重视程度，同时还要立足于区域第三产业的发展现状，以第三产业发展为核心制定各类经济政策。特别是在当前互联网经济发展速度和扩展范围不断加快的基础上，其中杭州市也应该配合电子商务积极发展现代物流、商贸流通等各项业务，并不断提高区域科技创新能力，提高产品附加价值，实现内部经济结构的优化与调整。

（二）提高社会居民生活幸福感

国内有不少学者多次提出城市化质量与"人"息息相关。城市化质量的发展要以人为本。在城市化发展过程中，乡村人口向城市转移是重要的"人流"活动。而对于各个城市来说，自身必然会受到乡村人口转移而带来的巨大冲击和压力，环杭州湾地区也不能例外。在后续发展过程中，6个城市应该立足于制度层面，不断推动农村人口市民化。这也需要6个城市可以结合自身发展定位和当前规模情况，优化城市的落户标准，从户籍层面上打通农村人口转移的障碍。为了充分提高社会居民的生活幸福感，当地相关管理部门应不断提升内部资源分配的公平性，增加公共财政投入，使得教育、医疗、养老、住房等各个方面都可以让每一个居民享受到同样的待遇，避免出现不必要的社会矛盾。

（三）不断完善基础设施

对于各个现代化城市来说，基础设施建设水平在很大程度上会影响社会民众的生活与工作，同时也直接关系着城市现代化建设水平。因此在后续发展中，当地政府应该继续加强基础设施建设。一方面，可以考虑积极推动城际快速公交和轨道交通建设，整合区域道路资源，并加大信息基础设施建设力度，使得内部基础设施整体规模与使用效率都可以得到显著的提升。另一方面，还应该在后续进行基础设施建设过程中，积极以国际大城市作为标准，不断提高基础设施建设水平，改善社会民众的生活感知，满足人民日益增长的物质文化需求，深入贯彻以人为本，最终提高城市化的整体质量。

（四）逐步完善社会保障体系

对于各大城市来说，社会发展水平的重要体现是社会保障体系，健全的社会保障体系同样也有助于居民生活质量的提高。当前杭州市在社会发展质量指标方面虽然已经取得了较好的成果，但是在后续的时间里仍然需要不断完善社会保障体系。这也需要杭州市能够继续重视医药资源的协调，不断提高地区医疗水平，保证医疗资源能够在城乡地区得到较好的分配。不仅如此，其余城市，尤其是湖州市应该借鉴杭州市的做法，以切实提高自身社会保障水平。同时，每个城市还要关注区域社会民众对于社会保障体系的诉求，在各类公共保险全面贯彻的基础上，结合区域实际情况，适当引入社会商业保险，最终实现社会保障体系的稳步完善与提升。

（五）加大对科技研发活动的财政支持力度

众所周知，科学技术是第一生产力。在经济全球化的新时代，科技创新能力成为国家实力最关键的体现，一个国家拥有强有力的科技研发和创新能力，就能在世界产业分工链条中处于高端位置，拥有充分的话语权，利用自主知识产权引领社会的发展。城市同样如此，当地政府要加大对科技研发的财政支持力度，大力发展科学技术，努力打造智慧城市，实现信息化、工业化、城市化的深度融合，从而提高城市的管理质量和居民的生活质量。

（六）全面贯彻可持续发展理念

对于我国城市地区来说，在积极发展经济社会的同时，也应该注意生态环境的保护，做好生态环境与经济社会的协同发展。这也需要 6 个城市在后续时间里继续加强对生态保护的重视，全面贯彻可持续发展新理念，尤其是在生态环境质量子系统得分较低的城市，更应该注重当地的生态环境保护。目前这 6 个城市均形成一定规模的旅游业，所以在发展旅游业的同时，还应该积极拓展各类高效绿色产业，要积极关注区域内存在的一些生态环境问题，做好生态环境污染治理，切实提升城市生态环境承载能力。在自身发展过程中，也应该积极运用绿色 GDP 来进行评价，并对那些破坏环境的行为进行相应制裁。

第三章 新型城市化与产业结构的
时空耦合特征分析

——以浙江省为例

近年来，我国大力推进的"新型城市化建设"、"十三五规划"等国家战略都提出了对产业结构与城市化发展转型方向的指导。三次产业之间在国内的比例关系已经逐步从过去的"一二三"转变成为"二三一"的更加合理的比例关系。我国的城市化率从 1978 年的 17.92% 上升至 2018 年的59.58%，大致上看保持了年均 1% 的增速。产业结构的有序演变是提高城市化高质量发展的基础，同时，城市化又是促进产业结构优化配置的强大动力。但是，受过去长期传统城市化属于粗放型的发展模式影响，造成环境污染的情况较为严重；城镇空间格局不合理；构建用地粗放低效等问题制约了城市化的高质量成长。

浙江省作为中国经济最活跃的省份之一，产值结构和就业结构当前已呈现"三二一"和"二三一"的比例关系，2018 年城市化率为 67%，但仍与发达国家有较大差距。新型城市化的发展过程进入了新阶段，实现城市化发展的关键已变成了产业结构的优化，而产业结构的优化配置需要城市化的高质量作为根本。因此，研究产业结构与城市化及分析二者的耦合关系，对于推进浙江省加速发展完善新型城市化，拉动经济持续健康发展十分必要。

随着新型城市化建设的深入发展，城镇的人口规模与产业结构在迅速演变，城镇的空间格局也日趋复杂，因此，研究城镇空间格局以及产业结构尤为重要。本章主要运用定性和定量相结合的研究方式，通过对区域两者发展现状以及耦合互动机理的探讨，引入耦合协调度模型来研究时空协调程度，为其他地区或今后浙江省产业结构与城市化更好发展提供参考，具有重要的理论意义。

中国的城市化建设不仅是一个亟待解决的理论概念，更是一个漫长而又艰巨的现实实践任务。当前我国在建设城市化的过程中已经呈现出了若干矛盾，例如产业结构空间格局内部不够协调等等。浙江省在我国属于发达省份，在新型城市化建设的试验过程上，也承担着重要的责任。因此，本章通过探究浙江省的产业结构优化升级和新型城市化发展建设的耦合机理，在此基础上再吸取发达国家和我国其他地区在建设过程中可借鉴的一些经验教训，为推动浙江省新型城市化进程和产业结构转型升级，提供针对性的解决措施和相关建议，对于促使两个主题彼此耦合互动完善具有一定的现实意义。

第一节　城市化与产业结构研究概况

一、国外城市化与产业结构研究综述

国外学者对于产业结构演进与城市化发展之间的耦合效应做了大量研究，截至目前，已经形成了许多为公众熟知的研究成果，主要研究方面如下。

（一）城市化与产业结构的互动关系

产业结构主要分为农业、工业和服务业。McGowan D（2019）[16]通过使用美国的自然实验来研究提高生产力的农业技术如何通过引发结构变化来影响城市化。结果表明，随着经济活动从制造业和服务业向农业转移，提高作物生产率的技术导致城市化程度降低，这种影响是高度持久的，并受到技术不断增加的农业劳动力需求的驱动。工业与城市化也存在内生性的关系。Capozza（2018）[17]等学者在研究意大利的产业结构和集聚经济的过程中，发现城市化水平会随着工业规模的扩大而提高，二者呈高度的正相关关系。随着科技飞速发展，对于第三产业和城市化的关系也受到了关注。Carlucci（2020）[18]提出，产业结构会随着城市化的发展升级转型，从而使得一个国家或地区的经济从农业最终转变为服务业，第三产业发展的同时吸纳更多的就业人员，调整了就业结构，促进着城市的综合发展。

（二）集聚经济对于产业结构与城市化互动发展的作用

Sarkar（2019）[19]首先明确了产业集聚对城市化发展的关系。他认为，集聚经济导致的外界要素流入能够进一步促进城市的演进，是推动城市形成的主要动力之一，而同时城市化也带动了地区的本地化经济和多元化经济形成。在产业具体形态上，一些学者也详细研究了集聚如何作用于城市化，主要体现在工业和服务业上。Gokan（2019）[20]等学者对城市分工和产业集聚进行了实证研究，他认为在城市由农业为主到以工业和服务业为主的转变过程中，劳动人口、生产部门的转移带动了物流运输系统的建设；同时产业的集中分布又加强了二、三产业的关联程度，这在一定程度上提高了效率。Staničková M（2020）[21]指出，工业生产在地理空间上的集中会产生产业集聚效应，这种集聚效益能够带动企业在城市空间内的聚集，同时也能够把人力、技术、资本等生产要素在空间范围内聚集在一起，从而有利于促进产业结构的调整，提高城市的竞争力。Podolskaya T（2020）[22]等学者从创新视角研究了城市系统的演变，他认为跨产业创新带来的产业结构调整为城市系统的增长以及就业规模的扩大提供推力。

（三）城市化与产业结构发展的影响因素

产业结构与城市化的互动发展受到多方因素的影响，其中，经济增长具有重要的作用。Parveen（2019）[23]等学者认为，经济增长会带动产业部门所需的生产要素持续地向城市周边范围流转，同时产业的集聚能够降低运输成本，从而推动经济增长，进而推动产业结构的调整升级以及城市化发展速度提升。而人口流动因素对于促进产业结构和城市化的演变也十分重要。Iyer S（2017）[24]从劳动人口流动的角度，提出了产业结构的演变规律。他通过调查不同国家间不同行业劳动者的人均收入后得出，劳动者的人均收入存在第三产业劳动者收入最高、第一产业收入最低的现象，进而提出产业之间的收入差异将促使劳动人口由一产转向二产最后转向三产。技术进步对于产业结构与城市化也有很大一部分的促进作用。Mosk（2016）[25]在研究日本的城市化发展中指出，技术的进步程度将在城市化进程中发挥重要的作用，能够有力地使农业生产过程中的剩余劳动力逐步转移到工业和服务业当中。同时，工业生产中的技术进步也会促使劳动力向服务业转变，这将极大提高城市化水平，同时也能促进经济的增长。除此之外，政策在一定程度上也能够影响城市化和产业结构的调整。Adams（2019）[26]使用了异类面板估计技术，研究了非洲 21 个国家的城市化，结果表明，从长远来看，政治制度的质量可以缓和城市化对产业结构导致的收入差异的影响。

二、国内城市化与产业结构研究综述

（一）城市化与三次产业结构的理论关系

廖永伦（2016）[27]认为，农村城市化发展路径所需要的资金会支持产业结构的调整升级，通过满足基础的资金需求来促使农村城市化的推进。章明宇（2018）[28]认为，新型城市化的重心是人口城市化，城乡的统筹发展带动了乡村基础设施的质量提高，也使得产业结构的演变速度加快并得到调整。对于工业与城市化的关系，我国学者也进行了大量研究。吕玉兰（2019）[29]通过研究我国能源产业与城市化建设，得出了城市化发展影响了生产需求和产业集聚，并改变了产业结构布局的结论。另外，第三产业和城市化的互动关系也有一些研究。刘千亦（2019）[30]的研究指出，第一产业向二、三产业的转变推进了劳动力向城市的迁徙，通过规模效应能够更好地带动城市化发展。从整体上看，产业结构与城市化的关系如郑立文、黄俊宇（2019）[31]所讲，产业结构与新型城市化密切联系且相互影响促进，产业结构的调整是拉动新型城市化建设的主要因素，而新型城市化也是推动产业结构高级化和合理化发展的重要条件。

（二）城市化与产业结构关系的互动机制

在产业结构与城市化的互动机制方面，陈丹妮（2015）[32]经过探究城市化影响产业结构的机能路径认为，城市化从经济发展、分工集聚、要素供给、消费需求、投资需求等 7 个方面间接影响了产业结构的优化升级。从更具体的因素上来看，孙伟增（2016）[33]认为，城市化是产业结构集聚经济的有力载体，而空间选址则会影响城市的集聚能力，城市的集聚经济能力的差异影响了产业的再集聚。而集聚作用对产业结构和城市化都有共同的作用，包括产业集聚和城市群的发展。魏敏和胡振华（2019）[34]研究了新型城市化与产业结构的互动机制，研究表明产业结构演变与城市群发展正走向趋同，能够逐步实现与城市化的对接。哈梅芳（2019）[35] 认为，集聚经济对于城市化发展具有动力引擎作用，产业结构的不断优化产生的动态结果是城镇向现代化发展，而城市化的建设又使产业结构变迁的速度更加提高。上创利、李兆鑫（2020）[36] 通过对农业结构影响城市化水平的分析，认为第一产业的转型升级是城市化发展的基础。

（三）城市化与产业结构优化的实证研究

我国学者对于产业结构和城市化二者关系也做了大量实证研究。李春生（2016）[37] 通过引入协调度模型和 PLS 模型对中国各省份之间城市化与产业结构从纵向、横向两个方面对协调度与互动效应各自做了实证研究，分别得出了中国城市化与产业之间协调发展度较高，且二者是较为显著的正向关系的结论，二者之间的良性互动和协调发展能够实现资源的有效配置和经济的持续发展。吕剑凤（2018）[38] 从定量的角度分析了京津冀地区的产业经济发展现状。结果表明，产业转移对于城市化水平的增长和经济总量与速度的提升有着明显的正相关联系，论证了推动产业集聚对于城市化建设的重要性。另外，学者从不同的角度，分别从收入差距和市场化进行研究，得出的结论也略有不同。如万朝阳、王东红（2018）[39] 通过计量分析对产业结构调整、城市化与城乡收入差距进行了实证研究，得出了城市化与产业结构相关性强且存在显著的正向促进关系，同时存在长期的稳定性的结论。闫星宇、许士道（2019）[40] 对国内城市化与市场化对产业结构升级的相互作用效果进行了探究，从试验中可知，城市化和市场化对产业结构的升级都具有显著的促进作用，但城市化的外溢性对于产业结构的促进作用不明显。

三、耦合理论

耦合（Coupling）作为一个名词术语，在物理、通信、软件和机械领域具有特定的含义。作为一种物理概念，耦合是指两个或多个系统或运动形式通过各种交互作用相互影响的现象。在各子系统间良性互动下，相互依赖、相互协调、相互促进的动态关联关系，现已经在经济与管理学科领域有了广泛应用。美国学者维克（K. E. Weick, 1976）[41]，首先开启了用耦合理论研究经济社会问题的先例，提出了松散耦合理论，用来解释学校组织成员之间相互联系却又彼此保持独立的关系。在我国，耦合理论在经济管理学中的应用最早见于吴大进（1990）[42]等出版的著作《协同学原理和应用》。在良性耦合状态下，系统或元素会适当协作并相互促进，而在低耦合状态下，系统或元素之间的关系将不协调。

根据耦合的定义，可以将城市化和产业结构通过各自的要素相互作用和相互影响的现象定义为城市化——产业结构耦合系统。在这项研究中，城市化与产业结构是一个多层次的开放动态的系统。它们之间的相互联系既有良性互动又有负面反馈。这种相互影响将以某种方式影响整个系统，当一个系统出现问题时，它将直接或间接影响另一方，例如当城市化的强度和规模不利于一二三产发展时，就会阻碍产业结构调整，最终导致整个系统失去平衡甚至崩溃。相反，如果城市化和一二三产发展良好，那么城市化和产业结构将相互支持，使整个系统将继续以健康的方式发展，以实现区域可持续发展。

第二节　浙江省城市化发展与产业结构现状分析

一、浙江省城市化发展现状分析

（一）浙江省城市化发展近况

改革开放以来，我国的城市化率保持着年均1%的增速稳定上升，从最初的17.92%上升到2017年的58.52%。我国"十三五"规划中的其中一项战略是推进城市化，促进城市化发展能够为促进产业升级、统筹区域协调发展起到强有力的支撑作用。浙江省作为我国的发达省份，在发展建设城市化的战略上也承担着先行先试的责任。

截至2018年，浙江省共有11个地级市、22个县级市、35个县、32个市辖区和1个自治县。比较全国和浙江省2005—2017年城市化率（图3-1）可知，2005—2017年间，浙江省城市化水平均高于全国平均城市化水平，全国城市化率从2005年的43%上升到2017年的58.52%，而浙江省城市化率从2005年的56%稳步上升到2017年的68%。根据诺瑟姆提出的城市化S型曲线理论，浙江省到2017年时实现了从50%迅速上升到接近70%的城市化率，处于中期加速阶段。

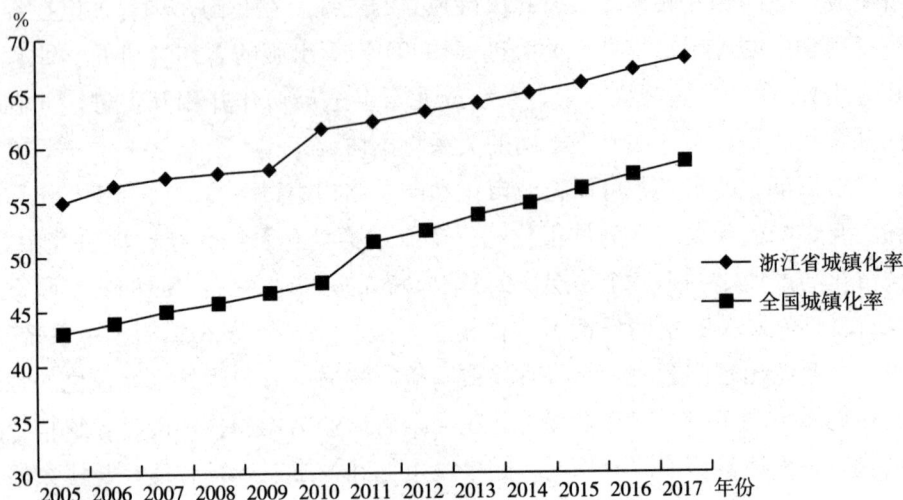

图 3-1　2005—2017 年全国和浙江省城市化率

　　虽然 2005—2017 年浙江省的城市化率始终高于全国城市化率，但二者之间的差距在逐渐缩小，说明浙江省的城市化发展速度也在逐渐放缓。如图 3-2 所示，2017 年全国 31 个行政区划之间浙江省的城市化水平位于前列，居第六位。但是，浙江省的城市化水平与上海、北京、天津相比差距非常大，因此仍然需要大力发展城市化，提升城市化水平。

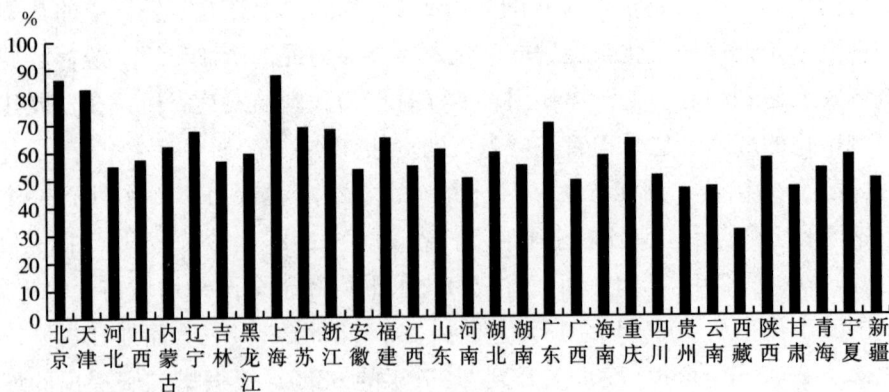

图 3-2　2017 年全国各省、自治区、直辖市城市化率

数据来源：《中国统计年鉴 2018》。

（二）浙江省各地级市城市化发展近况

从上节城市化发展近况分析可知，浙江省整体城市化水平在全国范围内位于前列，且有一部分市县的城市化水平在中国百强排名中名列前茅，但由 2017 年浙江省 11 个地级市城市化率（图 3-3）可知，浙江省的城市化发展仍存在区域之间不均衡，部分城市差距较大的问题。

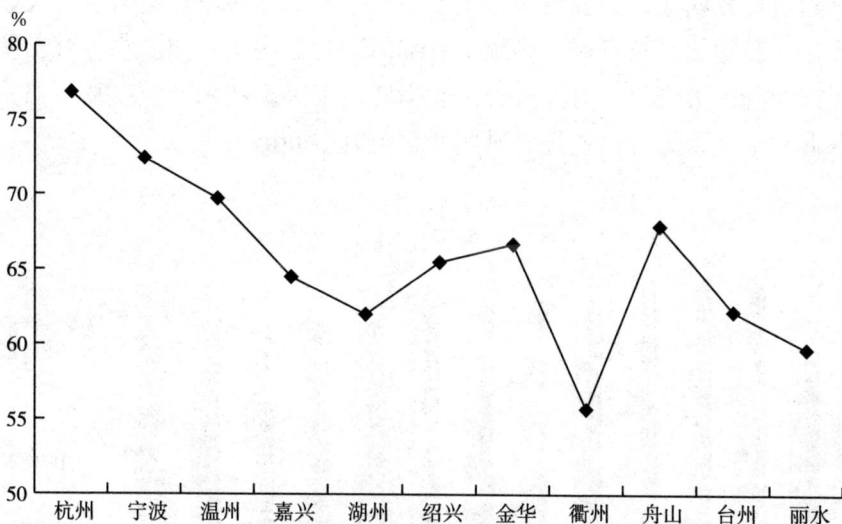

图 3-3　2017 年浙江省 11 个地级市城市化率

其中，城市化水平较高的主要是区域中心型城市，经济发展迅速，如省会杭州市，以及宁波市、温州市等，而衢州市和丽水市由于地理因素城市化率较低。2017 年杭州市的城市化率达到了 76.8%，已十分接近发达国家普遍的城市化率，而除杭州市、宁波市和温州市之外，其余 8 个地级市的城市化率均低于浙江省城市化率的平均水平 68%，而且城市化率最高的杭州市与最低的衢州市相差了 21.1%。综上所述，浙江省各地级市的城市化水平差异非常显著，且大部分地级市与省平均水平有一定差距。因此，浙江省各地级市可以借鉴城市化水平高的邻边城市的经验，大力发展城市化，使大中小城市协调互动发展。

二、浙江省产业结构现状分析

（一）产值结构

由 2005—2017 年浙江省三次产业占 GDP 比重情况的变化（图 3-4）可知，第一、二产业的产值比重分别从 6.6％下降到 3.7％和从 53.4％下降到 43％，都在逐渐减小；第三产业的产值比重从 39.9％上升到 53.3％，上升趋势比较明显。究其原因，主要是浙江省的地形以丘陵为主，农业并不发达；而随着科技发展，传统工业部门不断被淘汰，加上政府对于发展新兴产业的政策支持，大部分资金逐渐转向了高新技术产业以及一部分的服务业，这使得第三产业提升迅速并且上升空间巨大。

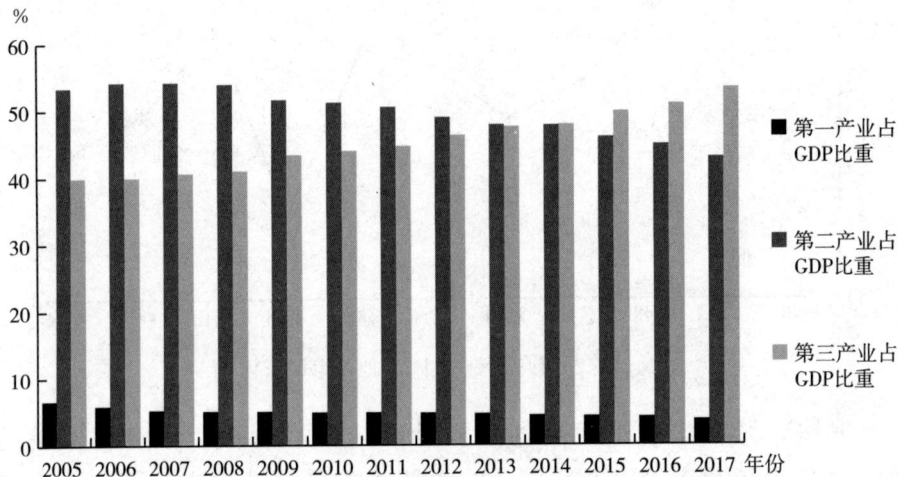

图 3-4　2005—2017 年浙江省三次产业占 GDP 比重情况

数据来源：《浙江省统计年鉴 2006—2018》。

其中，2005—2013 年间，浙江省的产业产值结构为"二三一"的分布特征，工业的产值比重为 47.8％，占据主导地位，与此同时第三产业的产值比重达到了 47.5％，与二产的比重差距非常小。而从 2014 年开始，浙江省第三产业的产值比重达到了 47.9％，超越了第二产业的47.7％，并且差距也在不断拉大。

总体而言，浙江省的第三产业正逐步成为主导产业，并在当前经济发展态势下，三次产业结构会不断持续优化升级。

（二）就业结构

由 2005—2017 年浙江省三次产业从业人员比重变化情况（图 3-5）可知，与浙江省三次产业产值结构不同，三次产业的就业结构始终呈现"二三一"的分布格局。从三次产业从业人员比重来看，第一产业从业人员比重呈现出不断下降的趋势，从 2005 年的 24.5％下降到了 2017 年的11.8％；第二产业就业人员比重先提高再降低，总体略微上升，最高在2012 年达到了 51％，二、三产业从业人员比重之间的数值间距不断缩小，第三产业就业人员比重从 2005—2017 年比重上升了 11.6％，上升迅速。

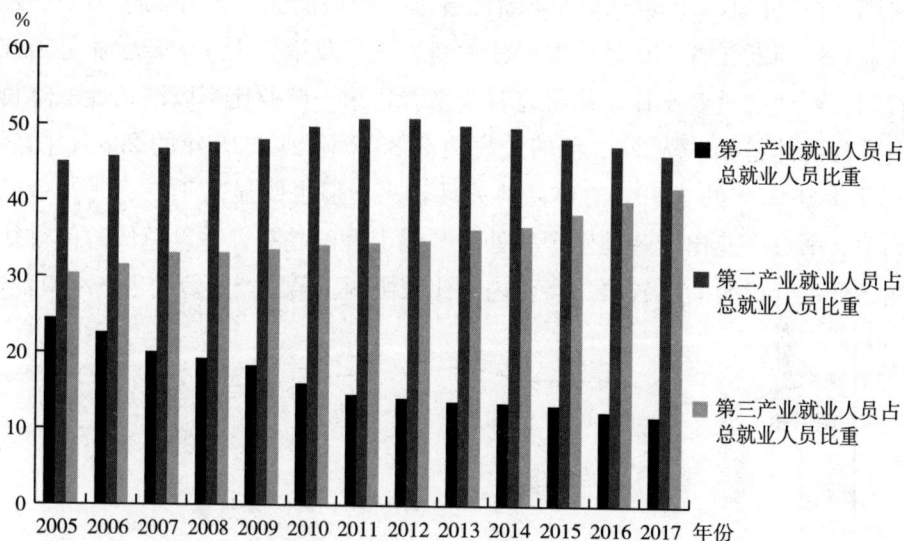

图 3-5 2005—2017 年浙江省三次产业从业人员比重情况

数据来源：《浙江省统计年鉴 2006—2018》。

总体来说，浙江省第三产业对于社会劳动力的吸引力在不断增强。随着浙江省对新兴产业的政策支持力度不断加大，且高新技术产业和服务业快速发展，不少农业和工业的剩余劳动力会逐渐流向第三产业部门。

（三）比较劳动生产率

比较劳动生产率是指一个部门的产值结构比重与就业结构比重的比率，它能客观地反映某一部门当年劳动生产率的高低，比较劳动生产率的数值如果越高，那么从数量上看，则可以说明该部门的产值结构与就业结构之间所产生的比值就会越大。而第一产业和第二、三产业的比较劳动生产率之间的比值差距越大，说明产业结构的发展越不均衡，经济的二元性越显著。计算公式如下：

$$\frac{H}{H_i} = \frac{Y_i/Y}{L_i/L} \qquad (3-1)$$

式中，H 代表三产平均劳动生产率；H_i 是第 i 产业的劳动生产率；Y_i/Y 是第 i 产业产值结构比重；L_i/L 是第 i 产业就业结构比重。

计算得到 2005—2017 年浙江省三次产业比较劳动生产率（图 3-6），由图 3-6 可知，2005—2017 年浙江省第三产业的比率始终低于第一、二产业，这与浙江省一直坚持发展壮大新兴三产政策分不开，金融业是浙江省第三产业的重要支柱。从研究时段来看，第一产业比率以波动性下降再上升为总体趋势，从 2006 年的最高值 3.83 下降到 2013 年的 2.80，随后上升到 2017 年的 3.19，总体趋势波动较大，但也明显高于二、三产业的比率。第二产业比较劳动生产率处于缓慢上升的趋势，并且总体数值徘徊在 1 附近，说明浙江省第二产业内部比较协调。第三产业劳动生产率最低，

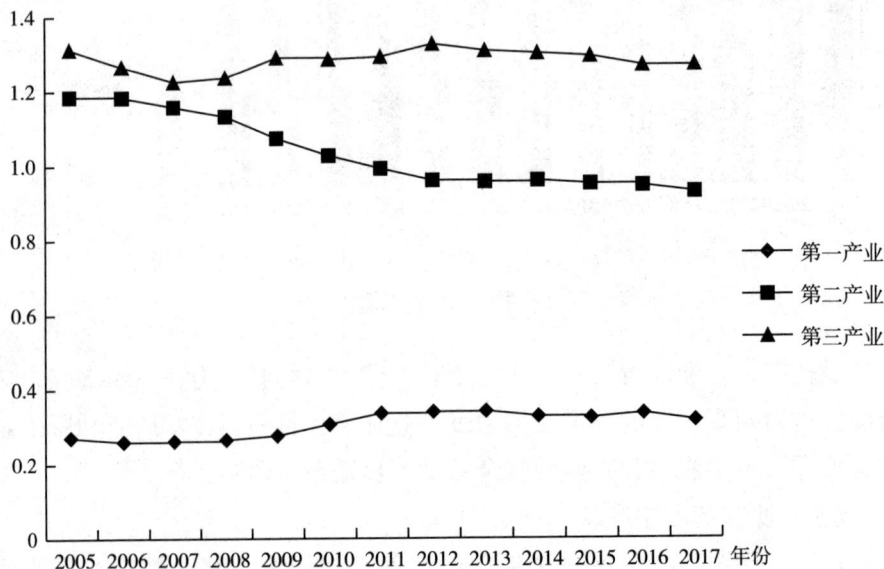

图 3-6　2005—2017 年浙江省三次产业比较劳动生产率情况

波动幅度很小，一直位于 0.75～0.85 之间。总体来看，三次产业结构发展趋向协调，但分布不尽合理。

（四）产业结构偏离度

产业结构偏离度指的是某产业变化时所增加的数值与原来产值相比较的比重与其所相对应改变的该从业人员人数与原从业人员人数相比较产生的比重之间的差异程度，这一项经济指标广泛运用主要是以了解各产业中所存在的劳动力就业结构与所对应的产值结构是否对称。这在计算上通常是用产值结构比重比上就业结构比重产生的值再与 1 相减所做的差来表示。计算公式如下：

$$P = \frac{Y_i/Y}{L_i/L} - 1 \qquad\qquad (3-2)$$

式中，P 表示产业结构偏离度；Y_i/Y 表示第 i 产业产值结构比重；L_i/L 表示第 i 产业就业结构比重。

计算得到 2005—2017 年浙江省三次产业结构偏离度（表 3-1），由表 3-1 可知，浙江省第一产业的产业结构偏离度均大于 0，总体呈波动性递减趋势，与 0 分布最远，说明第一产业已没有足够空间来吸纳劳动力，产值结构与就业结构处于失衡状态。第二产业的结构偏离度在 2005—2013 年中小于 0，说明当时浙江省第二产业仍存在剩余劳动力，而从 2014 年开始，结构偏离度开始大于 0，总体与 0 分布很近，说明近年来第二产业就业人员流动基本保持稳定，而同时也可从中看出产值和就业各自的结构之间的平均协调状态较强。第三产业的结构偏离度均小于 0，呈波动变化趋势，总体保持稳定，说明第三产业的产值与就业结构趋于协调发展，能够接纳更多劳动力促进就业。

表 3-1　2005—2017 年浙江省三次产业结构偏离度情况

年份	三次产业结构偏离度		
	第一产业	第二产业	第三产业
2005	2.71	−0.16	−0.24
2006	2.83	−0.15	−0.21
2007	2.05	−0.12	−0.17

（续）

年份	三次产业结构偏离度		
	第一产业	第二产业	第三产业
2008	2.25	−0.12	−0.17
2009	2.45	−0.11	−0.17
2010	2.14	−0.08	−0.17
2011	1.86	−0.02	−0.20
2012	1.88	−0.01	−0.20
2013	1.80	−0.02	−0.17
2014	2.07	0.04	−0.23
2015	2.07	0.05	−0.23
2016	1.95	0.06	−0.21
2017	2.19	0.07	−0.21

（五）第一产业内部结构近况

由浙江省第一产业内部产值比重（图3-7）可知，浙江省现阶段的农业结构中，农林牧渔业的比例仍处于不均衡的发展状态，传统的农业产值比重仍然偏高；渔业和牧业在2012年之前产值比重相差不大，2012年

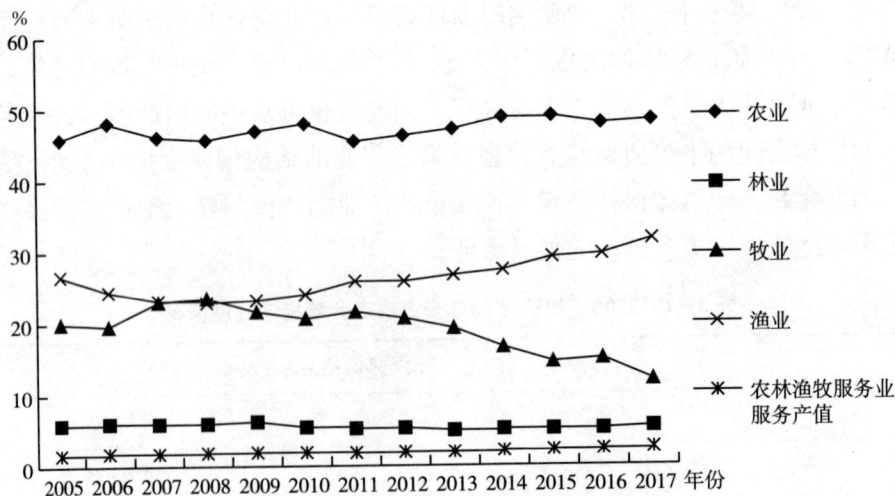

图3-7　浙江省第一产业内部产值比重

数据来源：《浙江省统计年鉴2006—2018》。

之后渔业的产值比重稳步上升，而牧业的产值比重下降较快；林业的产值比重始终在5％附近浮动，比重数值和农林牧渔业相比非常低，而农林牧渔服务业的占比一直在1％～3％之间缓慢上升，占比数值最小。随着经济的发展，人们对农业的需求不仅仅限于种植业的产量上，渔业和牧业等肉食品的需求也在不断提升，发展林业有助于环保的开展，能够改善环境，浙江省现阶段的林业产值比重过低，需要政策引导改善。

（六）第二产业内部结构近况

由浙江省第二产业内部产值比重（图3-8）可知，2005—2017年以来，浙江省轻重工业产值比重渐趋不协调，产业发展开始处于失衡状态。2005年时，轻重工业产值比重差距不大，比例协调，但随后几年重工业产值占比持续上升，轻工业产值比重持续下降，轻重工业之间产值比重需要调整优化。

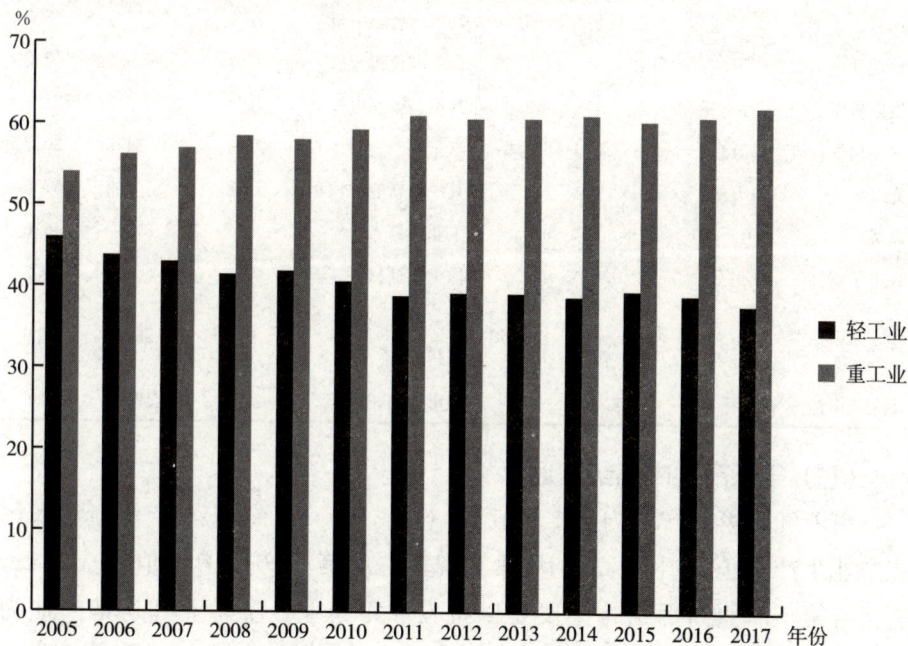

图3-8　2005—2017年浙江省轻工业和重工业产值比重

数据来源：《2006—2018年浙江省统计年鉴》。

从表3-2可知，2017年浙江省第二产业中主要工业产品产量中，高技术、装备制造、战略性新兴产业产品产量加速增长，其中，光纤、光电子器件以及新能源汽车产量同比上年增长率分别达到了43.5%、54%、57.6%，与上年相比增长得很快。但传统制造业产量依然较高，尤其是高耗能产业，因此浙江省仍需要继续大力发展科技，降低产业耗能，优化第二产业内部结构，促使经济健康发展。

表3-2　2017年主要工业产品产量

产品名称	单位	产量	比上年增长（%）	产品名称	单位	产量	比上年增长（%）
布	亿米	137.4	1.8	集成电路	亿块	79.9	12.9
化纤	万吨	2 055.7	7.0	电子元件	亿只	1 044.7	4.9
房间空调器	万台	1 485.0	55.7	微型计算机设备	万台	186.4	2.0
发电量	亿千瓦时	3 259.2	5.0	手机	万台	5 495.7	6.0
钢材	万吨	3148.2	−6.6	其中：智能手机	万台	4 916.4	5.5
水泥	万吨	11 231.2	4.6	彩色电视机	万台	609.6	42.8
发电机组	万千瓦	516.1	3.0	其中：智能电视机	万台	497.5	81.8
电工仪器仪表	万台	9 852.3	11.6	汽车	万辆	84.5	20.7
光纤	万米	1 832.1	43.5	其中：新能源汽车	万辆	3.3	57.6
光缆	万千米	4 389.7	−0.8	工业机器人	套	3 136	15.6
光电子器件	亿只	240.8	54.0	稀土磁性材料	吨	359.5	−0.2
锂离子电池	万只	27 522.0	26.2	碳纤维增强复合材料	吨	550.2	−27.6
太阳能电池	万千瓦	854.2	21.7	城市轨道车辆	辆	121.0	33.0

（七）第三产业内部结构近况

由浙江省第一产业内部产值比重（图3-9）可知，2017年浙江省第三产业生产总值占比最高，达到52.7%。从第三产业增加值构成来看，浙江省第三产业内部结构主要是以批发和零售业、金融业和房地产业为主。同时，浙江省房地产市场需求依然旺盛，以及浙江省人口和居民收入增长都是房地产业发展迅速所致。交通运输、仓储和邮政业增加值比例为7.1%，住宿和餐饮业增加值比例为4.5%，这主要是因为浙江省互联网金融发达，多数电商聚集在一个园区，因此仓储运输发展迅速；同时浙江省发达的旅游业也带动了住宿和餐饮业发展。综上所述，浙江省第三产业内部结构逐渐走向高端化，但传统低端服务业仍然占有一定比重，浙江省应继续发展高端服务业，协调均衡第三产业内部结构。

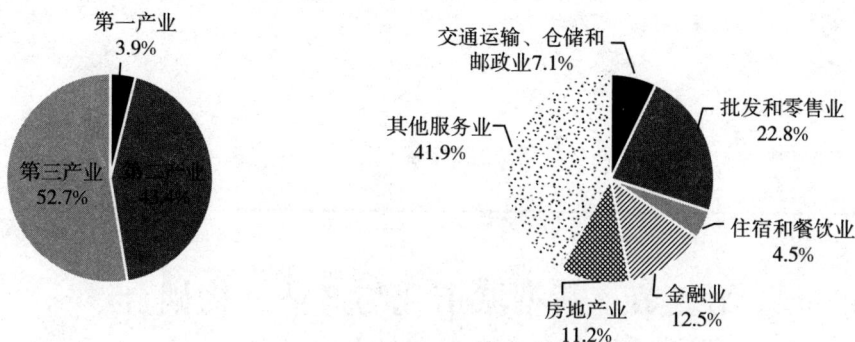

图 3-9　2017 年地区生产总值及第三产业增加值构成

数据来源：《2017 年浙江省国民经济和社会发展统计公报》。

从 2017 年规模以上服务业主要行业营业收入情况（表 3-3）可看出，2017 年浙江省规模以上服务业的主要行业营业收入中，信息传输、软件和信息技术服务业营业收入最高，达到了 5 787 亿元，其比上年增长数值也最高，增长了 34.9%。其次是交通运输、仓储和邮政业，租赁和商务服务业，科学研究和技术服务业营业收入也较高。由此可见，浙江省服务业正在走向现代化和高端化。但居民服务、修理和其他服务业，教育、卫生和社会工作这些产业的营业收入占比都非常低，这些产业与居民生活息息相关，也需要支持其发展，提高营业收入，从而能够协调均衡第三产业内部结构，使其得到优化升级。

表 3-3　2017 年规模以上服务业主要行业营业收入情况

行业	营业收入/亿元	比上年增长/%
交通运输、仓储和邮政业	2 844	19.6
信息传输、软件和信息技术服务业	5 787	34.9
房地产业（除房地产开发经营）	423	11.9
租赁和商务服务业	2 121	22.1
科学研究和技术服务业	1 194	24.9
水利、环境和公共设施管理业	279	7.1

（续）

行业	营业收入/亿元	比上年增长/%
居民服务、修理和其他服务业	63	17.8
教育	55	5.3
卫生和社会工作	148	18.9
文化、体育和娱乐业	373	4.2
总计	13 288	25.5

第三节 新型城市化与产业结构耦合机制理论分析及关系检验

一、产业结构对城市化发展的影响机理

（一）产业结构通过要素流动推动城市化发展

一般来说，区域经济发展的生产要素主要包括土地、资本、劳动力和技术等，产业结构优化带动了技术进步，使一些产业生产率不断提高，其产业也不断壮大，获得更多资本的同时，能够提供更高的工资水平，最后吸引生产要素向生产率增长快的产业流动。与此同时，生产的潜在回报率也会影响生产要素的投入方向和比例，劳动力、土地、资本等一些生产要素会因为二、三产业的潜在回报率高于第一产业而更多地投入二、三产业。而第二、三产业又具有在区域内集中分布的特点，这样就会带动生产要素向具有区位、资源优势的空间区域也就是城市集聚，产业的扩张使城市的土地资源渐趋紧张，从而城镇会不断向农村置换土地，最后扩大城镇的空间规模。

（二）产业结构通过优化就业结构影响城市化发展

产业结构的优化升级主要是从第一产业到第二、第三产业转移比重的过程，在这个过程中，劳动力将重新分配，从农村人口到城市人口，这也是人口城市化最直观的体现。随着就业结构从第一产业向第二、三产业转移，农村剩余劳动力从低收入农业向高收入产业和服务业转移，使其继续向城市集中，促进城镇规模向外延伸，最终加快城市化进程，实现城市发

展模式的扩展。

随着产业结构的优化升级，工业部门已由劳动密集型向资本密集型转变，最终向技术密集型转变，这使得企业对于人才尤其是高科技人才的需求日益增加。对于人才的需求，一方面会提高城镇培养人才的能力，带动城镇教育的发展；另一方面则会提高城镇吸纳人才的能力，由农村转移到城镇的劳动力素质会逐渐变高，促使就业结构更加优化，从而逐步形成内涵式城镇发展模式。

二、新型城市化对产业结构的影响机理

（一）新型城市化通过提升需求结构促进产业结构优化

城市化从人口的角度来看是非农业人口在总人口中比重不断上升，且聚集在城镇的过程，农业人口大量进入城镇转变为非农业人口，从而城镇人口的基数大量增加。由于城镇人口绝大多数倾向于从事收入更高的第二、三产业，农村人口更多地从事第一产业，而第二、三产业所能获取的经济利益要远远高于第一产业，因此城镇人口的人均可支配收入大多远高于农村人口。随着新型城市化的深入发展，居民人均收入提高，居民的消费需求也会随之上升，从而导致城镇对生产要素需求范围的扩大，消费需求结构随之改变，生产部门也因此增多，居民对高质量消费品的需求为三次产业的发展提供了消费需求的动力。因此，新型城市化发展影响了需求结构变化，从而带动了产业结构的优化升级。

（二）新型城市化通过公共服务支持促进产业结构优化

城镇的基础设施和公共服务支持依靠公共产品供给，为产业结构优化升级提供必要的服务支撑。首先，公共服务为企业生产经营活动以及相关促进企业与消费者联系的活动提供了一些基础设施，这些设施决定了企业的生产和运输效率。其次，公共服务为产业集聚能够加强竞争或合作、降成本增收益和提效益提供了科研场馆等设施，这为企业提供了良好的外部环境，从而推动了技术密集型产业的发展。除此之外，公共服务支持还增强了企业吸纳劳动力和人才的能力，城市公共产品的完善能够吸引更多的人才聚集并在城市定居，从而有利于城市人口素质的提高，也有利于城市居民的劳动效率提高。

综上所述，新型城市化是产业结构调整的空间载体，并为其提供要素条件。产业结构是发展城市化的动因，通过产业转移、要素流动推动其发展。除此之外，随着产业结构的调整，城镇地区的资源流动会辐射到周边城市，拉动周边地区经济水平提高，从而进一步扩大城镇规模。总之，产业结构和新型城市化进程是两个相辅相成、相互依托的子系统，二者共同构成一个耦合系统（图3-10）。

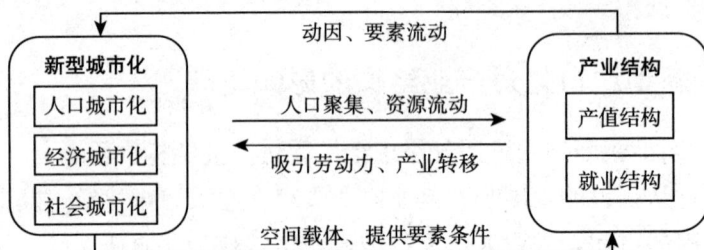

图3-10　新型城市化和产业结构耦合机制理论分析

三、城市化与产业结构耦合关系检验

（一）耦合互动关系实证模型

1. 数据选择

由新型城市化和产业结构耦合机制理论分析可知，新型城市化和产业结构之间存在相互影响的互动关系。因检验所需样本数在20年以上，本节数据来源于《浙江省统计年鉴》，数据见表3-4。

表3-4　1999—2018年浙江省产值结构、就业结构、城市化率

单位：%

年份	一产产值	二产产值	三产产值	一产就业	二产就业	三产就业	城市化率
1999	11.9	54.3	34.2	41.0	30.0	29.0	48
2000	10.3	53.3	36.4	35.6	35.4	29.0	48.7
2001	10.3	51.3	38.6	33.4	36.1	30.5	52
2002	8.9	51.1	40.3	31.0	37.4	31.6	52.9
2003	7.9	52.6	40.1	28.3	41.2	30.5	53.2
2004	7.3	53.8	39.4	26.1	43.6	30.3	55.7

（续）

年份	一产产值	二产产值	三产产值	一产就业	二产就业	三产就业	城市化率
2005	6.6	53.5	40.0	24.5	45.1	30.4	56.0
2006	5.9	54.0	40.2	22.6	45.8	31.6	56.5
2007	5.3	54.1	40.7	20.3	46.6	33.1	57.2
2008	5.1	53.9	41.0	19.3	47.6	33.2	57.6
2009	5.1	51.9	43.1	18.3	48.0	33.6	57.9
2010	5.0	51.9	43.5	16.0	49.8	34.2	61.6
2011	4.9	51.3	43.9	11.3	44.5	44.3	62.3
2012	4.8	50.0	45.2	10.9	45.0	44.1	63.2
2013	4.8	49.1	46.2	13.7	50.0	36.4	64.0
2014	4.4	47.7	47.9	13.5	49.7	36.8	64.9
2015	4.3	46.0	49.8	13.2	48.3	38.5	65.8
2016	4.2	44.9	51.0	12.4	47.4	40.2	67.0
2017	3.7	43.0	53.3	11.8	46.2	42.0	68.0
2018	3.5	41.8	54.7	11.4	45.1	43.5	68.9

本节将通过建立 ADF 模型，采用 Johansen 因果检验进行实证分析，选取三次产业产值占 GDP 比重和三次产业就业人员占总就业人员比重的相关数据以及城市化率单一指标数据作为衡量指标。在进行检验之前，对所有的原始数据进行取对数操作，以预处理来削弱原始数据中所存在的波动性。其中各变量用符号进行代替，具体对应情况见表 3-5。

表 3-5　各变量含义对照表

变量	变量含义	变量	变量含义
CZ1	第一产业产值占比	JY1	第一产业就业人员占比
CZ2	第二产业产值占比	JY2	第二产业就业人员占比
CZ3	第三产业产值占比	JY3	第三产业就业人员占比
U	城市化率		

2. 模型选取

现有文献中对于产业结构和城市化耦合互动关系的研究方法种类繁

多，例如经验判断法、实际测算法、向量自回归模型、线性回归模型等等。本研究选择了 VAR 模型对产业结构和城市化之间耦合关系进行检验。VAR 模型表示为：

$$Y_t = \beta_1 y_{t-1} + \beta_2 y_{t-2} + \cdots + \beta_p y_{1-p} + Z x_t + \alpha_t \quad t = 1.2, \cdots, T$$

$$(3-3)$$

其中，Y_t 是 k 维内生变量列向量；x_t 是 d 维外生变量列向量；α_t 是 k 维扰动列向量；β_1，$\cdots$，β_p 和 Z 是待估计的系数矩阵；p 是滞后阶级；T 是样本个数。本节由上述指标来建立 VAR 模型。

（二）城市化与产值结构因果关系检验

1. 单位根检验

由于本章所选取的变量分别为产值结构（$CZ1$、$CZ2$、$CZ3$）和城市化水平（U），这些都是时间序列数据，为了避免出现检验情况中因为非平稳的现象而最终导致实证出现伪回归问题，因此需要对数据进行单位根平稳性检验。检验结果如表 3-6 所示。

表 3-6　产值结构和城市化 ADF 检验结果

变量	检验形式	ADF 检验值	1%临界值	5%临界值	10%临界值	P 值	结论
U	$(C, T, 0)$	−3.896 4	−4.728 4	−3.759 7	−3.325 0	0.040 0	平稳
$CZ1$	$(C, T, 0)$	−6.434 4	−2.692 4	−1.960 2	−1.607 1	0.000 0	平稳
$CZ2$	$(C, T, 0)$	2.028 5	−3.831 5	−3.030 0	−2.655 2	0.999 7	不平稳
$CZ3$	$(C, T, 0)$	−0.275 2	−3.831 5	−3.030 0	−2.655 2	0.911 9	不平稳
$D(U)$	$(C, T, 0)$	−5.030 5	−3.857 4	−3.040 4	−2.660 6	0.000 9	平稳
$D(CZ1)$	$(C, T, 0)$	−3.750 2	−3.857 4	−3.040 4	−2.660 6	0.012 4	平稳
$D(CZ2)$	$(C, T, 0)$	−3.153 1	−4.571 6	−3.690 8	−3.286 9	0.124 6	不平稳
$D(CZ3)$	$(C, T, 0)$	−3.041 9	−4.571 6	−3.690 8	−3.286 9	0.148 7	不平稳
$D(U, 2)$	$(C, T, 0)$	−7.779 5	−4.616 2	−3.710 5	−3.297 8	0.000 1	平稳
$D(CZ1, 2)$	$(C, T, 0)$	−5.199 5	−4.667 9	−3.733 2	−3.310 3	0.004 0	平稳
$D(CZ2, 2)$	$(C, T, 0)$	−4.279 9	−3.959 1	−3.081 0	−2.681 3	0.005 5	平稳
$D(CZ3, 2)$	$(C, T, 0)$	−3.411 3	−3.920 4	−3.065 6	−2.673 5	0.026 4	平稳

　　注：检验形式中 (C, T, L) 分别表示 Cons 截距项、Trend 时间趋势项和 Lags 滞后阶数，D 表示 i 阶差分。最优滞后期根据 AIC、SC 和 HQ 准则确定。

从表 3-6 的 ADF 检验结果可知，$CZ1$、$CZ2$、$CZ3$ 和 U 的原序列各自所对应的部分 P 值大于 0.05，这可以说明 4 个变量的原序列之中部分属于非平稳的时间序列。在对数据进行一阶差分和二阶差分处理后，4 个变量各自所对应的 P 值最终都小于 0.05，为平稳的时间序列。由此可知，城市化率与各产业产值结构比重为二阶单整变量，所以由 4 个变量组成的平稳的时间序列可继续做协整检验分析。

2. 协整检验

（1）滞后阶数的确定。协整检验的结果受滞后期数的影响较大，选择不同的滞后期得到的协整检验结果可能会出现显著不同，因此，在进行协整检验之前运用 eviews 软件进行滞后阶数的选择。具体情况如表 3-7 所示。

表 3-7　产值结构和城市化滞后阶数处理结果

Lag	LogL	LR	FPE	AIC	SC	HQ
0	132.632 6	NA	1.55e−11	−13.540 27	−13.341 44	−13.506 62
1	227.443 6	139.721 6*	4.06e−15*	−21.836 17*	−20.842 03*	−21.667 92*

由表 3-7 可知，在 Lag Length Criteria 处理结果中，有 5 个准则选择滞后阶数为 1，依据 AIC 和 SC 最小准则应当选择滞后阶数为 1，因此最优滞后阶数为 1。

（2）Johansen 协整检验。由平稳性检验结果可知 4 个变量为二阶单整变量，满足协整检验条件。本节利用 Johansen 检验法对多变量进行协整检验，以确定城市化率与各产业产值结构之间的长期均衡关系。由上述建立的 VAR 模型可知最优滞后期为 1。具体检验结果如表 3-8 所示。

表 3-8　产值结构和城市化 Johansen 协整检验结果

原假设	特征根	迹统计量	5%临界值	P 值
0*	0.858 573	72.250 80	47.856 13	0.000 1
至多 1 个	0.717 843	35.087 33	29.797 07	0.011 2
至多 2 个	0.282 999	11.046 80	15.494 71	0.208 6
至多 3 个	0.220 212	4.725 927	3.841 466	0.029 7

根据表 3-8 可知，原假设"0*"表示存在 0 个协整关系，其对应的 P 值为 0.000 1 小于 0.05，原假设此时应该选择拒绝，这里代表的是至少存在一个协整关系。下一个原假设"至多 1 个"表示最多存在一个协整关系，概率 P 值为 0.011 2 小于 0.05，原假设此时应该选择拒绝，这里代表的是至少有两个协整关系存在。原假设"至多 2 个"表示最多存在两个协整关系，概率 P 值为 0.208 6 大于 0.05，接受原假设，表明存在两个协整关系。说明 $CZ1$、$CZ2$、$CZ3$ 和 U 这四个变量间存在长期的均衡关系。

协整方程如下：

$$U=-0.094\ 07CZ1+0.328\ 56CZ2+0.783\ 99CZ3$$
$$(-4.388\ 68)\qquad(7.685\ 34)\qquad(1.679\ 04)$$

令 $ECM=-0.094\ 07CZ1+0.328\ 56CZ2+0.783\ 99CZ3+U$

（3）利用 ADF 检验 ECM 是否平稳。从表 3-9 可以看出，ECM 的 ADF 单位根检验结果小于 0.05，拒绝存在单位根的原假设，这说明 ECM 为平稳序列，$CZ1$、$CZ2$、$CZ3$ 和 U 之间存在长期稳定的关系。

表 3-9　ECM 的 ADF 检验结果

		统计值	P 值
		-3.616 594	0.015 6
	1%水平	-3.831 511	
临界值	5%水平	-3.029 970	
	10%水平	-2.655 194	

从协整方程可知，第二、三产业产值占 GDP 比重和城市化水平存在正相关关系，第二产业产值占 GDP 比重每增加 1%，城市化水平会相应地增加 0.33%；第三产业产值占 GDP 比重每增加 1%，城市化水平会相应地增加 0.78%；第一产业产值占 GDP 比重和城市化水平存在负相关关系，第一产业产值占 GDP 比重每增加 1%，城市化水平会相应地减少 0.09%。从变量的系数来看，第三产业产值占 GDP 比重对城市化水平的影响远大于第二产业产值占 GDP 比重对城市化水平的影响。

（三）城市化与就业结构因果关系检验

1. 单位根检验

本节对就业结构（$JY1$、$JY2$、$JY3$）和城市化水平（U）进行变量的时间序列平稳性检验。检验结果如表 3-10 所示。

表 3-10　城市化和就业结构 ADF 检验结果

变量	检验形式	ADF 检验值	1%临界值	5%临界值	10%临界值	P 值	结论
U	$(C, T, 0)$	$-2.668\,1$	$-4.992\,3$	$-3.875\,3$	$-3.388\,3$	$0.263\,3$	不平稳
$JY1$	$(C, T, 0)$	$-3.762\,6$	$-4.122\,0$	$-3.144\,9$	$-2.713\,8$	$0.018\,1$	平稳
$JY2$	$(C, T, 0)$	$-0.574\,5$	$-2.792\,2$	$-1.977\,7$	$-1.602\,1$	$0.445\,3$	不平稳
$JY3$	$(C, T, 0)$	$0.101\,9$	$-4.992\,3$	$-3.875\,3$	$-3.388\,3$	$0.991\,9$	不平稳
$D(U)$	$(C, T, 0)$	$-3.806\,3$	$-4.200\,1$	$-3.175\,4$	$-2.729\,0$	$0.018\,5$	平稳
$D(JY1)$	$(C, T, 0)$	$-1.200\,2$	$-2.847\,3$	$-1.988\,2$	$-1.600\,1$	$0.193\,4$	不平稳
$D(JY2)$	$(C, T, 0)$	$-0.927\,9$	$-4.200\,1$	$-3.175\,4$	$-2.729\,0$	$0.738\,1$	不平稳
$D(JY3)$	$(C, T, 0)$	$-2.523\,8$	$-5.521\,9$	$-4.107\,8$	$-3.515\,0$	$0.314\,8$	不平稳
$D(U, 2)$	$(C, T, 0)$	$-5.185\,2$	$-4.297\,1$	$-3.212\,7$	$-2.747\,7$	$0.002\,9$	平稳
$D(JY1, 2)$	$(C, T, 0)$	$-3.923\,6$	$-2.816\,7$	$-1.982\,3$	$-1.601\,1$	$0.001\,2$	平稳
$D(JY2, 2)$	$(C, T, 0)$	$-4.087\,4$	$-4.297\,1$	$-3.212\,7$	$-2.747\,7$	$0.013\,6$	平稳
$D(JY3, 2)$	$(C, T, 0)$	$-4.582\,9$	$-5.521\,9$	$-4.107\,8$	$-3.515\,0$	$0.029\,0$	平稳

注：检验形式中（C，T，L）分别表示 Cons 截距项、Trend 时间趋势项和 Lags 滞后阶数，D 表示 i 阶差分。最优滞后期根据 AIC、SC 和 HQ 准则确定。

从表 3-10 的 ADF 检验结果可知，$JY1$、$JY2$、$JY3$ 和 U 的原序列对应的部分 P 值大于 0.05，这可以说明 4 个变量的原序列之中部分属于非平稳的时间序列。在对数据进行一阶差分和二阶差分处理后，4 个变量各自所对应的 P 值最终都小于 0.05，为平稳的时间序列。由此可知，城市化率与各产业就业结构比重为二阶单整变量，所以由 4 个变量组成的平稳的时间序列可继续做协整检验分析。

2. 协整检验

（1）滞后阶数的确定。协整检验的结果受滞后期数的影响较大，选择不同的滞后期得到的协整检验结果可能会出现显著不同。因此，在进行协整检验之前运用 eviews 软件进行滞后阶数的选择。具体情况如表 3-11 所示。

表 3-11　城市化和就业结构滞后阶数处理结果

LogL	LR	FPE	AIC	SC	HQ
110.391 1	NA	1.61e-10	-11.199 06	-11.000 23	-11.165 41
191.189 0	119.070 6*	1.85e-13*	-18.019 89*	-17.025 75*	-17.851 65*

由表 3-11 可知，在 Lag Length Criteria 的处理结果中，有 5 个准则选择滞后阶数为 1，依据 AIC 和 SC 最小准则应当选择滞后阶数为 1，因此最优滞后阶数为 1。

（2）Johansen 协整检验。由平稳性检验结果可知 4 个变量为二阶单整变量，满足协整检验条件。本章利用 Johansen 检验法对多变量进行协整检验，以确定城市化率与各产业就业结构之间的长期均衡关系。由上述建立的 VAR 模型可知最优滞后期为 1。具体检验结果如表 3-12 所示。

表 3-12　城市化和就业结构 Johansen 协整检验结果

原假设	特征根	迹统计量	5%临界值	P 值
0*	0.968 492	84.796 11	47.856 13	0.000 0
至多 1 个	0.431 713	19.103 38	29.797 07	0.485 5
至多 2 个	0.282 677	8.365 944	15.494 71	0.427 1
至多 3 个	0.102 447	2.053 581	3.841 466	0.151 8

根据表 3-12 可知，原假设"0*"表示存在 0 个协整关系，其对应的 P 值为 0.000 0 小于 0.05，这里应当可以将原假设选择为拒绝，因为这里代表的是将会存在一个协整关系。下一个原假设"至多 1 个"表示最多存在一个协整关系，概率 P 值为 0.485 5 大于 0.05，接受原假设，表明存在一个协整关系。说明 $JY1$、$JY2$、$JY3$、U 这 3 个变量间存在长期的均衡关系。

$JY1$、$JY2$、$JY3$ 与 U 之间存在唯一的协整关系，变量之间存在长期稳定的均衡关系，协整方程如下：

$$U = 0.062\ 01JY1 + 0.436\ 73JY2 + 0.631\ 31JY3$$
$$(4.354\ 11)\quad (7.750\ 15)\quad (11.050\ 28)$$

令 $ECM = 0.062\ 01JY1 + 0.436\ 73JY2 + 0.631\ 31JY3 + U$

（3）利用 ADF 检验 ECM 是否平稳。从表 3-13 可以看出，ECM 的

ADF 单位根检验结果小于 0.05，拒绝存在单位根的原假设，这说明 ECM 为平稳序列，$JY1$、$JY2$、$JY3$ 与 U 之间存在长期稳定的关系。

表 3 - 13　城市化和就业结构 ADF 检验结果

		统计值	P 值
		−2.658 237	0.010 8
	1％水平	−2.692 358	
临界值	5％水平	−1.960 171	
	10％水平	−1.607 051	

从协整方程可知，1999—2018 年第一二、三产业就业人员占比分别与城市化水平存在正相关关系，即第一二、三产业就业人员占比上升会使城市化水平随之上升。第一产业就业人员比重每增加 1％，城市化水平会相应地增加 0.06％；第二产业就业人员比重每增加 1％，城市化水平会相应地增加 0.44％；第三产业就业人员比重每增加 1％，城市化水平会相应地增加 0.63％。从变量的系数来看，第三产业就业人员比重对城市化水平的影响远大于第一、二产业就业人员占比对城市化水平的影响。这主要是因为浙江省服务业非常发达，大多数第一、二产业就业人员在近年来逐渐向第三产业转移，而第三产业与城市息息相关，集中在城市附近，因此第三产业就业人员占比会大幅提高城市化率。

第四节　新型城市化与产业结构耦合 协调关系的实证研究

一、数据来源和体系构建

(一) 数据来源

本节选取 2005—2017 年浙江省 11 个城市的截面数据，对该地区的产业结构与城市化的耦合互动关系进行研究。数据取自于《中国城市统计年鉴》、《浙江省统计年鉴》、《浙江省国民经济与社会发展统计公报》和浙江省各地级市历年统计年鉴，部分缺失数据采用相邻年份均值处理得出。

（二）指标体系构建

参照国内外学者对产业结构与新型城市化相关文献的指标体系构建研究成果，遵循科学性、全面性、系统性的构建指标体系原则，本章把指标划分为产业结构和新型城市化两个系统，运用频度统计法、理论分析法对指标进行选择，两个系统下各自的评价指标如表3-14所示。

表3-14 浙江省新型城市化与产业结构评价指标体系

一级指标	二级指标	三级指标	指标属性	单位
产业结构	产值结构	第一产业占GDP比重	＋	％
		第二产业占GDP比重	＋	％
		第三产业占GDP比重	＋	％
	就业结构	第一产业就业人员占比	＋	％
		第二产业就业人员占比	＋	％
		第三产业就业人员占比	＋	％
新型城市化	人口城市化	城市化率	＋	％
	经济城市化	人均固定资产投资	＋	元
		人均生产总值	＋	元
		人均社会消费品零售总额	＋	元
	社会城市化	万人拥有医疗卫生机构床位数	＋	张
		人均绿地面积	＋	平方米
		普通中学在校人数	＋	人

二、数据处理和模型构建

（一）数据处理

由于在统计单位、数量级别之间两个系统的原始数据存在明显差异，致使各项指标之间不能进行直接的数量计算和对比分析，因此本节将对原始数据采用标准化的方式处理后再进行计算。计算公式如下：

$$Y_{ij} = (X_{ij} - X_{i\min})/(X_{i\max} - X_{i\min}) \qquad (3-4)$$

其中 $i=1, 2, \cdots b$，$b=13$ 个年份，$j=1, 2, \cdots a$，$a=13$ 个指标；X_{ij} 表示第 i 年第 j 项的指标表示值；$X_{i\max}$ 和 $X_{i\min}$ 分别代表在指标中的最大值和最小值；Y_{ij} 表示经过标准化处理的值。

为了保证评价结果的精准性，本研究运用熵值法求取各评价指标的权重，确定指标数据的熵值和权重是测算综合发展指数的前提。计算公式如下，结果见表 3-15 所示。

（1）计算指标值比重 P_{ij}：

$$P_{ij} = Y_{ij} / \sum Y_{ij} \qquad (3-5)$$

（2）计算熵值 E_j，其中 $m=11$：

$$E_j = -1/\ln m \sum P_{ij} \cdot \ln P_{ij} \qquad (3-6)$$

（3）计算权重 W_j：

$$W_j = (1-E_j)/\sum (1-E_j) \qquad (3-7)$$

表 3-15　新型城市化与产业结构各项指标熵值、权重

指标	熵值	权重	指标属性
第一产业占 GDP 比重（%）	0.947	0.280	+
第二产业占 GDP 比重（%）	0.988	0.063	+
第三产业占 GDP 比重（%）	0.966	0.183	+
第一产业就业人员占比（%）	0.960	0.215	+
第二产业就业人员占比（%）	0.973	0.146	+
第三产业就业人员占比（%）	0.979	0.113	+
城市化率（%）	0.987	0.032	+
人均固定资产投资（元）	0.932	0.165	+
人均生产总值（元）	0.964	0.089	+
人均社会消费品零售总额（元）	0.947	0.129	+
万人拥有医疗卫生机构床位数（张）	0.939	0.150	+
人均绿地面积（平方米）	0.864	0.331	+
普通中学在校人数（人）	0.958	0.103	+

根据公式（3-4）计算得到数据无量纲化后的标准值以及公式（3-5）、（3-6）、（3-7）计算得出各指标的权重值，继续利用公式（3-8）加权相加得出两个系统的综合评价指数结果。综合发展指数的每一个指标对应的数值可以代表一个单元在某年度综合发展的水平。计算公式如下：

$$CY/CS = \sum W_j \cdot P_{ij} \qquad (3-8)$$

式中，*CY* 和 *CS* 分别表示产业结构综合发展指数和新型城市化综合发展指数；P_{ij} 表示指标值比重；W_j 表示指标权重。以表 3 - 16、表 3 - 17 为两个系统各自的综合发展指数结果。

表 3 - 16 浙江省各地级市产业结构综合发展指数

年份	杭州	宁波	温州	嘉兴	湖州	绍兴	金华	衢州	舟山	台州	丽水
2005	0.374	0.363	0.347	0.376	0.442	0.362	0.394	0.582	0.572	0.428	0.579
2006	0.365	0.351	0.332	0.358	0.412	0.348	0.376	0.539	0.535	0.408	0.545
2007	0.356	0.342	0.329	0.349	0.394	0.338	0.369	0.488	0.500	0.392	0.525
2008	0.351	0.338	0.331	0.344	0.395	0.339	0.372	0.474	0.472	0.398	0.502
2009	0.362	0.342	0.336	0.347	0.407	0.348	0.376	0.463	0.470	0.395	0.502
2010	0.354	0.329	0.332	0.344	0.406	0.354	0.374	0.440	0.467	0.398	0.476
2011	0.353	0.330	0.335	0.343	0.402	0.355	0.377	0.431	0.471	0.406	0.465
2012	0.357	0.335	0.337	0.349	0.397	0.358	0.378	0.438	0.470	0.413	0.461
2013	0.363	0.335	0.334	0.346	0.391	0.358	0.377	0.435	0.481	0.412	0.453
2014	0.367	0.330	0.343	0.339	0.384	0.356	0.378	0.437	0.484	0.411	0.459
2015	0.377	0.333	0.357	0.339	0.386	0.360	0.381	0.449	0.490	0.422	0.466
2016	0.384	0.331	0.366	0.334	0.386	0.359	0.382	0.449	0.491	0.425	0.461
2017	0.387	0.322	0.370	0.323	0.382	0.360	0.387	0.444	0.544	0.415	0.478

表 3 - 17 浙江省各地级市新型城市化综合发展指数

年份	杭州	宁波	温州	嘉兴	湖州	绍兴	金华	衢州	舟山	台州	丽水
2005	0.224	0.185	0.166	0.119	0.081	0.123	0.108	0.035	0.058	0.109	0.040
2006	0.237	0.204	0.178	0.134	0.091	0.135	0.115	0.042	0.072	0.118	0.045
2007	0.292	0.276	0.200	0.159	0.104	0.161	0.140	0.057	0.093	0.139	0.055
2008	0.338	0.291	0.211	0.172	0.118	0.181	0.155	0.066	0.113	0.152	0.065
2009	0.314	0.241	0.116	0.137	0.100	0.122	0.095	0.048	0.126	0.092	0.040
2010	0.409	0.343	0.227	0.216	0.145	0.225	0.184	0.066	0.148	0.178	0.083
2011	0.459	0.382	0.247	0.236	0.164	0.256	0.201	0.098	0.173	0.187	0.099
2012	0.512	0.424	0.262	0.256	0.185	0.282	0.230	0.109	0.202	0.211	0.112
2013	0.583	0.491	0.292	0.298	0.206	0.312	0.263	0.127	0.239	0.230	0.120
2014	0.631	0.516	0.288	0.276	0.207	0.306	0.243	0.133	0.267	0.234	0.129

（续）

年份	杭州	宁波	温州	嘉兴	湖州	绍兴	金华	衢州	舟山	台州	丽水
2015	0.713	0.506	0.316	0.302	0.228	0.331	0.267	0.153	0.303	0.275	0.142
2016	0.791	0.622	0.360	0.374	0.268	0.393	0.341	0.186	0.348	0.298	0.172
2017	0.884	0.654	0.381	0.414	0.298	0.414	0.357	0.202	0.371	0.326	0.183

（二）评价模型构建及计算结果

耦合是一个物理概念，在物理学领域一般指两个或两个以上的系统存在相互作用影响的关系，根据耦合概念以及相关系数模型能够构建耦合度模型。根据已有研究，耦合度公式见式（3-9）：

$$C = \left\{ \frac{CY \times CS}{\left[\frac{CY + CS}{2} \right]^k} \right\} \qquad (3-9)$$

式中，C 为耦合度；Y 表示产业结构综合发展指数；CS 表示新型城市化综合发展指数；k 为调节系数，由于本研究涉及两个系统，所以 $k=2$。耦合度计算结果见表 3-18 所示。

表 3-18　2005—2017 年浙江省各地级市新型城市化与产业结构耦合度 C

年份	杭州	宁波	温州	嘉兴	湖州	绍兴	金华	衢州	舟山	台州	丽水
2005	0.968	0.946	0.935	0.855	0.723	0.870	0.821	0.463	0.577	0.805	0.490
2006	0.977	0.964	0.954	0.890	0.770	0.898	0.848	0.520	0.646	0.835	0.530
2007	0.995	0.994	0.970	0.927	0.814	0.935	0.893	0.614	0.728	0.879	0.587
2008	1.000	0.997	0.975	0.943	0.842	0.953	0.912	0.654	0.789	0.894	0.635
2009	0.997	0.985	0.874	0.901	0.795	0.877	0.802	0.581	0.817	0.783	0.522
2010	0.997	1.000	0.982	0.974	0.881	0.975	0.940	0.733	0.854	0.924	0.712
2011	0.991	0.997	0.988	0.983	0.908	0.987	0.952	0.776	0.887	0.929	0.761
2012	0.984	0.993	0.992	0.988	0.931	0.993	0.970	0.800	0.917	0.946	0.793
2013	0.973	0.982	0.998	0.997	0.951	0.996	0.984	0.837	0.942	0.959	0.814
2014	0.965	0.975	0.996	0.995	0.954	0.997	0.976	0.846	0.957	0.962	0.829
2015	0.951	0.978	0.998	0.996	0.966	0.999	0.984	0.870	0.972	0.977	0.847
2016	0.938	0.952	1.000	0.998	0.984	0.999	0.998	0.910	0.985	0.985	0.889
2017	0.920	0.940	1.000	0.992	0.992	0.998	0.999	0.927	0.982	0.993	0.895

虽然以上公式耦合度 C 可以测度产业结构与新型城市化之间的耦合强度，却不能反映出两者之间的综合协调发展水平。由于当评价产业结构与新型城市化指标的值很低时，高耦合度的情况也会出现。因此，本研究进一步利用耦合协调度模型表示两个系统的耦合程度，它能更直接地表示二者之间综合发展水平的高低，计算公式如下：

$$D=\sqrt{C \cdot T} \qquad\qquad (3-10)$$

$$T=\alpha \cdot CY+\beta \cdot CS \qquad (3-11)$$

式中，D 表示耦合协调度；C 表示耦合度；T 为两系统的综合协调指数；α 为产业结构在综合系统中所占的权重，β 为新型城市化在综合系统中所占的权重，因为二者在综合系统中地位相同，因此权重各为 0.5。T 计算结果如表 3-19 所示。

表 3-19　新型城市化与产业结构综合协调指数 T

年份	杭州	宁波	温州	嘉兴	湖州	绍兴	金华	衢州	舟山	台州	丽水
2005	0.299	0.274	0.256	0.248	0.262	0.243	0.251	0.309	0.315	0.269	0.309
2006	0.301	0.278	0.255	0.246	0.252	0.241	0.246	0.291	0.304	0.263	0.295
2007	0.324	0.309	0.265	0.254	0.249	0.250	0.255	0.273	0.297	0.266	0.290
2008	0.345	0.315	0.271	0.258	0.257	0.260	0.263	0.270	0.292	0.275	0.283
2009	0.338	0.292	0.226	0.242	0.254	0.235	0.235	0.255	0.298	0.244	0.271
2010	0.382	0.336	0.279	0.280	0.276	0.290	0.279	0.262	0.307	0.288	0.279
2011	0.406	0.356	0.291	0.290	0.283	0.305	0.289	0.264	0.322	0.297	0.282
2012	0.435	0.379	0.299	0.302	0.291	0.320	0.304	0.274	0.336	0.312	0.286
2013	0.473	0.413	0.313	0.322	0.299	0.335	0.320	0.281	0.360	0.321	0.287
2014	0.499	0.423	0.315	0.307	0.295	0.331	0.310	0.285	0.375	0.323	0.294
2015	0.545	0.420	0.336	0.321	0.307	0.345	0.324	0.301	0.397	0.348	0.304
2016	0.587	0.477	0.363	0.354	0.327	0.376	0.362	0.317	0.419	0.361	0.316
2017	0.636	0.488	0.376	0.368	0.340	0.387	0.372	0.323	0.457	0.371	0.331

由以上公式（3-10）和公式（3-11）计算所得的浙江省各地级市产业结构与新型城市化的耦合协调度结果如表 3-20 所示。

表 3 - 20　2005—2017 年浙江省各地级市新型城市化与产业结构耦合协调度 D

年份	杭州	宁波	温州	嘉兴	湖州	绍兴	金华	衢州	舟山	台州	丽水
2005	0.538	0.509	0.490	0.460	0.435	0.460	0.454	0.378	0.426	0.465	0.389
2006	0.542	0.517	0.493	0.468	0.440	0.466	0.456	0.389	0.443	0.469	0.395
2007	0.568	0.554	0.507	0.485	0.450	0.483	0.477	0.409	0.465	0.483	0.413
2008	0.587	0.560	0.514	0.493	0.465	0.498	0.490	0.420	0.480	0.496	0.424
2009	0.581	0.536	0.445	0.467	0.449	0.454	0.434	0.385	0.493	0.437	0.376
2010	0.617	0.580	0.524	0.522	0.493	0.531	0.512	0.439	0.512	0.516	0.446
2011	0.634	0.596	0.536	0.534	0.507	0.549	0.524	0.453	0.534	0.525	0.464
2012	0.654	0.614	0.545	0.547	0.521	0.564	0.543	0.468	0.555	0.543	0.476
2013	0.678	0.637	0.559	0.567	0.533	0.578	0.561	0.485	0.582	0.555	0.483
2014	0.694	0.642	0.561	0.553	0.531	0.574	0.550	0.491	0.599	0.557	0.494
2015	0.720	0.641	0.579	0.566	0.545	0.587	0.564	0.512	0.621	0.583	0.507
2016	0.742	0.674	0.603	0.595	0.567	0.613	0.601	0.537	0.643	0.597	0.531
2017	0.765	0.677	0.613	0.605	0.581	0.621	0.610	0.547	0.670	0.607	0.544

为了更细致地表示各地区产业结构和新型城市化系统的耦合协调程度，同时体现该地区产业结构和新型城市化水平的高低，将耦合协调度细分为 18 个协调发展类型，并且若 CY 和 CS 的差的绝对值小于 0.1，认为二者基本同步发展。具体耦合协调度评价标准和类型划分见表 3 - 21 所示。

表 3 - 21　耦合协调度评价标准

大类	耦合协调度 D	小类	CY 和 CS 的对比关系	协调发展类型
协调发展	$0.8 < D \leqslant 1.0$	优质协调发展	$CY - CS > 0.1$	优质协调新型城市化滞后型
			$CS - CY > 0.1$	优质协调产业结构滞后型
			$0 \leqslant \lvert CY - CS \rvert \leqslant 0.1$	优质协调同步发展型
	$0.7 < D \leqslant 0.8$	良好协调发展	$CY - CS > 0.1$	良好协调新型城市化滞后型
			$CS - CY > 0.1$	良好协调产业结构滞后型
			$0 \leqslant \lvert CY - CS \rvert \leqslant 0.1$	良好协调同步发展型
	$0.6 < D \leqslant 0.7$	初级协调发展	$CY - CS > 0.1$	初级协调新型城市化滞后型
			$CS - CY > 0.1$	初级协调产业结构滞后型
			$0 \leqslant \lvert CY - CS \rvert \leqslant 0.1$	初级协调同步发展型

（续）

大类	耦合协调度 D	小类	CY 和 CS 的对比关系	协调发展类型
勉强协调	$0.5<D\leqslant 0.6$	勉强协调发展	$CY-CS>0.1$	勉强协调新型城市化滞后型
			$CS-CY>0.1$	勉强协调产业结构滞后型
			$0\leqslant|CY-CS|\leqslant 0.1$	勉强协调同步发展型
濒临失调	$0.4<D\leqslant 0.5$	濒临失调衰退	$CY-CS>0.1$	濒临失调新型城市化受损型
			$CS-CY>0.1$	濒临失调产业结构受损型
			$0\leqslant|CY-CS|\leqslant 0.1$	濒临失调新型城市化受损型
失调衰退	$0<D\leqslant 0.4$	严重失调衰退	$CY-CS>0.1$	严重失调新型城市化受损型
			$CS-CY>0.1$	严重失调产业结构受损型
			$0\leqslant CY-CS\leqslant 0.1$	严重失调新型城市化受损型

三、时空耦合特征分析

（一）时间维度下的耦合协调度评价

由浙江省产业结构和新型城市化综合发展指数变化趋势图（图 3-11）可知，2005—2017 年浙江省总体产业结构综合发展指数缓慢降低，新型城市化综合发展指数有明显的上升趋势，且速度较快，在 2008—2010 年有明

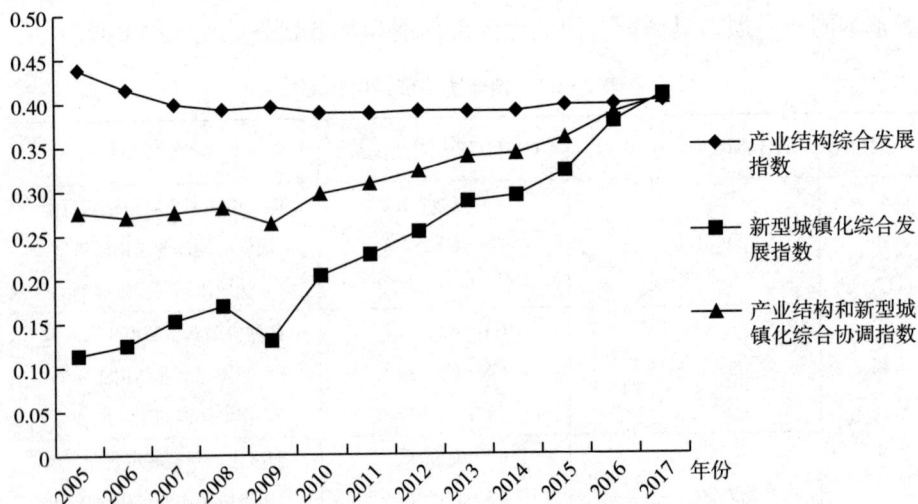

图 3-11　浙江省 2005—2017 年产业结构与新型城市化综合发展指数变化图

显波动。这是因为 2008 年金融危机使得人均 GDP 等子系统数值降低。

　　整体来看，浙江一直处于产业结构主导型阶段；同时，受三大产业发展阶段性市场需求变化等内生动力推动，浙江在保持第一产业平稳发展的同时，将发展重点向第三产业转移，形成了新兴产业为主导的产业集群。新型城市化综合发展指数快速上升，虽稍有波动但到 2017 年已基本和产业结构综合发展指数持平。从当前趋势来看，未来新型城市化综合发展指数将超过产业结构综合指数，浙江省即将进入城市化主导型阶段。

　　由 2005—2017 年间浙江省耦合度和耦合协调度变化趋势图（图 3 - 12）可知，两者变化趋势大致相同，13 年间缓慢增加，在 2008 年短暂下降，这主要是金融危机使产业结构与新型城市化发展出现短暂的不匹配。依据耦合协调度评价标准（表 3 - 21）得到，2009 年之前浙江省耦合协调度均小于0.5，濒临失调；2010—2015 年保持缓慢上升，耦合协调度在 0.5～0.6 之间，为勉强协调阶段；2016—2017 年的耦合协调度在 0.6～0.7 之间，为初级协调状态。由此可知，尽管 2005—2017 年浙江省产业结构与新型城市化系统间的耦合协调度总体呈增长趋势，但现阶段仍未达到良好协调。

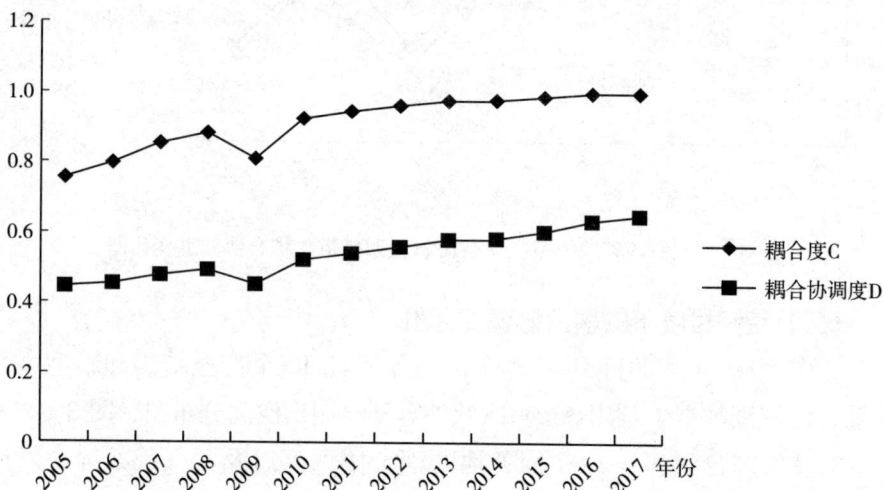

图 3 - 12　浙江省 2005—2017 年产业结构与新型城市化耦合值变化图

　　根据浙江省地级市产业结构与新型城市化耦合协调度变化图（图 3 - 13）所示，本章将 13 年间的浙江产业结构和新型城市化耦合协调度平均值划分成 2005—2007 年、2008—2010 年、2011—2013 年和 2014—2017 年这四段时间，并从地区角度进行分析。这 4 个时间段耦合协调度的平均值都有所提高，其中，杭州和舟山的增长趋势最为明显，而温州相对较慢，2005—2010 年的耦合协调度平均值几乎不变。2005—2007 年衢州市和丽水市属于严重失调状态，只有杭州市和宁波市属于勉强协调状态，其余 7 个市均处于濒临失调阶段。而 2014—2017 年，杭州市达到了中级协调阶段，宁波、舟山两市达到初级协调阶段，其余 8 个市均处于勉强协调阶段。这主要是因为近年来国家和地方对于产业结构和新型城市化协调发展的各项政策支持和措施落实。

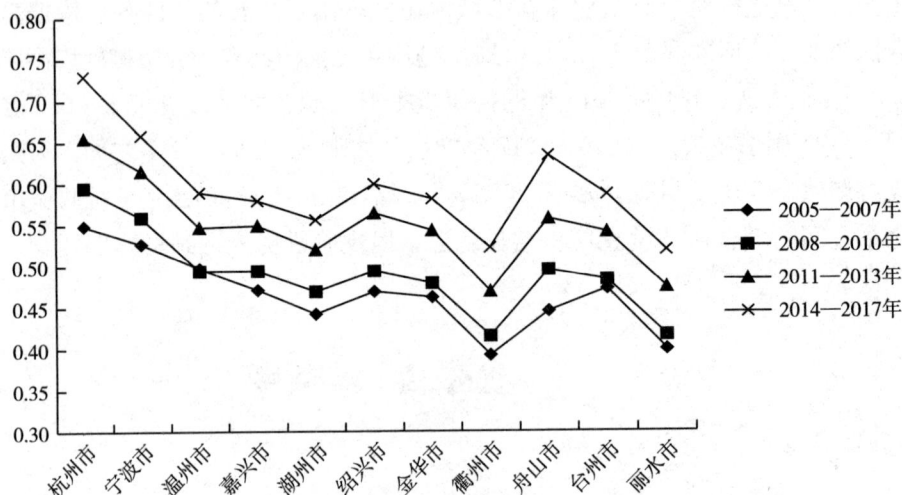

图 3-13　浙江省地级市产业结构与新型城市化耦合协调度变化图

（二）空间维度下的耦合协调度评价

选取 2005 年、2011 年、2017 年三年浙江 11 个产业结构和新型城市化耦合协调度数据，利用 Arc GIS 软件分别绘制出空间分布图（图 3-14）。表 3-22 为综合 2005—2017 间各地区耦合协调度以及两系统的综合发展指数，并耦合协调度评价标准（表 3-21）得出的协调发展类型。

由浙江各地级市的耦合协调度空间分布图（图 3-14）表明，2005 年浙江各地区的耦合协调度普遍较低。到 2011 年，各市耦合协调度有较大幅度增加，除了宁波所处阶段没有改变，其余 10 个地区的耦合协调度均提高一级。其中，杭州进入初级协调阶段，但衢州和丽水仍处于失调状态。2017 年，杭州达到良好协调水平，宁波等 7 个市达到了初级协调状态，湖州、衢州、丽水尚处于勉强协调阶段。

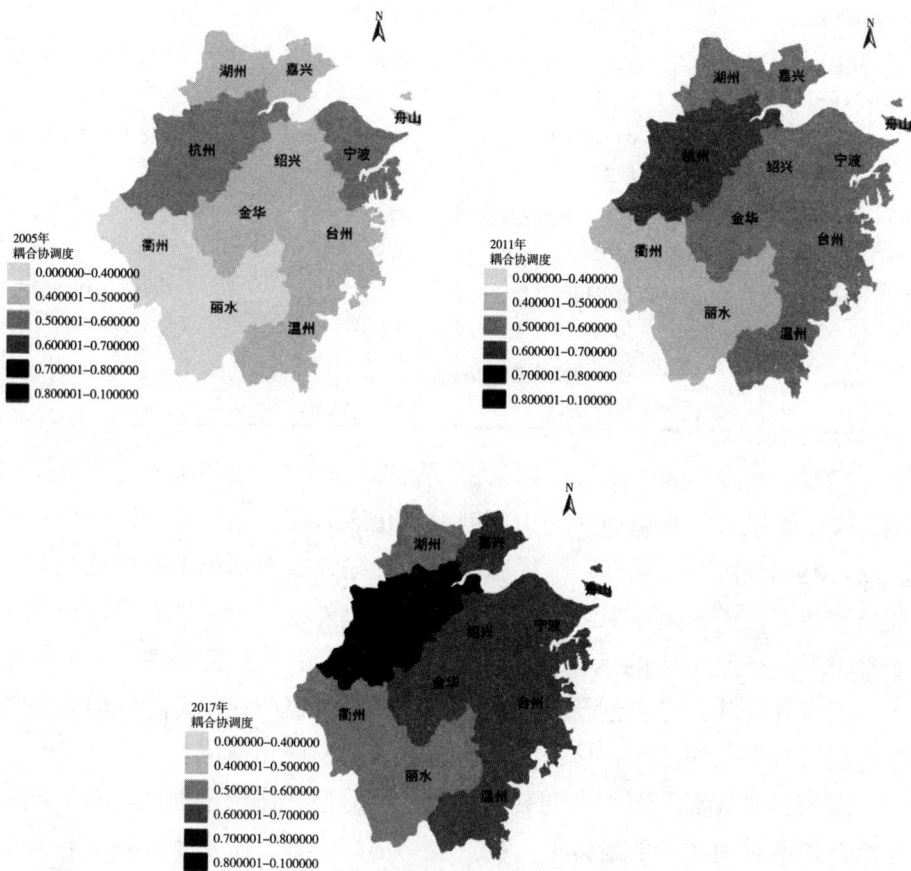

图 3-14　浙江省各地级市 2005 年、2011 年、2017 年耦合协调度空间分布图

　　结合表 3-22 发现，杭州市作为浙江经济最发达的地区，其两系统间耦合协调度最高，协调发展类型为产业结构滞后型。杭州市新型城市化综合发展指数远高于其他地区，但产业结构指数在浙江省中处于中等水平。从 CY-CS 值来看，杭州值为负，说明杭州产业结构优化升级相较于新型城市化发展来说较落后，因此杭州可以借助新型城市化优势带领产业结构往合理化、高度化演变。

表 3 - 22　浙江省各地级市新型城市化与产业结构协调发展类型

地区	CY-CS 值	类型	地区	CY-CS 值	类型
杭州 (D=0.64)	−0.125 9	初级协调产业结构滞后型	金华 (D=0.521 2)	0.170 9	勉强协调新型城市化滞后型
宁波 (D=0.595 2)	−0.058 0	勉强协调同步发展型	衢州 (D=0.454 8)	0.363 8	濒临失调新型城市化滞后型
温州 (D=0.536 1)	0.092 7	勉强协调同步发展型	舟山 (D=0.540 2)	0.302 7	勉强协调新型城市化滞后型
嘉兴 (D=0.527 8)	0.107 5	勉强协调新型城市化滞后型	台州 (D=0.525 6)	0.213 4	勉强协调新型城市化滞后型
湖州 (D=0.501 3)	0.229 9	勉强协调新型城市化滞后型	丽水 (D=0.457 1)	0.391 3	濒临失调新型城市化滞后型
绍兴 (D=0.536 8)	0.104 2	勉强协调新型城市化滞后型			

宁波、嘉兴等 8 个市处于勉强协调状态，其中宁波和温州协调发展类型为同步发展型，其余地区均为新型城市化滞后型。这 8 个地区耦合度虽较高，但耦合协调度偏低，这说明两系统的综合水平都偏低；再从综合发展指数和 CY-CS 值来看，除宁波相差不大以外，其余地区新型城市化发展都跟不上产业结构的优化。说明宁波和温州可以适当调整传统发展模式，在现有基础上寻求创新突破，其余地区在调整产业结构的同时，更要注重新型城市化的提质，保证其与产业结构的发展相适应。

衢州和丽水都是濒临失调衰退城市化衰退型，这两个地区的新型城市化综合是所有地区中的最低值，但产业结构处于中上游水平，存在较大差距。因此衢州、丽水应该重点提高新型城市化水平，可以通过产业结构的优势带动新型城市化水平的提高。

总体而言，从空间格局来看，浙江各地区产业结构与新型城市化系统间的耦合协调度呈现出单极化向扁平化发展的趋势。各市耦合协调度一直稳步上升，但西南部内陆地区的耦合协调度要普遍稍弱于东部沿海地区，这也与各地的经济基础有关。同时，尽管杭州的耦合协调度是浙江省中最高的，但仍有上升空间。浙东北的城市现在均处于初级协调阶段，这与其他发达城市相比，协调程度仍有较大差距，因此杭州和宁波需要发挥增长极的作用来通过辐射带动周边城市耦合协调度的逐步提升。可以预见，在以后的发展进程中，浙江省将以杭州为核心城市，带动宁波、温州和金华三大都市区经济增长，充分发挥城市集聚辐射功能，拉动周围城镇经济水平提高。同时将提升浙江产业结构和新型城市化之间的协调程度，达到优质协调水平，以产城融合、产业互动新理念，促使城镇规模结构更为合理，最终形成大、中、小城市和小城镇协同进步的一体化格局。

第五节　结论及建议

一、结论

通过前述分析，主要得到以下几点结论。

1. 产业结构与城市化两个系统之间存在着相互促进、彼此作用的关系。产业结构通过要素流动、优化就业结构、产业转移推动城市化发展；反过来，城市化通过产业集聚效应、提升需求结构、公共服务支持影响产业结构优化。

2. 运用协整分析法基于浙江省 2005—2017 年产业结构与城市化耦合关系的研究表明，浙江省产业结构与城市化发展之间呈显著的长期稳定耦合关系。负向关系存在于第一产业的产值和城市化水平之间，正向关系存在于第二、三产业的产值和城市化率之间；而正向关系存在于城市化率与三次产业就业人员占比之间。

3. 浙江省产业结构与新型城市化发展的综合发展指数之间的差距逐渐缩小。在 2005—2017 年间，浙江省产业结构的综合发展指数总体缓慢减小，变化起伏不大；而新型城市化的综合发展指数则总体上呈现出的是上升趋势，并且增长的速度比较高。从第五章第三节所示图像来看，产业结构的综合发展指数始终高于新型城市化的综合发展指数，但到 2017 年时已基本持平。

4. 浙江省 11 个地级市的产业结构和新型城市化组成的综合系统中，耦合度和协调度逐年稳步上升，二者的耦合关系从失调逐步提升至协调。从时间维度来看，2005—2009 年间，浙江省产业结构与新型城市化发展的耦合协调程度较低，仍处于失调状态；从 2010 年起，浙江省大力发展新型城市化，使得各地级市的耦合协调程度大大提高，进入了协调阶段。从空间维度来看，浙江省各地级市的产业结构与新型城市化的耦合度差异较小，而协调度则存在明显的差异，发展不够均衡，西南部内陆地区的耦合协调发展程度弱于东部沿海地区。其中，杭州市的耦合协调程度始终高于其他城市，带动了周边城市如宁波、嘉兴、温州、金华等城市的发展和耦合协调度的提升。

二、建议

（一）推动技术创新，优化产业结构调整

杭州是浙江综合实力的重要体现，但杭州的产业结构调整相对城市化来说比较滞后，因此应加快产业结构优化调整。技术创新是当前产业结构优化和经济稳步上升的关键，面对近年来涌现的新兴产业，政府应鼓励企业和人才学习新技术，推动传统行业的改造提升，将技术创新运用到农业、工业中，促使劳动力学习新技术，提高整个行业的发展水平，发展绿色生产，全面推广低耗能产业，从而实现第二产业向创新驱动生产的转变，要将第三产业作为浙江省产业结构的核心产业继续优化升级。

（二）促进产业集聚，引领新型城市化

现阶段各市的新型城市化发展仍有差距，尤其嘉兴、绍兴等 6 个地区协调发展类型为城市化滞后型。因此，浙江省各市需要以核心城市为依托，不断完善城镇功能，从本市实际发展状况和发展方向出发，保障和提升城镇基础设施和公共服务水平，实现浙江省经济规模效应。同时，使大、中、小城市和小城镇协同进步，加强城市集聚，以此辐射带动周边城镇发展，逐步缩小城乡差距，促使城镇规模结构更为合理。

（三）加大教育投资，确保人才供给

人才是产业结构调整和新型城市化进程中必不可少的关键部分，人力资本是新兴产业崛起的要素之一。政府应加大教育投资力度，保证各地区资源均衡配置发展，同时应重点扶持贫困地区，有针对性地培养人才，以此提高整体就业人员素质。

第四章 新型城市化与生态环境协调性研究
——以长江经济带为例

随着城市化进程的推进，我国正开展全面的经济社会建设，城市规模日新月异，产业结构和生产体制的现代化和转型也在继续。然而，另一方面，中国这样人口稠密的发展中国家的城市化水平能在短时间内达到世界的平均水平，肯定也会引出一系列问题。中国现今面临的严重环境问题有很多，如空气污染、水污染、垃圾管理、土地沙漠化等。面临资源严重短缺、污染严重、环境恶化的情况，党的十九届四中全会强调，生态文明建设是中华民族可持续发展的千年规划，要更好地建设生态环境。我国必须坚定地坚持生态文明体系建设，同时要根据新形势、新要求不断完善生态文明体系，以保证更好更和谐的人和自然关系。

党的十九届四中全会提到，现阶段中国有三个重要的生态建设地区，是改善生态文明体系，建设和促进国家治理体系现代化和生态建设管理能力建设的主要城市，即黄河流域、长江流域、长江经济带和海南。长江经济带分布于中国的东部、中部和西部，有着得天独厚的优势和非常大的潜力。

随着改革开放，长江经济带现已成为中国综合实力最强的地区之一。2014年，习近平总书记在2015年启动经济工作后指出："我们应该把重点放在实施'一带一路'、'京津冀协调发展'和'长江经济带'三大战略上，以便到2015年有一个良好的开端。"长江经济带是中央政府重点实施的"三大战略"之一，是具有全球影响力的内河经济带、东中西互动合作的协调发展带、沿海沿江沿边全面推进的对内对外开放带，也是生态文明建设的先行示范带。长江经济带城市化和生态环境的协调水平对我国的整体环境体系有着不可忽视的影响，借助协调评价模型对时间序列进行了分析，探讨长江经济带城市化与生态环境耦合关系的演化规律，为研究区域城市经济和建设生态文明提供了理论依据，也可为其他同类型城市的建设提供指导。

第一节　城市化与生态环境研究理论基础

一、国外城市化与生态环境研究综述

英国第一次工业革命以来，西方国家的城市化加速发展，然而随之而来的一系列环境问题也逐渐引起了学术界的关注，国外科学家针对城市化与生态环境协调发展的分析源远流长。

Carson（1962）[43]在《寂静春天》一书描述了在城市化进程中，人类的社会生产活动包括大量有害化学物质的使用带来了一系列的生态环境问题，造成了极大的破坏。呼吁全世界的工业发展要建立在保护环境的基础上，促进了全世界的生态环境保护发展，同时全世界各领域专家越来越重视城市化与生态环境相关问题。从 1990 年开始，对于城市化与生态环境的定性研究逐渐转为定量研究。

Pearce 和 Tumer（1990）[44]提出了"循环经济"的概念，随后 Pearce 运用时序性分析法进行研究，根据英国不同时期自然资源和环境的矛盾关系进行分析，并提出了相应建议。Grossman 和 Krueger（1995）[45]运用多种经济学模型，以 40 余个发达国家的统计数据为基础进行研究分析发现，城市化和生态环境两者的变化呈倒"U"型，也称为库兹涅茨曲线（EKC）环境假说。F. Vester 等（1980）[46]、H. T. Odum 等（2000）[47]分别采用系统动力学与灵敏度模型，以世界部分地区和城市为案例进行了分析，揭示了城市发展与其环境演变的交互作用机理。Kok 等（2000）[48]基于模糊集理论分析了印度尼西亚地区城市化与水资源的动态关联机制。Ducrot 等（2004）[49]基于 CA 模型模拟了城市化过程中的水资源响应。Cohen（2008）[50]发现了发展中国家城市化快速发展的特点以及由此引发

的一系列生态问题,他提到遥感技术的不断发展使得其在城市化和生态环境研究中得到了广泛应用,并且土地类型的改变对环境的作用尤为突出。Coulibaly(2006)[51]针对土耳其从 1980 年起 20 年的城市化、产业结构等统计数据研究计算,他认为土耳其一些与自然生态相关的行业的发展与其他行业相比较敏感,受到负影响的可能性较大。Song(2008)[52]分析 1985—2005 年省级面板数据,认为城市环境污染与人均收入之间符合"环境库兹涅兹曲线"理论。Estoque(2014)[53]认为,快速的城市化会威胁到山区小镇发展的可持续性,从环境和生态可持续发展的角度来看,该地区逐渐在形成"不可持续的城市化"。Kasman(2015)[54]通过调查能源消费、二氧化碳排放等生态环境指标与城市化之间的关系,发现城市化和生态环境发展之间存在倒"U"型关系。Chikaraishi(2015)[55]将城市化视为背景因素,建立潜在类 STIRPAT 模型进行实证分析,认为城市化进程可以使各国在环境友好时变得更加环保。Charfeddine L、Mrabet Z(2017)[56]使用生态足迹(EF)作为替代对 15 个中东和北非(中东和北非)国家的 EKC 假设进行重新调查。Yazdi(2018)[57]使用 DOLS 和 FMOLS 方法对 1992—2014 年欧盟国家的城市化、可再生能源消耗和二氧化碳排放之间的关系进行实证研究,Granger 因果关系结果表明,CO_2 排放与城市化之间存在单向关系,可再生能源消耗与 CO_2 排放之间没有因果关系,城市化可能对自然环境产生负面影响。Effiong(2018)[58]使用半参数面板固定效应回归技术,研究 1990—2010 年间 49 个非洲国家的城市化对环境的影响,证据表明城市化减少了环境污染,认为为了获得城市化带来的积极影响,需要通过基础设施投资促进绿色环境的战略性城市规划。Asongu SA、Agboola MO 等人(2020)[59]考察了 1980—2014 年经济增长、城市化、电力消耗、化石燃料能源消耗以及自然资源对非洲污染物排放的影响。通过采用选定的非洲国家,利用协整检验进行协整分析,采用 Pesaran 的专家组合并均值自回归分布滞后方法(ARDL—PMG)进行长期回归,研究追踪了所检查指标之间的长期均衡关系。

国际上关于城市化与生态环境关系问题的研究已经建立起"实证研究—规律总结—理论建设—实证研究"的循环路径,管理学、经济学、哲学、地理学、生态学、环境科学等多元视角和演绎逻辑综合交叉;同时也重视大都市区等典型区域的案例研究，在评估基础上还充分涉及具体的个性化机制、法律建设、技术模拟的更新，关注两者的双向复杂作用。

二、国内城市化与生态环境研究综述

中国各领域学者关注城市化问题与西方相比较迟，因此国内对于城镇或者城市化和生态环境之间的联系问题研究相对较迟，大概从 1980 年开始有一些学者涉足此领域。

生态学家马世骏（1984）从生态系统的角度首次引入了社会经济环境的概念，通过将城市与环境联系起来，提出了城市化和生态环境理论，促进了我国环境建设和产业的可持续发展。近年来，很多领域的专家纷纷开始利用定量的方法探索城市化与生态环境的耦合问题，主要集中在耦合机制和耦合时空演变特征的研究。

城市化与生态环境的耦合机制研究方面，黄金川、方创琳（2003）[60]分析了城市化与生态环境的交互耦合机制，采用代数学和几何学两种方法对环境库兹涅茨（KUZNETS）曲线和城市化对数曲线进行逻辑复合，推导出城市化与生态环境交互耦合的数理函数和几何曲线，揭示出区域生态环境随城市化的发展存在先指数衰退、后指数改善的耦合规律。交互耦合的过程分为低水平协调、拮抗、磨合和高水平协调四个阶段。刘耀彬（2007）[61]在阐明城市化与生态环境交互耦合含义的基础上，利用城市化的S型生长曲线和生态环境演变的倒"U型"曲线，演绎出城市化与生态环境耦合的规律曲线，并以中国实际数据为例，进行实证分析。郭军华、幸学俊（2009）[62]以生态足迹来衡量生态环境的发展水平，再利用数据对城市化和生态足迹之间关系进行实证分析，结果显示生态环境质量下降是快速城市化所造成的。杨福霞等（2010）[63]学者的研究结果认为，城市化水平的提高会加剧我国环境污染问题。余达锦（2010）[64]以鄱阳湖流域生态经济区为研究对象，基于生态文明的鄱阳湖生态经济区新型城市化发展，对生态文明建设中新型城市化的实施问题进行了系统研究。陈晓红等（2011）[65]通过诠释城市化与生态环境相互作用内涵、形式以及特征，提出了两者协调发展的调控机制。以东北地区为例，探讨了城市化与生态环境相互作用是在产业、规划、社会、政策等多种调控机制的共同作用下协调发展的。陈晓红等（2013）[66]在阐述城市化与生态环境耦合脆弱性与协调性概念特征的基础上，提出城市化与生态环境耦合的协调性与脆弱性是在自然条件与孕灾环境、人口素质与城市文明、产业升级与技术进步、制度创新与管理科学、系统自身的恢复力等多种机制的共同作用下发展的，通过挖掘城市化与生态环境耦合的脆弱性与协调性之间的宏观作用机制，促进城市化与生态环境的良性互动，为提高城市与区域可持续发展能力提供科学参考。段维佳（2017）[67]首先介绍了城市化与生态环境交互耦合的机制定义与内涵，然后分析了城市化与生态环境在交互耦合过程中形成的斜坡约束机制，最后结合上述内容，通过对城市化与生态环境交互耦合时序规律进行分析，以期能够促进机制的运作与发展，为进一步提升我国城市化建设整体水平做出积极的贡献。

从时间维度研究城市化与生态环境的耦合演变规律。蒋洪强（2012）[68]通过分析 1996—2009 年城市化带来的环境污染效应，认为城市化率每增长 1% 就会增加城镇 COD、NH_3 - N、NO_2、CO_2 等大气污染物排放量。冯霞（2016）[69]以典型的干旱地区新疆为例，用熵值法计算 1996—2014 年城市化与生态环境综合发展水平及各要素的权重，运用熵增定律对二者的耦合关系进行分析。研究结果表明，新疆城市化与生态环境的耦合关系呈现出非平稳的波浪形上升过程，耦合模式以磨合、拮抗型为主，显示出城市化推进是以牺牲生态环境为代价的，且破坏程度在不断加剧，但恶化加剧的幅度却在不断缩小，趋于稳定。刘巧婧（2018）[70]以杭州市为研究对象，构建了城市化与生态环境评价指标体系，并利用耦合协调度模型，定量分析了杭州市 2003—2016 年城市化与生态环境的发展水平状况和两者之间的耦合协调关系及变化趋势。结果表明：经济城市化和生态环境压力分别对城市化子系统和生态环境子系统的贡献份额最大；耦合协调度受城市化子系统和生态环境子系统贡献份额比例的影响很小，受城市化子系统与生态环境子系统的综合发展水平的影响较大；城市化与生态环境的耦合协调类型由"基本不协调—城市化滞后"发展到"高度协调—城市化滞后"，再发展到"高度协调—生态环境滞后"阶段。戴培超等（2014）[71]基于城市化与生态环境的耦合理论，构建了耦合度模型，对 2000—2011 年徐州市城市化与生态环境系统的耦合度进行了综合测算和互动分析。结果表明，10多年来，徐州市城市化水平综合得分不断提高；从环境综合序参量来看，徐州市生态环境的综合水平数值呈现波动上升趋势；徐州市城市化与生态环境耦合度数值较高，总体上处于高水平协调状态。史宝娟、张立华（2018）[72]借助Tapio脱钩模型对天津地区城市化与生态环境的脱钩状态进行了定量分析，研究结果表明：2003—2011年，天津地区城市化与生态环境压力脱钩指数呈现扩张性脱钩—弱脱钩—强脱钩的反复波动，表明天津地区的城市发展对生态环境处于被动变化和不可持续的状态。2012—2015年主要以强脱钩为主，说明天津地区城市化发展对环境造成的压力正在逐渐减小，资源利用率处于较高水平。齐亚霄（2020）[73]利用熵值法建立丝绸之路经济带核心区——新疆维吾尔自治区城市化和生态环境之间的耦合协调模型，并针对2个子系统建立相应的评价体系进行测度和分析。研究结果表明，2007—2016年新疆城市化水平上升速度较快，在此期间人口、经济、社会和土地城市化共同推动新疆城市化进程；而生态环境子系统表现出先降后升的"V"型发展趋势。从2007—2016年2个子系统耦合度的时序特征来看，新疆城市化—环境系统耦合度处于0.240~0.500之间，经历了低水平耦合、拮抗并即将达到磨合阶段，基本处于中低水平。新疆城市化与生态环境在2007—2016年的耦合协调度经历了低强度低耦合阶段、中强度低协调阶段和中强度中协调阶段，基本处于中低水平，但也在逐渐提高，说明随着新疆城市化水平的逐渐提高，人地关系也在逐步协调。

从空间格局上看两者的耦合演变特征，刘耀彬（2005）[74]以定性与定量分析相结合的方法建立了耦合系统的评价指标体系，运用灰色关联分析法构建出区域城市化与生态环境交互作用的关联度模型和耦合度模型，定量揭示出中国省区城市化与生态环境系统耦合的主要因素，并从时空角度分析了区域耦合度的空间分布及演变规律，得出中国区域城市化与生态环境耦合度分布基本符合东、中西空间分异的规律。根据耦合度大小并结合区域城市化与经济发展阶段，大致将全国省区划分为协调、磨合、拮抗和低水平耦合等4种类型，其中以拮抗类型为主。宋建波（2010）[75]等以长江三角洲城市群为例，针对城市群的城市化与生态环境协调发展问题进行了深入研究。首先，构建了城市化与生态环境发展水平的评价指标体系，然后运用主客观相结合的方法确定了城市化与生态环境各指标的权重，并对长江三角洲城市群16个城市的城市化与生态环境发展水平进行了计算，根据协调发展度模型对16个城市城市化与生态环境的协调发展程度进行了测算，依据测度结果将16个城市划分为4种发展类型，并对每一种发展类型的城市进行了分析。何禹霆（2012）[76]分析论证发现中国31个省份城市化与环境污染之间存在显著的"U"型关系。李大秋（2013）[77]认为，山东省17个市在城市化进程中，人口增长、能源消耗和经济发展给大气环境带来一定的压力，空气环境中以PM2.5、NO_2、O_3为主的污染物浓度逐渐增强。郭施宏（2015）[78]对全国73个城市城市化质量和环境空气质量综合指数进行耦合协调分析，认为大多数城市的空气质量状况不佳，城市化与空气质量处于中度协调和勉强协调水平，越接近京津冀地区协调度越低，呈圆环状分布。周正柱（2019）[79]文章运用耦合协调度模型，对长江经济带2010—2016年各省份人口、经济、社会和空间城市化子系统耦合协调性进行探讨。结果表明，2010—2016年长江经济带各省份城市化发展综合指数及其分维度总体上不高，但呈增长趋势；城市化发展呈现东部区域大于中西部区域的空间特征。各省份协调发展度都呈现波动上升态势，协调发展等级主要集中在低度协调类；协调发展总体上呈现东部区域大于中部区域大于西部区域空间格局特征。顾剑华（2019）[80]从经济发展、人口发展、社会建设、生态环境以及城乡一体化5个方面构建低碳绿色新型城市化评价指标体系，运用熵权TOPSIS法、系统耦合协调度模型和探索性时空数据分析法（ESTDA），测度和分析了2000—2015年中国30个省份低碳绿色新型城市化系统的综合发展水平、协调关系和演进特征。研究表明，从时序看，中国低碳绿色新型城市化系统耦合协调度在整体上呈现上升趋势，空间联系不断增强；从空间看，中国各省份耦合协调度呈现"空间集聚性"和"空间异质性"并存的空间演进特征，表现出一定的路径依赖性或空间锁定效应。

综上所述，目前对城市化与生态环境的研究较为丰富，研究范围主要以全国或省级层面为主，但新型城市化与生态环境均为复杂的系统，不同地域之间物质、信息、能量要素不同，便呈现出不同的规律特征。作为具有全球影响力的内河经济带——长江经济带，协调着我国东中西互动合作，是引领中国经济高质量发展的排头兵，在这样的时代背景下，其新型城市化与生态环境的耦合协调成为需要探讨的重要问题。本章以长江经济带为研究对象，从新型城市化系统与生态环境系统角度出发，结合 PSR 模型揭示长江经济带新型城市化与生态环境的耦合机理，借助耦合度和耦合协调度模型，运用 ArcGIS 10.2 软件对长江经济带的耦合协调度的演变规律以及空间格局分布进行分析，对促进长江经济带的经济高质量发展以及区域协调一体化具有重要意义。

第二节　新型城市化与生态环境协调发展机理分析

一、协调理论

协调性是指系统中的子系统及其构成要素间具有合作、互补、同步等多种关联关系，以及由于这些关联关系使系统呈现出的协调结构和状态。系统中各子系统和构成要素及系统与外部环境之间在相互作用过程中，总是存在着种种矛盾和种种不协调现象，只有不断地进行调节，才能保持系统之间的平衡协调关系，从而使系统整体及各个子系统都能充分发挥其功能，达到系统的整体最优效应。

区域系统是由经济、社会、环境 3 个子系统构成的复杂系统，其中经济子系统和社会子系统建立于环境子系统之上，并与之发生着耦合关系。区域协调发展追求的不是单一的经济增长，而是经济、社会、环境协调发展的多目标模式，符合可持续发展的要求。因此，怎样才能达到各子系统之间的协调以促进区域的可持续发展，成为了自然科学与社会科学领域学者共同关注的焦点[81]。

生态与经济协调理论是随着当代经济社会发展而建立起来的一个重要生态经济学理论。它的建立体现了当代经济社会发展中生态与经济实现协调发展的迫切需求，也指明了生态时代人类社会经济发展的必然方向。人与自然通过人类生产活动联系在一起，使自然生态系统与社会经济系统形成一个有机的整体。社会经济系统可以从自然生态系统中获取发展所需的能量和资源，但在其发展过程中所产生的负外部效应对自然环境所造成的不良影响，会逐渐破坏整个系统原有良性循环，"罗马俱乐部" 1981 年在《略谈财富和福利问题》中提到："经济和生态是一个不可分割的总体，在生态遭到破坏的世界里是不可能有福利和财富的。旨在普遍改善福利条件的战略，只有围绕着人类固有的财产（即地球）才能实现；而筹集财富的战略，也不应与保护这一财产的战略截然分开。"

二、协调发展机制理论分析

新型城市化是强调以人为核心的城市化，是一个涉及人口、地域空间、经济和社会文化等在内的多因素的复杂系统；生态环境则是涵盖了水、土地、气候等人类赖以生存的资源和能源的生态系统，为新型城市化的发展提供必要的基础资源。随着新型城市化进程的不断加快，新型城市化系统与生态环境系统之间进行着物质和能量密切的交换，无时无刻不在相互作用、相互影响。而耦合是指两个或两个以上的系统之间，通过自身或与外界的不断交互作用而彼此影响以达到一定协同水平的现象[82]，显然，新型城市化系统与生态环境系统之间的相互作用有明显的耦合特征。P－S－R 模型由欧洲环境局为了研究社会与环境的发展而发展起来的，能够说明社会、经济发展和人类行为对环境的影响，也可以说明人类行为及其最终导致的环境状态对社会的反馈[83]。新型城市化系统与生态环境系统的耦合是涉及多个因素的复杂问题，P－S－R 模型有助于理顺新型城市化系统与生态环境系统耦合作用中各因素的逻辑关系，揭示其耦合作用机理。

在新型城市化与生态环境系统中，随着新型城市化的不断发展，城市人口密度加大，城市空间扩张，新型城市化系统引起胁迫，给土地资源等生态环境带来压力（P），且城市经济快速发展，生活方式和消费结构改变、产业规模集聚，污染排放加剧，新型城市化发展对生态环境的需求增多，生态环境生态涵养能力下降，导致生态环境系统状态（S）发生改变，进而从能源限制、环境污染、生态破坏等方面约束和限制新型城市化发展，被迫降速发展的新型城市化系统做出调整生产生活方式、强化环境治理和优化能源利用等响应（R），为生态环境的改善提供相应的物质条件，从而提高生态环境治理水平，改善生态环境，增强其对新型城市化发展的承载力，更好地促进新型城市化的发展。两系统如此不断地交互耦合，逐渐由不协调变为协调，并由协调变为高一级的协调，使耦合协调实现良性发展。新型城市化系统与生态环境系统的耦合作用机理分析如图 4-1 所示。

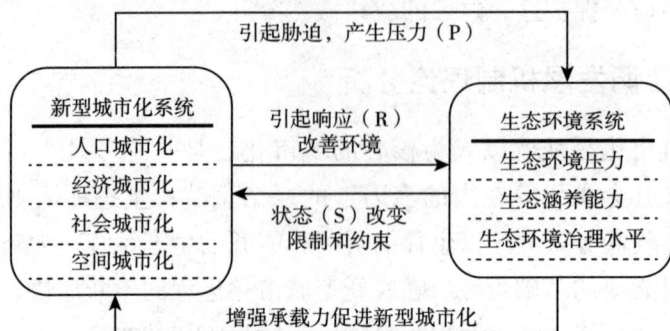

图 4-1　新型城市化系统与生态环境系统的协调发展机理分析图

第三节　研究区域概况、数据来源及研究方法

一、长江经济带概况

长江经济带覆盖上海、江苏、浙江、安徽、江西、湖北、湖南、重庆、四川、云南、贵州等 11 个省市，面积约 205.23 万平方千米，占全国的 21.4%，人口和生产总值均超过全国的 40%。促进长江经济带发展，是以习近平同志为核心的党中央做出的重大决策。

2014 年 9 月，国务院印发《关于依托黄金水道推动长江经济带发展的指导意见》（以下简称《意见》），计划将长江经济带建设为能够影响全世界的内陆经济带、互动合作的协调开发区、内外开放区和生态文明建设的主导示范区，全面推进长江沿岸地区的生态文明建设。

2016 年 9 月，《长江经济带发展规划纲要》正式印发。纲要从规划背景、总体要求、大力保护长江生态环境、加快构建综合立体交通走廊、创新驱动产业转型升级、积极推进新型城市化、努力构建全方位开放新格局、创新区域协调发展体制机制、保障措施等方面描绘了长江经济带发展的宏伟蓝图，是推动长江经济带发展重大国家战略的纲领性文件。

2018 年 11 月，党中央、国务院明确要求，在生态优先和绿色发展的带动下，在保护和避免大规模发展下，充分发挥长江经济带的区域效益，促进长江上游、中下游地区的协调发展和长江沿岸地区的高质量发展。

二、数据来源及处理

本章以长江经济带为研究对象，研究数据主要来源于 2004—2018 年长江经济带各省市的统计年鉴、中国统计年鉴，中国区域经济统计年鉴，其中部分环境数据来自《中国环境统计年鉴》(2004—2018)、中国气象数据网 http：//data.cma.cn/以及浙江省气象局等。

鉴于所选指标的单位、量纲等的差别，为了使指标评估更加科学和有效，对相关指标数据进行标准化，以消除尺度规模以及正面和负面影响，使用极差标准法处理所有数据。

对于正向指标：

$$Z_{ij} = \frac{x_{ij} - x_{j\min}}{x_{j\max} - x_{j\min}} \qquad (4-1)$$

对于负向指标：

$$Z_{ij} = \frac{x_{j\max} - x_{ij}}{x_{j\max} - x_{j\min}} \qquad (4-2)$$

式中，i 代表年份，j 表示指标的序号，Z_{ij} 是标准化的值，x_{ij} 是初始值，$x_{j\max}$ 是所有样本年中第 j 个指标的原始最大值，$x_{j\min}$ 是系统第 j 个指标的原始最小值（$i=1, 2, \cdots, n; j=1, 2, \cdots, m$）。标准化处理的所有指标值的取值范围都为 $[0, 1]$。

第四节　新型城市化与生态环境评价指标体系及协调测度模型构建

一、评价指标体系构建及权重确定

（一）协调评价指标体系的构建原则

由于新型城市化与生态环境之间存在着非常复杂的联系，本章从新型城市化系统和生态环境系统中选取了一定的指标来评价和分析这种复杂的关系。因此，为了反映新型城市化与生态环境之间的协调程度，在选择指标时应考虑以下原则。

客观性原则：指标体系必须要以客观现实为依据，有充分关于新型城市化与生态环境两者相互联系的理论依据，从而客观地认识两者的现状。

整体性原则：选取指标时，必须从整体出发，充分考虑新型城市化和生态环境的各个重要影响因子，才能最终揭露出两者的主要特征和内在联系。

可操作性原则：新型城市化系统和环境评估系统在各个方面都需要不同的数据，因此搜集数据比较困难，因此在选择指标时要优先选择相对容易找到 2004—2018 年期间的完整数据。

（二）新型城市化综合评价指标体系构建

根据评价指标的客观性、整体性和可操作性的原则，从人口、经济、空间和社会等 4 个方面的城市化相关资料，挑选出 13 个基本指标，综合构建长江经济带新型城市化评价指标体系（表 4-1）。

表 4-1 长江经济带新型城市化评价指标体系

基准指标层		基本评价指标层	单位	性质
新型城市化	人口城市化（x_1）	城镇人口比重（x_{11}）	%	正
		城市人口密度（x_{12}）	%	正
		第三产业从业人口比重（x_{13}）	cap/km^2	正
	经济城市化（x_2）	人均 GDP（x_{21}）	Yuan	正
		第二产业占 GDP 比重（x_{22}）	%	正
		第三产业占 GDP 比重（x_{23}）	%	正
		城市居民人均可支配收入（x_{24}）	yuan/cap	正
	空间城市化（x_3）	城市人均居住面积（x_{31}）	m^2/cap	正
		建成区面积（x_{32}）	km^2	正
		人均道路面积（x_{33}）	m^2/cap	正
	社会城市化（x_4）	每千人口拥有医生数（x_{41}）	Cap	正
		受大学教育人口比例（x_{42}）	%	正
		城镇失业率（x_{43}）	%	负

（三）生态环境综合评价指标构建

生态环境能够为新型城市化的发展提供必要的基础资源，同时也会受到反向的影响与威胁。本节根据新型城市化与生态环境的相互联系与作用，借鉴 P-S-R 模型，根据评价指标客观性、整体性和可操作性的原则，从生态环境压力、生态涵养能力以及环境治理水平 3 个方面，综合构建长江经济带生态环境评价指标体系（表 4-2）。

表 4-2　长江经济带生态环境评价指标体系

	基准指标层	基本评价指标层	单位	性质
生态环境	生态环境压力（y_1）	工业废水排放量（y_{11}）	万吨	负
		工业烟尘排放量（y_{12}）	万吨	负
		工业二氧化硫排放量（y_{13}）	万吨	负
	生态涵养能力（y_2）	人均水资源量（y_{21}）	L/cap	正
		城市绿化覆盖面积（y_{22}）	公顷	正
		人均公园绿地面积（y_{23}）	m²/cap	正
		造林总面积（y_{24}）	千公顷	正
	环境治理水平（y_3）	工业固体废弃物综合利用率（y_{31}）	%	正
		生活垃圾清运量（y_{32}）	万吨	正
		污水处理率（y_{33}）	%	正

（四）权重确定

权重会影响各个指标对目标对象的反映准确程度，因此客观地确定各个指标的权重，能够在一定程度上保证数据分析评价的客观准确性。根据以往研究的结果，权重确定方法一般可分为三大类，即主观加权法、客观加权法和主客观加权法（组合加权法）。主观加权法主要由专家根据主观经验确定。客观加权法是指利用实际数据通过各个指标，经过一定的处理得到权重，如熵值法、变异系数法等。本节采用变异系数法确定各指标的权重，公式如下：

$$\delta_i = \frac{D_i}{\overline{U}_i} \qquad (4-3)$$

$$W_i = \frac{\delta_i}{\sum_{i=1}^{n} \delta_i} \qquad (4-4)$$

式中，δ_i 为第 i 项指标的变异系数，D_i 为第 i 项指标的标准差，$\overline{U}_i$

为第 i 项指标的均值，W_i 为第 i 项指标的权重。

各指标权重的计算结果见表 4 - 3。其中，基础评价指标层的权重由变异系数法计算，而基础层的权重是基本评价指标层的权重之和。

表 4 - 3　长江经济带新型城市化与生态环境指标体系及权重

系统层	子系统	权重	指标因子	指标属性	权重
新型城市化	人口城市化	0.174 6	城镇人口比重（%）	正	0.045 4
			城市人口密度（%）	负	0.087 2
			第三产业从业人口（cap/千米²）	正	0.042 0
	经济城市化	0.413 3	人均 GDP（元）	正	0.185 8
			第二产业占 GDP 比重（%）	正	0.019 0
			第三产业占 GDP 比重（%）	正	0.034 8
			城市居民人均可支配收入（元/cap）	正	0.173 6
	空间城市化	0.235 9	城市人均居住面积（米²/cap）	正	0.080 8
			建成区面积（千米²）	正	0.092 3
			人均道路面积（米²/cap）	正	0.062 8
	社会城市化	0.176 2	每千人口拥有医生数（cap）	正	0.057 8
			受大学教育人口比例（%）	正	0.084 6
			城镇失业率（%）	负	0.033 8
生态环境	生态环境压力	0.254 8	工业废水排放量（万吨）	负	0.066 6
			工业烟尘排放量（万吨）	负	0.105 9
			工业二氧化硫排放量（万吨）	负	0.082 3
	生态涵养能力	0.501 9	人均水资源量（升/cap）	正	0.050 9
			城市绿化覆盖面积（公顷）	正	0.147 4
			人均公园绿地面积（米²/cap）	正	0.113 3
			造林总面积（千公顷）	正	0.190 2
	生态环境治理水平	0.243 3	工业固体废弃物综合利用率（%）	正	0.022 5
			生活垃圾清运量（万吨）	正	0.108 8
			污水处理率（%）	正	0.112 0

二、协调模型构建

为了能够更深层次地反映新型城市化与生态环境的相互作用与综合效

益，进一步计算新型城市化与生态环境协调发展的情况，本节构建了新型城市化与生态环境协调度计算模型，并以此作为判断两个系统协调发展情况依据。新型城市化与生态环境协调度计算模型如下。

新型城市化与生态环境耦合度计算公式：

$$C=\left\{\frac{f_x \cdot g_y}{\left[\frac{1}{2}(f_x+g_y)\right]^2}\right\} \tag{4-5}$$

式中，$C(0 \leqslant C \leqslant 1)$ 为耦合度，C 越大则耦合度越高，C 越小则耦合度越小。f_x 为新型城市化综合指数，g_y 为生态环境综合指数。

耦合度可以反映新型城市化与生态环境的互相作用程度，但不足以完全反映出两者之间的协调程度，因此基于耦合度模型建立耦合协调度模型，更好地评判新型城市化与生态环境两系统的协调发展程度，其计算公式为：

$$D=\sqrt{C \times S} \tag{4-6}$$
$$S=af_{(x)}+bg_{(y)} \tag{4-7}$$

式中，$D(0 \leqslant D \leqslant 1)$ 为耦合协调度；C 为耦合度；S 为新型城市化与生态环境两系统的综合协调指数，a、b 分别为新型城市化和生态环境在系统中的权重，由于新型城市化与生态环境在系统中的重要性相等，所以 $a=b=0.5$。

为了更好地研究新型城市化与生态环境的协调性，依据耦合协调度 D 及新型城市化综合指数 $f_{(x)}$ 和生态环境综合指数 $g_{(y)}$ 的大小，本章将耦合协调类型进行如表 4-4 所示的划分。

表 4-4　新型城市化与生态环境两系统耦合协调类型划分

类型	划分依据	亚类型	划分依据	子类型
协调发展	$0.9 \leqslant D \leqslant 1$	高级协调	$f_x-g_x>0.1$	高级协调—新型城市化受阻型
			$g_x-f_x>0.1$	高级协调—生态环境受阻型
			$0<\|f_x-g_x\| \leqslant 0.1$	高级协调—同步受阻型
	$0.7 \leqslant D < 0.9$	优化协调	$f_x-g_x>0.1$	优化协调—新型城市化受阻型
			$g_x-f_x>0.1$	优化协调—生态环境受阻型
			$0<\|f_x-g_x\| \leqslant 0.1$	优化协调—同步受阻型

（续）

类型	划分依据	亚类型	划分依据	子类型
转型发展	$0.5{\leqslant}D{<}0.7$	基本协调	$f_x-g_x{>}0.1$	基本协调—新型城市化受阻型
			$g_x-f_x{>}0.1$	基本协调—生态环境受阻型
			$0{<}\lvert f_x-g_x\rvert{\leqslant}0.1$	基本协调—同步受阻型
不协调发展	$0.3{\leqslant}D{<}0.5$	不协调	$f_x-g_x{>}0.1$	不协调—新型城市化滞后型
			$g_x-f_x{>}0.1$	不协调—生态环境滞后型
			$0{<}\lvert f_x-g_x\rvert{\leqslant}0.1$	不协调—同步滞后型
	$0{\leqslant}D{<}0.3$	严重不协调	$f_x-g_x{>}0.1$	严重不协调—新型城市化滞后型
			$g_x-f_x{>}0.1$	严重不协调—生态环境滞后型
			$0{<}\lvert f_x-g_x\rvert{\leqslant}0.1$	严重不协调—同步滞后型

第五节　新型城市化与生态环境协调性实证研究

一、长江经济带新型城市化系统综合水平分析

(一) 长江经济带人口城市化时序分析

从表4-2中可以看出，长江经济带人口城市化的总体权重为0.1746，对于整个经济带新型城市化综合发展有着不可忽视的作用。在此基本评价指标层中，影响作用最大的是城市人口密度，其次为第三产业从业人口比重和城镇人口比重。

2004—2018年间，长江经济带人口城市化发展水平大致呈现缓慢增长趋势，如图4-2所示。人口城市化水平从2004年的0.0011增长为2018年的0.1746，增长速度相对较缓和。

长江经济带人口城市化在2004—2018年主要包括两个阶段：2004—2006年人口城市化处在相对较快上升阶段，是由于中央政策"十五"和"十一五"的推动，城市人口密度迅速增加。2006—2018是稳步上升阶段，这一时期主要原因在于国务院印发《关于依托黄金水道推动长江经济带发展的指导意见》中提出，创新有助于推动产业升级，并充分促进新的城市化，城市人口密度的迅速增长和城市发展的推进，促使更多的人进入城市，促进了人口城市化水平的提高。

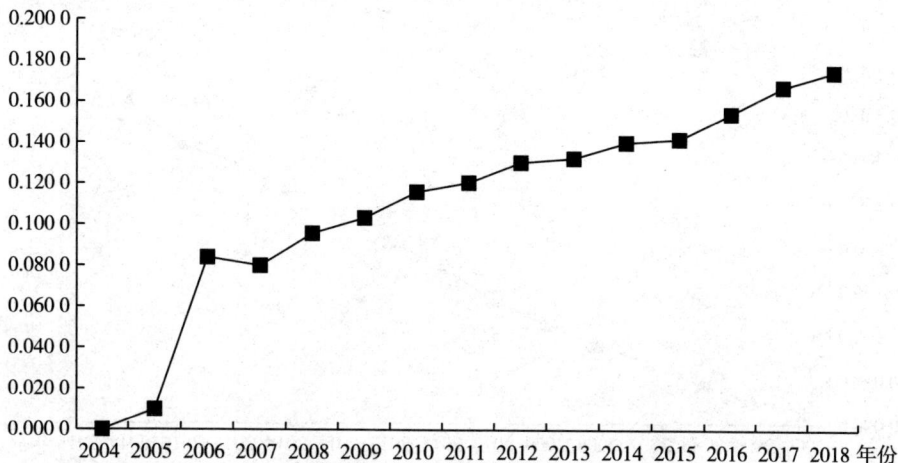

图 4-2　长江经济带 2004—2018 年人口城市化水平演变趋势

（二）长江经济带经济城市化时序分析

从表 4-3 中的数据我们可以看出，长江经济带经济城市化的总体权重为 0.413 3，比例在整个城市化综合水平中最大，说明经济城市化是长江经济带城市化进程中影响最大的因素，有着举足轻重的作用。在基础指标中，人均 GDP 和城市居民人均可支配收入占比最大，有着最重要的作用，说明人均生产总值和城市居民人均可支配收入的高低对于经济城市化有非常大的影响。

2004—2018 年间长江经济带经济城市化水平稳步发展，如图 4-3 所示。经济城市化的指标由 2004 年的 0.012 9 上升到 2018 年的 0.396 2，提升了将近 30 倍，说明城市化与经济发展的关系十分密切。原因在于各省响应国家"十五""十一五""十二五"规划，积极开展经济社会建设；另外，《长江经济带发展规划纲要》的印发确立了长江经济带"一轴、两翼、三极、多点"的发展新格局。"一轴"以长江水道为基础，最大程度发挥沪、鄂、渝的中心作用，建设绿色发展轴线；"两翼"是指沪瑞和沪蓉之间的两条主要交通通道，促进交通互相联系；"三极"是指长江三角洲、长江中游和成都重庆三大城市群，充分发挥中心城市的辐射作用，打造长江经济带的三大增长极；"多点"是指充分重视三大城市群与其他城市的配套作用，促进区域经济协调发展。

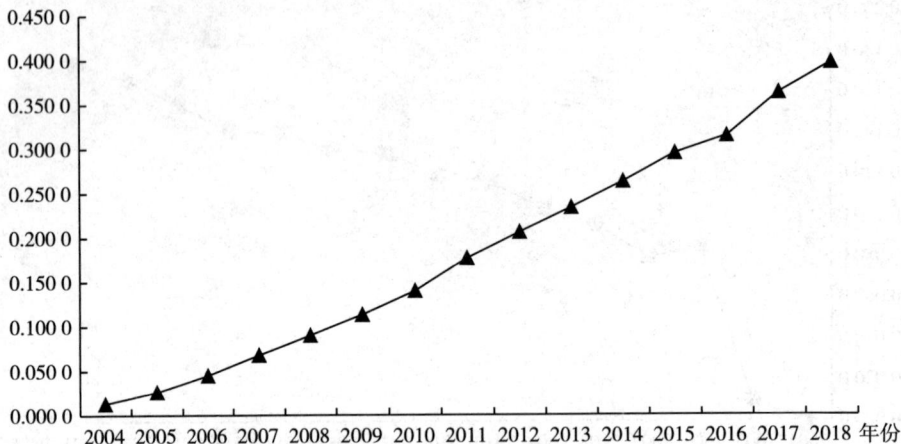

图 4-3　长江经济带 2004—2018 年经济城市化水平演变趋势

（三）长江经济带空间城市化时序分析

从表 4-3 中数据可以得出，空间城市化在城市化中的总体权重为 0.235 9，仅次于经济城市化，也是城市化综合水平的重要组成部分。在空间城市化中，人均居住面积、人均道路面积和建成区面积三者的重要性不分上下，但建成区面积相对影响较大。

长江经济带 2004—2018 年间空间城市化水平不断上升，如图 4-4 所示。指标从 2004 年的 0.001 2 上升到了 2018 年的 0.235 9，发展十分迅速，说明长江经济带在城市化过程中对于城市空间十分重视。发展迅速的原因在于这几年间长江经济带加强了对开发区和工业园区的支持，容纳更多不同类型的产业进入园区，加快了多样化发展。同时落实特大城市新产业集中区规划建设，慢慢将最重要的城市地区一些功能转移到城市外部。

（四）长江经济带社会城市化时序分析

随着人民生活水平逐渐提高，经济社会持续发展，社会医疗保障、人民身体健康、受教育程度以及就业问题也成为人们生活中不可忽视的部分。从表 4-3 中可以看出，社会城市化的总体权重为 0.176 2，相对于其他指标来说对于城市化的影响较小，但也不容忽视。其中受大学教育人口比例在社会城市化中占比较大，说明大学教育的发展是推动社会城市化的重要动力之一。

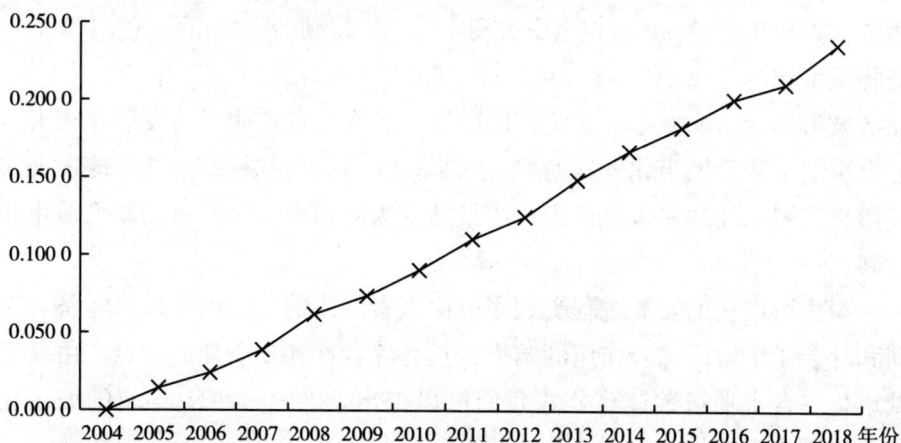

图 4-4　长江经济带 2004—2018 年空间城市化水平演变趋势

长江经济带 2004—2018 年间社会城市化水平稳步上升，如图 4-5 所示。指标从 2004 年的 0.001 1 上升到了 2018 年的 0.176 2。这种变化表明，在这十五年里，长江经济带的文化、教育与卫生事业在城市化发展的同时，有着持续发展的态势，人民的就业情况有所改善，生活水平不断提高。

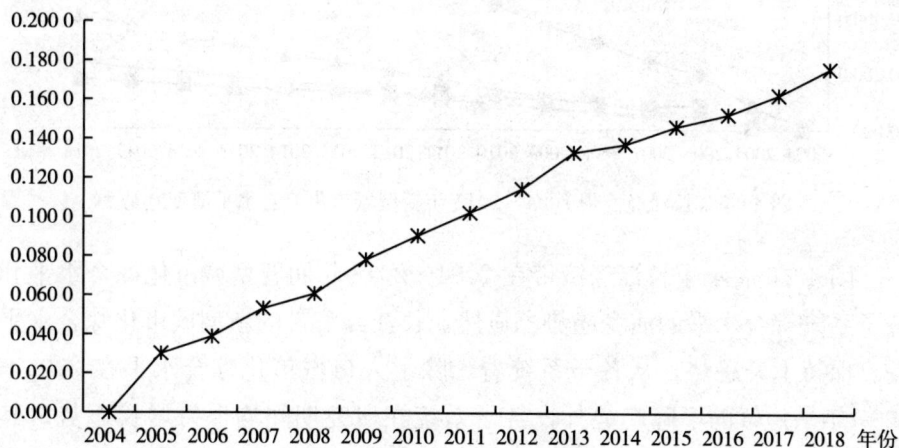

图 4-5　长江经济带 2004—2018 年社会城市化水平演变趋势

（五）长江经济带新型城市化综合水平时序分析

对表 4-3 中新型城市化系统中的子系统人口城市化、经济城市化、空间城市化和社会城市化按权重由大到小排序，得到经济城市化（0.413 3)＞空间城市化（0.235 9)＞社会城市化（0.176 2)＞人口城市化（0.174 6)。经济城市化对新型城市化系统发展的影响最大，这说明经济发展在很大程度上决定了新型城市化发展的综合水平；人口城市化权重最低，侧面证实城市化发展已经从追求城市人口数量转变为向追求人口质量的新型城市化发展。

新型城市化的发展进程受到多方面因素的影响，是由人口、经济、空间和社会4个层面综合作用的结果，具有综合性和复杂性的特点。由新型城市化综合水平指数计算公式我们可以得出，2004—2018年间的城市化综合水平快速增长，如图4-6所示。

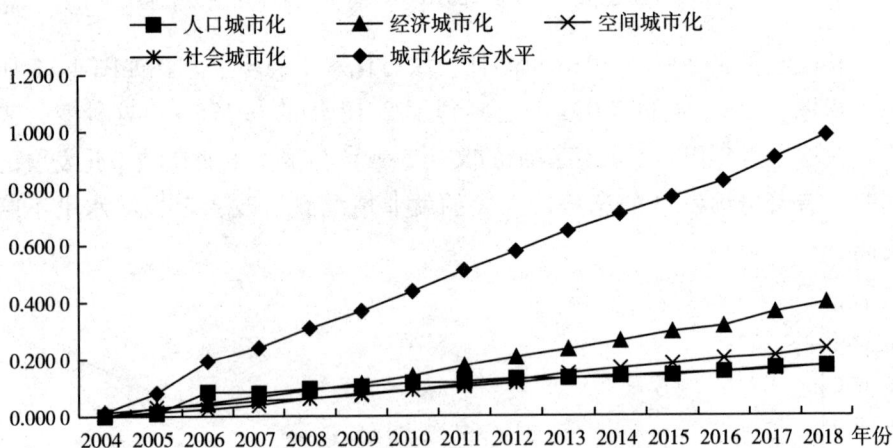

图 4-6 长江经济带 2004—2018 年新型城市化综合水平演变趋势

图4-6展示了长江经济带在2004—2018年间新型城市化综合水平和各子系统综合水平的演变趋势。显然，长江经济带的新型城市化综合水平一直保持上升趋势，从各子系统看，除了人口城市化综合水平在2006—2007年呈短暂的下降趋势外，各子系统在研究期间均保持增长态势。其中经济城市化综合水平增长幅度最大，这也从侧面印证了经济城市化对新型城市化综合水平的贡献最大；其次是空间城市化与社会城市化，综合水平一直处于上升趋势，增幅略低于经济城市化；人口城市化综合水平整体发展缓慢，说明新型城市化更加注重人口质量的发展，2006—2007年长

江经济带由于城市化发展前期人口加速集中，人口密度作为负项指标，其快速增加对人口城市化发展带来负向影响。而长江经济带作为国家重点实施的"三大战略"之一，新型城市化建设对我国区域发展战略布局起到举足轻重的作用，2016 年 9 月，《长江经济带发展规划纲要》正式印发，提出要积极推动新型城市化建设，形成区域联动、结构合理、集约高效、绿色低碳的新型城市化格局，为长江经济带新型城市化建设提供了强有力的政策支持。此后，长江经济带新型城市化的发展模式由单纯的人口驱动模式向多元化发展转变，呈现为"下游高，中游中，上游低"的梯度流动性格局，基于区域内部新型城市化水平差异，长江经济带新型城市化建设实施加快，城市发展模式不断完善，新型城市化进程在稳步推进。

二、长江经济带生态环境系统综合水平分析

（一）长江经济带生态环境压力时序分析

生态环境压力是指人类生产和生活活动所造成的不同程度的污染，主要体现在污染物的排放上。从表 4-3 中权重数据可以得出，生态环境压力的总体权重为 0.254 8，在 3 个所选因素中仅次于生态涵养能力。其中，工业（烟）粉尘排放量大小，对于生态环境压力有着最明显的影响。

图 4-7 展示了长江经济带在 2004—2018 年生态环境压力演变趋势，在这 15 年间，长江经济带的生态环境压力呈现波动上升的趋势，从 2004 年的 0.049 6 上升到了 2018 年的 0.254 8。2004—2013 年，生态环境压力处于缓慢波动上升的阶段，由于国家经济稳步发展，长江经济带的工业也不断发展，废气废水等排放量也随之增大；2014 年起生态环境压力水平迅速上升，增长了一倍有余，这是因为当年秋季，国务院印发了《关于依托黄金水道推动长江经济带发展的指导意见》，计划将经济带发展为能够影响全球的内河经济带、东中西互动与合作协调开发带。这一部署推进了长江经济带经济社会发展，尤其是工业和服务业，导致工业产生污染物的总量变大，带来了更大的生态环境压力。

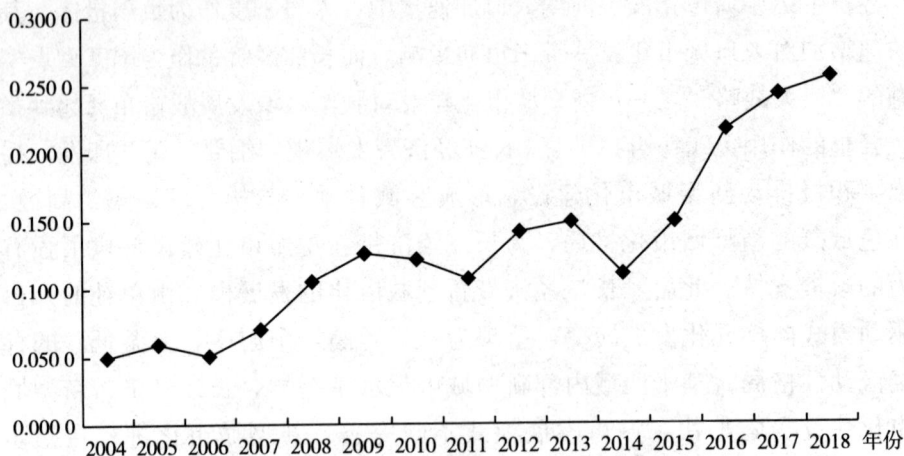

图 4 - 7　长江经济带 2004—2018 年生态环境压力演变趋势

（二）长江经济带生态涵养能力时序分析

从表 4 - 3 中可以看出，生态涵养能力的权重达到了 0.501 9，超过了生态环境综合水平指数的一半，说明大自然本身的生态涵养能力是生态环境水平的根基。其中造林总面积和城市绿化覆盖面积在生态涵养能力水平中占比靠前，说明这两者的发展能够快速提升生态涵养能力。

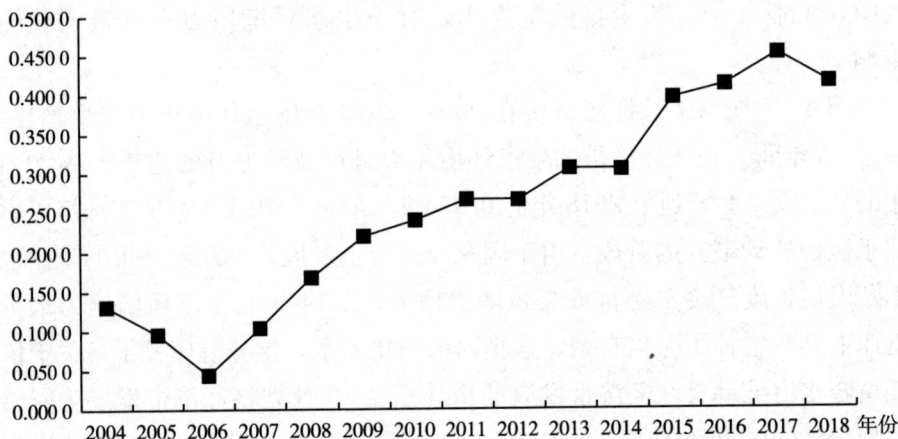

图 4 - 8　长江经济带 2004—2018 年生态涵养能力演变趋势

图 4 - 8 展示了长江经济带在 2004—2018 年生态涵养能力演变趋

势，从 2004 年的 0.130 9 上升到了 2018 年的 0.414 6，总体呈现出波动上升的趋势，大致可分为 3 个阶段：2004—2006 年，生态涵养能力下降到了 0.043 8，主要原因在于改革开放以来，长江经济带由于交通便利，经济发展迅速，但快速发展的背后是生态涵养能力的不断下降；2006—2014 年，各地政府开始重视生态环境保护，采取了一系列措施，使得生态环境自身的涵养能力不断提高，因此生态涵养能力水平稳步上升。比如，各省市加大了"三水共治"力度，优化了长江法律保障和负面清单管理，落实了"三线一单"约束，以持续改善长江水质为中心，整体促进水污染控制、水域恢复和水资源整体保护。2014—2018 年，生态涵养能力水平迅速上升，这是区域性中心城市建设的结果。首先各地政府重视"绿色城市"的发展，逐渐减少能源消耗和废气废水排放，不断提高建设资源利用率，从而建设人与自然和谐共生的可持续发展城市。

（三）长江经济带环境治理水平时序分析

环境治理水平是指通过绿色科学技术或者强化环境治理等办法，从而实现环境净化，改善生态环境的能力。从表 4-3 中可以得出，环境治理水平的总体权重为 0.243 3，与生态环境压力的权重不相上下，是生态环境整体水平发展的重要组成部分。其中，环境治理水平主要受到生活垃圾清运量和污水处理率的影响。

图 4-9 展示了长江经济带在 2004—2018 年环境治理水平演变趋势，2004—2018 年长江经济带环境治理水平稳步上升，从 2004 年的 0.014 7 上升到了 2018 年的 0.243 3。尤其是 2006—2010 年间增长速度加快，这是因为长江经济带继续坚持生态保护与污染防治并举、经济建设与环境保护并重的原则，根据资源和环境承载力，合理确定上游地区城镇规模。在深入推动长江经济带发展座谈会上，中央领导人发表重要讲话强调，正确把握整体推进和重点突破的关系，全面做好长江生态环境保护修复工作。[①]

---

① 习近平. 在深入推动长江经济带发展座谈会上的讲话 [J]. 求是，2019（17）.

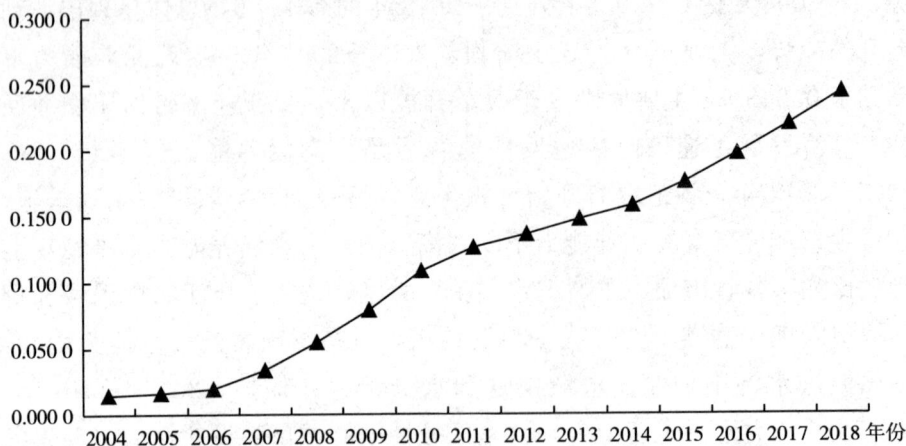

图 4 - 9 长江经济带 2004—2018 年环境治理水平演变趋势

(四) 长江经济带生态环境综合水平时序分析

对表 4 - 3 生态环境子系统中生态环境压力、生态涵养能力以及生态环境治理水平按权重由大到小排序得到：生态涵养能力（0.501 9）＞生态环境压力（0.254 8）＞生态环境治理水平（0.243 3），可以看出生态涵养能力在生态环境系统中具有较高的贡献份额。

生态环境综合水平受到多方面因素的综合影响，长江经济带的水平指数表现出波动性上升的趋势，从 2004 年的 0.195 2 上升到 2018 年的 0.912 8，如长江经济带在 2004—2018 年环境治理水平演变趋势（图 4 - 10）所示。随着经济社会发展，科学技术水平不断提高，政府不断增加对于生态环境保护的投资以及清洁能源的使用，2018 年的环境整体水平指数是 2004 年的近 4 倍。

图 4 - 10 展示了长江经济带 2004—2018 年间生态环境及其各子系统综合水平的变化趋势。生态环境综合水平在整体上呈现出波动性上升的趋势，其中，2004—2006 年明显下降，2006—2013 年平缓上升，2013—2014 年再次下降，2014—2018 年快速上升，总的发展态势呈"W"型。从整体趋势看，各子系统在 2004—2018 年期间总体保持增长态势，且态势具有趋同性，即 2004—2006 年各子系统水平呈现短期下降，2006—2014 年缓慢上升，2014—2018 年直线上升，其中各子系统综合水平由高

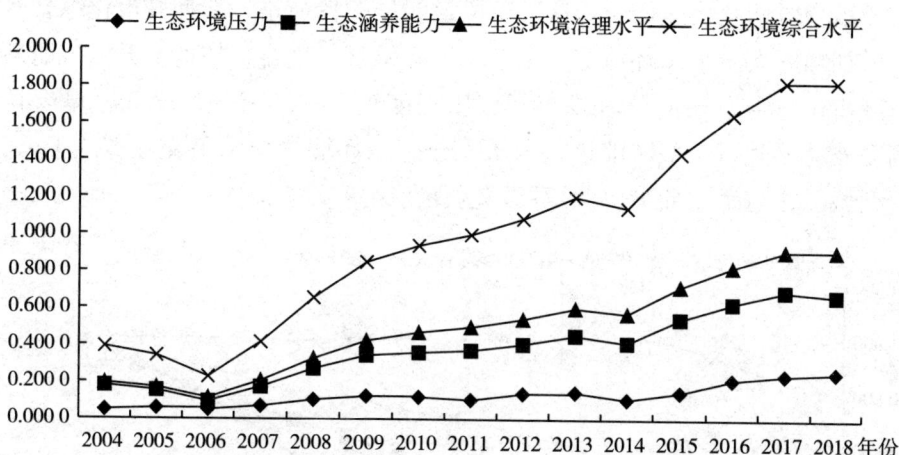

图 4 - 10　长江经济带 2004—2018 年生态环境综合水平演变趋势

到低排序为生态治理能力＞生态涵养能力＞生态环境压力。长江经济带沿长江分布，水资源丰富，生态系统多样，虽不同区域环境状态存在差异，但总体生态基础良好。长江经济带城市化快速发展前期，工业和服务业快速发展，工业产生污染物的总量变大，为生态环境带来了压力，生态涵养能力和生态环境治理水平下降，生态环境遭到一定程度的破坏。随着长江经济带新型城市化的发展，"先污染后治理"的老路逐渐被"坚持生态保护与污染防治并举、经济建设与环境保护并重的原则"所替代，根据生态资源和环境承载力，合理确定新型城市化发展规模。长江经济带作为国家新型城市化建设的重点地区，"共抓大保护，不搞大开发"，在稳步推进新型城市化进程中，生态环境综合水平也在逐步提升。

三、长江经济带新型城市化系统与生态环境系统协调度的时序分析

总体来看，长江经济带的新型城市化与生态环境耦合协调度呈现出明显的上升趋势（图 4 - 11），从 2004 年的 0.155 6 提高至 2018 年的 0.972 9（表 4 - 5），其间，耦合协调经历了从严重不协调到高级协调的 5 种类型，说明 2004—2018 年新型城市化与生态环境协调发展态势逐渐向好。值得注意的是，耦合协调度在以下两个阶段的变化趋势存在差异：2004—2005

年：耦合协调度快速增长，这一阶段最明显的特征是，新型城市化综合水平增加幅度大于生态环境综合水平的下降幅度，耦合度快速上升，说明新型城市化与生态环境此阶段相互作用程度较大；2005—2018 年：耦合协调度波动上升，新型城市化综合水平与生态环境综合水平交互螺旋上升，新型城市化与生态环境协调发展，耦合度保持较高水平。

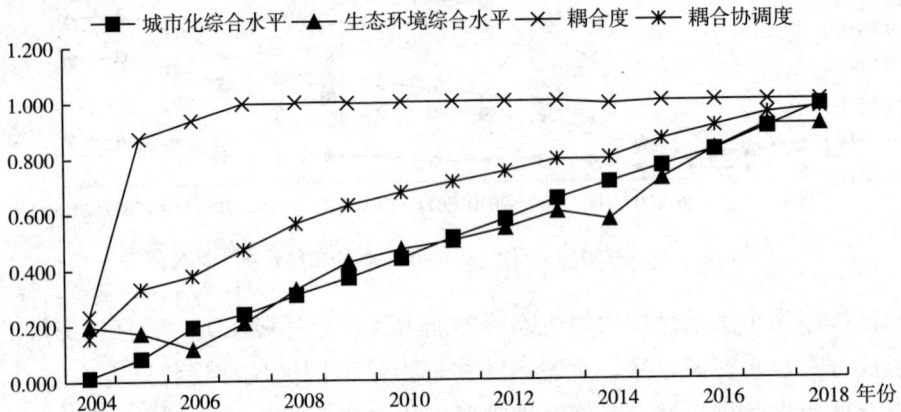

图 4-11 长江经济带 2004—2018 年城市化与生态环境系统耦合协调度变化趋势

表 4-5 2004—2018 年长江经济带新型城市化与生态环境耦合协调度

年份	f_x	g_y	C	S	D	耦合协调度子类型
2004	0.012 9	0.195 2	0.232 9	0.104 0	0.155 6	严重不协调—生态环境滞后
2005	0.080 7	0.171 0	0.871 3	0.125 8	0.331 1	不协调—同步滞后
2006	0.192 1	0.114 0	0.935 0	0.153 0	0.378 3	不协调—同步滞后
2007	0.239 9	0.207 2	0.994 6	0.223 6	0.471 5	不协调—同步滞后
2008	0.308 3	0.327 4	0.999 1	0.317 9	0.563 5	基本协调—同步受阻
2009	0.368 1	0.424 5	0.994 9	0.396 3	0.627 9	基本协调—同步受阻
2010	0.436 7	0.469 5	0.998 7	0.453 1	0.672 7	基本协调—同步受阻
2011	0.509 9	0.499 2	0.999 9	0.504 5	0.710 3	优化协调—同步受阻
2012	0.575 7	0.543 1	0.999 1	0.559 4	0.747 6	优化协调—同步受阻
2013	0.647 8	0.601 6	0.998 6	0.624 7	0.789 8	优化协调—同步受阻
2014	0.707 3	0.572 3	0.988 9	0.639 8	0.795 4	优化协调—新型城市化受阻
2015	0.765 3	0.719 1	0.999 0	0.742 2	0.861 1	优化协调—同步受阻

（续）

年份	f_x	g_y	C	S	D	耦合协调度子类型
2016	0.821 8	0.824 5	1.000 0	0.823 2	0.907 3	高级协调—同步受阻
2017	0.903 3	0.912 7	1.000 0	0.908 0	0.952 9	高级协调—同步受阻
2018	0.982 9	0.912 8	0.998 6	0.947 8	0.972 9	高级协调—同步受阻

分析表 4-5 可知，长江经济带在 2004—2018 年耦合协调度经历 5 种类型，从耦合协调度子类型来看，协调度子类型除 2004 年为严重不协调—生态环境受阻型以及 2014 年优化协调—城市化受阻之外，其余年份均处于新型城市化与生态环境同步受阻型。结合图 5 易知，长江经济带新型城市化发展前期，综合水平增幅过大，导致综合水平不断下降的生态环境系统不能满足新型城市化快速发展的需求，生态环境质量是制约新型城市化与生态环境耦合协调发展的因素；经过 2005—2013 年两者的磨合耦合，2014 年新型城市化与生态环境达到优化协调，新型城市化发展为生态环境发展提供了一定的物质基础，且发展受到生态环境的制约，此时生态环境综合水平增幅大于新型城市化综合水平增幅，新型城市化水平成为制约两者耦合协调发展的因素；2016 年开始，新型城市化与生态环境进入高级协调发展阶段。可见，长江经济带新型城市化与生态环境相互作用彼此影响，经历了 9 年的耦合磨合阶段，耦合协调发展逐年向好，实现耦合协调的良性发展。

四、长江经济带新型城市化系统与生态环境系统协调度的空间分析

选取 2007 年、2015 年和 2018 年长江经济带新型城市化与生态环境耦合协调度作为代表年份，计算各省市耦合度以及耦合协调度（表 4-6），对其进行空间格局演变分析（图 4-12）。

2007 年长江经济带的总体耦合协调度为 0.471 5，新型城市化与生态环境整体处于不协调状态。不协调发展类型的省市数量最多，达 10 个，其中浙江、江苏、安徽、湖北、湖南、重庆、江西 7 个省市耦合协调度处于 0.3～0.5 区间，属于不协调型；四川、云南、贵州 3 个省耦合协调度

在 0～0.3 区间，属于严重不协调型，上海市是唯一一个处于基本协调型的城市。

表 4-6　2007 年、2015 年、2018 年长江经济带
各省市耦合度以及耦合协调度

地区	2007		2015		2018	
	C	D	C	D	C	D
浙江	0.913 8	0.434 9	0.935 5	0.810 0	0.941 8	0.954 7
江苏	0.963 8	0.464 1	0.997 6	0.803 5	0.999 1	0.907 5
上海	0.975 4	0.555 7	0.996 0	0.856 9	0.997 8	0.961 7
安徽	0.925 6	0.382 6	0.987 0	0.621 5	0.991 2	0.825 4
湖南	0.940 5	0.376 1	0.990 9	0.617 0	0.992 8	0.823 7
湖北	0.946 3	0.373 6	0.995 1	0.609 5	0.997 4	0.813 5
江西	0.939 8	0.376 4	0.989 8	0.617 6	0.985 3	0.833 3
四川	0.935 8	0.278 9	0.988 2	0.420 6	0.992 9	0.623 5
重庆	0.933 7	0.479 0	0.995 5	0.608 2	0.997 1	0.813 9
云南	0.937 3	0.277 5	0.980 2	0.429 1	0.984 5	0.634 3
贵州	0.963 2	0.264 1	0.983 0	0.526 4	0.990 1	0.627 2

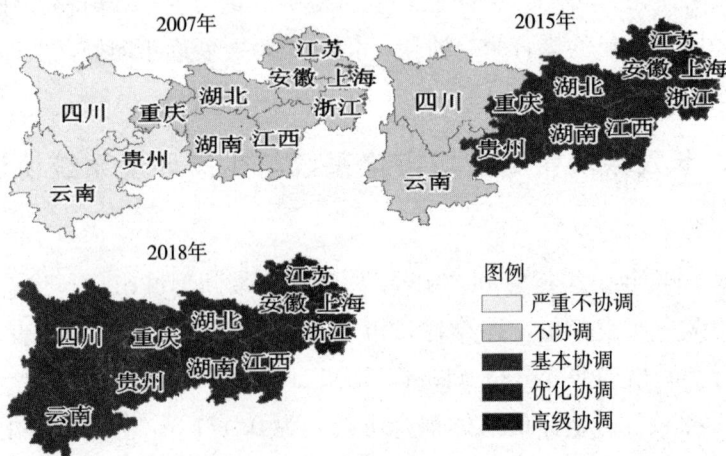

图 4-12　长江经济带新型城市化与生态环境耦合协调度空间分布

2015 年长江经济带所有省市的新型城市化与生态环境耦合协调度都

不同程度地得到了提高，耦合协调度上升到 0.861 1，整体的耦合协调水平达到了优化协调。其中，处于协调发展类型的省市有 3 个，上海市、浙江省以及江苏省达到了优化协调，耦合协调度在 0.7～0.9 区间；处于转型发展状态的省市增多，安徽、江西、湖北、湖南、重庆、贵州都属于基本协调型，耦合协调度在 0.5～0.7 区间；处于不协调发展状态的只有云南和四川两省。

2018 年，长江经济带整体耦合协调水平大幅度提升，耦合协调度为 0.972 9，达到了高级协调。上海、浙江以及江苏新型城市化与生态环境的耦合协调水平依然最高，属于高级协调，耦合协调度在 0.9～1 区间；属于优化协调的有安徽、湖北、湖南、重庆、江西等 5 个省市；四川、贵州、云南三省依然处于转型发展状态，属于基本协调型。

整体上看，长江经济带新型城市化与生态环境协调发展水平在空间上呈"东高西低—阶梯下降"的特点，地域特征明显。2007 年，长江经济带新型城市化与生态环境整体耦合协调水平不高，空间呈"二分格局"分布；相比 2007 年，随着长江经济带"经济建设与环境保护并重"发展理念的加强，2015 年新型城市化与生态环境耦合协调性优化，各省市耦合协调水平显著提高，长江经济带上中下游新型城市化与生态环境耦合协调水平呈显著差异，东部下游省市上海、浙江和江苏由于新型城市化的快速发展，耦合协调水平远高于其他省市，西部上游省市四川和云南由于经济增长模式较为传统，基础设施落后，第三产业不发达，新型城市化发展较慢，生态环境综合水平高于新型城市化的综合水平，仍处于不协调状态。2018 年长江经济带所有省市进入协调发展和转型发展状态，区域内部耦合协调水平差异缩小，但仍明显存在新型城市化与生态环境耦合协调水平与长江流域呈反梯度特征，即存在"下游地区＞中游地区＞上游地区"，有着与经济水平发展相同的格局。

第六节　结论及建议

一、结论

本研究在参考中国及国外关于城市化与生态环境协调度研究成果的基

础上，建立了长江经济带新型城市化和生态环境协调评价指标体系，根据建立的评价指标体系，对研究地区新型城市化与生态环境综合指标进行时间序列分析，运用协调模型分析研究地区的相关协调关系。主要总结为以下几点。

（1）2004—2018年间长江经济带的各项城市化水平指标都不断上升，其中经济城市化的发展速度是最快的，主要得益于国家发展规划与长江经济带相关政策的印发。生态环境水平发展方面，十五年来长江经济带的生态环境压力和生态涵养能力呈波动上升趋势，浮动相对较大，而环境治理水平稳步上升。

（2）长江经济带新型城市化综合水平整体呈上升趋势，经济城市化对新型城市化综合水平的发展贡献总量最高；生态环境综合水平在整体上呈现出波动性上升的趋势，2004—2006年明显下降，2006—2013年平缓上升，2013—2014年再次下降，2014—2018年快速上升，总的发展态势呈"W"型，其中生态涵养能力在生态环境系统中具有较高的贡献份额。

（3）2004—2018年长江经济带的新型城市化与生态环境耦合协调度呈现明显上升趋势，经历了9年的耦合磨合时期，耦合协调经历了从严重不协调—不协调—基本协调—优化协调—高级协调5种类型，新型城市化与生态环境协调发展态势逐渐向好。

（4）整体上看，长江经济带新型城市化与生态环境协调发展水平在空间上呈"东高西低——阶梯下降"的特点，地域特征明显。其中，2007年呈现"二分格局"。随着新型城市化与生态环境耦合协调水平不断提升，长江经济带内部耦合协调度差异减小，表现出新型城市化与生态环境耦合协调水平与长江流域呈反梯度特征，即存在"下游地区＞中游地区＞上游地区"。

二、建议

（1）缩小新型城市化与生态环境系统中各子系统的差距，均衡推进新型城市化进程，提高生态环境系统综合水平。以人口城市化为突破点，提高人口质量，提高城市承载力；加快转变经济发展方式，合理选择产业以及规划布局，增强空间城市化的发展；重点发展经济城市化与社会城市化。同时，提供资源利用效率，降低废弃物排放强度，努力构建新型绿色环保型城市；对长江全流域实施生态补偿机制；制定科学合理的城市规划，加大环境联防联治工作力度，从国家立法层面保障生态环境质量。

（2）加快长江经济带区域一体化，缩小区域发展差异。上游省市经济以新型城市化发展为主，充分挖掘并发挥区域价值，提升区域整体经济水平，充分融入长江经济带；中下游城市要防止"粗放型"的新型城市化发展，控制特大型城市人口，提高土地空间利用效率，缓解资源环境承受能力的突出问题，优化产业结构，提高长江经济带整体竞争力，进而促进长江经济带协调一体化发展。

第五章　城市化的成本分析

——以浙江省为例

　　由于宏观经济政策和社会经济发展的双重促进，城市化进程不断推进，这是国家经济发展的必然趋势。首先，城市化过程同时也面临着所衍生出的一系列城市问题，如城市的聚集效应使人口、企业源源不断地涌入城市，废水、废气、废渣以及生活垃圾的大量排放给城市生产与生活环境构成了日益严重的威胁。其次，大量人口的涌入致使城市对住房及道路交通的需求急速上升，住房紧张、交通拥挤已成为城市扩张增长过程中的普遍现象。第三，城市成长过程中所出现的不同收入阶层并存、贫富差距加大、下岗职工再就业、流动人口子女入学、老年人口养老保障等问题日益凸显。城市建设、发展和治理等需要大量的投资，有专家预测到2050年，中国城市人口将达到1亿，按2000年不变价格计算，城市化成本将达1万亿元，每年支付3 000亿～3 500亿元城市化成本。一方面城市发展面临严重的资金问题，而另一方面中国的城市化进程始终没有脱离政府直接的行政干预，属于较为典型的政府主导型城市化。因此，在国家提出建设资源节约与环境友好型社会的大背景下，建设资源节约和环境友好型城市也成为学者关注的问题，"城市化成本"问题越来越受到各界关注。

　　作为全国经济大省，浙江省在经济建设方面有着很大的进步，同时，浙江省城市化进程也走在全国前列，但人口、资源和环保问题日益恶化同样凸显。本章以浙江省为例，从时间和空间角度分析比较浙江省城市化的成本，探讨城市化成本的影响因素，对于推动浙江省城市化建设可持续发展，实现城市化战略发展具有现实意义。

第一节　城市化对经济社会的影响分析

一、城市化的正面影响

城市化是一种经济社会现象和不可阻挡的历史潮流，城市化与经济的发展是互动的连锁关系，经济发展促进城市化，城市化又会推动经济的快速发展，成为新世纪中国经济高增长的强大动力。朱铁臻（2000）认为[84]，它的具体推动作用表现在：①城市化是解决二元经济结构矛盾的根本出路。不调整城乡这个大的结构构成，只调整产业结构、产品结构是无济于事的；不减少中国农民的数量，不增加中国的城镇人口，不提高农民的收入水平和消费水平，中国二元经济结构的矛盾是不可能解决的，唯一有效的途径在于加速农村城市化。②城市化有助于促进工业化，有助于扩大内需。城市化既是工业化推动的结果，同时又是促进工业化发展的强大动力，因为城市化不仅可以为工业化提供便利的交通、快捷的信息、良好的市场、发达的科技与教育，以及先进的城市设施等必需的条件，而且可以大大增加有效需求。③城市化有利于第三产业的发展。没有一定数量的服务对象，第三产业是发展不起来的，第三产业落后必然又会影响城市化进程。反之，城市化的迅速发展，也会给第三产业带来快速发展的机遇，创造大量就业的机会。④城市化有利于提高人口素质、提高劳动生产率。城市由于教育较发达，信息量大，工作、生活节奏快，竞争力强，这些都有利于人的能力培养、工作效率和文明水平的提高。同时，城市化又会促进乡镇企业向城镇集中，转变生产方式、经营方式，提高劳动生产率，扩大规模效应。⑤城市化有利于自然资源和人力资源的合理利用。城市化不仅能合理节约利用土地，而且有利于保护和合理利用水资源及其他资源，有利于环境保护与生态平衡。另外，城市化的规模和速度也会影响人力资源的流动规模。城市化能够促进人力资源流动，使人力资源合理配置，可以更好地利用我国劳动力资源丰富的优势，发挥劳动密集型产业在我国经济增长和出口增长中的作用。杨治、杜朝晖（2000）[85]认为，城市化是解决中国经济与社会发展诸多矛盾的关键。其一，发展城市化可以解决我国经济有效需求不足的问题；其二，解决农民和农村问题的根本出路在于城市化；其三，城市化的发展为第二、第三产业的发展提供所必需的集聚点；第四，城市化的发展将成为我国 21 世纪重要的经济增长点。陈军涛（2000）[86] 认为，城市化将会带动一系列问题的解决或为问题的解决提供更多的机会和更大的空间，如城市化将推动农村工业化向深度扩展、城市化是实现农业产业规模化经营的关键、城市化是搞好环境保护和生态控制的必备条件、城市化是扩大需求、保持经济持续高速增长的基础。据估计，在中国现有的发展水平上，城市人口比重每增加 1 个百分点，直接消费可拉动 GDP 增加 1.5 个百分点。

二、城市化的负面影响

到了 20 世纪 70—80 年代，严重的城市病和城市危机出现在许多发展中国家城市化历程中。随着城市化比例的提高，城市规模不断扩大，不仅自然生态平衡规律成为一个大问题，同时衍生出农民工市民化等一系列社会问题。

城市化不仅仅直接影响了城市居民的健康以及生活方式，也会导致城市热岛和雾岛效应等环境污染问题的产生。随着城市化进程所产生的特有环境问题——城市热岛，不仅影响着城市局域及区域气候，而且对城市居民生活舒适度以及能源消耗等也有明显的负面作用。Poumanyvong 等（2012）[87] 利用跨国数据对城市化、交通基础设施及能源消耗的关系进行实证研究发现，城市化间接导致了能源消费的增长，但这种增长的弹性随着收入提高而减小。李强和左静娴（2018）[88] 针对我国省份城市化与环境污染的研究，得到了同样的正向关系。冷艳丽等（2015）[89] 基于我国省际面板数据，研究了产业结构与城市化的组合效应对雾霾污染的影响，结果表明城市化通过作用于产业结构进而影响雾霾污染程度，城市化对雾霾污染呈现显著的正向影响。Qian‐Nan S 等（2017）[90] 基于城市面积表征空间城市化，研究空间城市化对雾霾污染的影响，结果表明城市板块面积对雾霾污染呈现正向影响。程雨婷（2020）[91] 以"一带一路"沿海超大城市为研究对象，基于 MODIS 地表温度产品和 Landsat 土地利用分类数据，以城市热岛强度为指标，从年际和季节的角度分析了 10 个超大城市2001—2017 年热岛效应时空格局变化；然后，以卡拉奇为例，基于 Landsat

土地利用分类数据,利用 RS 和 GIS 技术分析了卡拉奇近 30 年土地利用覆被变化及城市扩张;最后,根据 Landsat 地表温度数据和土地利用分类数据,研究了卡拉奇土地利用覆被特征对城市热岛的影响等。张雷(2020)[92]认为,城市化对高温热浪的频次和强度具有重要影响,利用 WRF 模式,对 2010 年 7 月 2—6 日(北京时间)北京一次高温过程进行了模拟,分析了城市化对此次高温过程的影响机理。

大量耕地在城市化发展进程中被占用、被破坏。党中央、国务院历来十分重视耕地保护工作,先后制定了一系列重大方针、政策,一再强调要加强土地管理,切实保护耕地。国土资源部《关于强化管控落实最严格耕地保护制度的通知》(国土资发〔2014〕18 号)中明确要求,严防集体土地流转"非农化",不得借农地流转之名违规搞非农业建设,严禁在流转农地上建设旅游度假村、高尔夫球场、别墅、农家乐、私人会所等;引导农业结构调整不改变耕地用途,严禁占用基本农田挖塘造湖、种植林果、建绿色通道及其他毁坏基本农田种植条件的行为;设施农业项目要尽可能利用农村存量建设用地和非耕地,不得占用基本农田。鲁明忠等(1998)[93]通过实际的数据研究发现,地区经济和社会的发展会引起耕地资源面积变小,经济发展水平越快,不仅城市化建设需要占用大量的耕地资源,交通等基础设施的建设也需要占用耕地资源,并且他通过中西部发展的实际数据分析佐证了其研究成果。Tania del Maribpez(2000)[94]对耕地流失的地理位置因素进行研究,通过研究他们发现,由于城市发展的需要,城市周边地区的耕地最容易流失。此外,公路附近的耕地流失情况也较为严重。Gerrit Knaap(2002)[95]通过对耕地保护调控机制的研究,率先提出了城市理性发展理念,在这一理念中,他强调了在经济发展的过程中,必须要明确农业发展所需要的耕地数量,建立农业耕地保护区。李晓燕、李惠颖(2015)[96]对山东省泰安市基于其特有耕地条件,利用矢量评价方法,统计了本市现有耕地资源现状,分析了中国经济飞速增长背后未及时得到重视的土地遭受侵蚀问题,滥用使得作为农作物生长基础的耕地资源浪费现象令人咋舌,现有耕地的质量让人忧虑,耕地数量及地力的降低已对粮食供给造成困扰。

此外,从目前我国的现状来看,随着城市化的推进,失去土地的农民安置和迁移是目前政府部门最头痛的问题，也衍生了农民工等一系列的问题。邓雅丁（2009）[97]认为，当前我国各地广泛使用的按照征用土地数量给予失地农民一次性货币补偿补助的工作机制过于简单，未完全考虑失地农民的长远生计问题；政府没有承担起促进失地农民就业的责任，对待失地农民像对待普通农民一样，基本上是任其自由就业；失地农民与一般的城市下岗工人所享有的权益存在差异；征地补偿制度和失地农民的社会保障制度不健全等。王琼（2012）[98]指出，不断推动新型城市化建设，失地农民的数量会逐渐增加，居住在改造后的社区中，他们只是农民而不是市民，但是没有土地，无法享受和市民一样的教育和医疗资源。种种由于失去土地而造成的问题可能导致社会的不稳定，最终影响整个城市化的进程。失地农民大量涌入城市，让城市劳动力供大于求。加上客观的身份歧视，本身知识水平和技能素质低下，失地农民的再就业问题一直是困扰政府的难题。耿建祥（2013）[99]提出，通过加强失地农民的再教育，提升他们的劳动技能。从长远来看，互助式的帮助教育，可以帮助失地农民在服务行业找到合适的岗位。王玉霞（2014）[100]认为，政府不能对失地农民采取"一劳永逸"的征地补偿，要重视日益凸显的失地农民就业问题，强化政府信息服务，责无旁贷地担当起失地农民的就业教育工作。

第二节　城市化成本的含义、种类及影响因素分析

一、成本的含义

成本的含义，从经济学这一范围来讲，是指衡量某一商品经济的价值，这意味着成本构成商品的价值。为了进行生产或商业活动或实现某些目标，所耗费的资源，就是成本。总之，成本就是生产该产品所消耗的总成本。在社会经济不断发展进程中，成本的定义向更加复杂和多样化发展，并处于广泛的变动之中。如社会保障成本、人力协调成本、经济管理成本等。本节所述的成本主要指为达到特定目的、经济价值或放弃另一个目标而付出的代价。

二、城市化成本的含义

城市化过程中会产生巨大的经济效益，但没有疑问的是，城市化历程中也会需要大量的资本。城市化成本是一个较新的研究领域，不同的学者对于城市化成本有着不同的理解。王春兰（2014）[101]认为，城市化发展成本是指城市在实现 GDP 增长和社会经济发展中，城市为实现其自身目标而付出的各种代价。包括为实现城市发展和建设付出的经济成本、为管理庞大的人口而付出的行政管理成本、为城市本身的稳定与和谐而付出的社会成本以及为维持城市发展和不断扩张而付出的资源与生态成本等。郭上沂（2011）[102]认为，城市化成本有广义和狭义之分，狭义的城市化成本，一般是指随着城市化水平的提高而支付的费用，通常表现为城市化过程中，用于满足城镇居民生存、发展需要的各项城市建设投资和为管理城市而支付的费用，或称城市建设成本和管理成本。广义的城市化成本，它是指在一个特定的区域内，为推动城市化进程而付出的代价。这里的"代价"不单指经济成本，也指社会成本、环境成本与文化成本；不仅包括当期反映出来的成本，也包括后期表现出来的成本；不仅指可用货币计量的成本，也指目前尚难以用货币计量的成本；不仅包括区内的成本，也包括区域城市化发展对区外利益的损害（权且称为"漏出成本"）。特别需要说明的是，广义的城市化成本，既可就单个的特定城市而言，更多场合则是就一个区域整体来讨论的。张国胜、陈广桂（2004）[103]认为，人口城市化的成本主要是指随城市人口的增加，政府为解决相应的城市化人口（比如 1 个城市化人口）所花费的经济投资数量，一般包括城市各项设施建设的投资成本以及为了解决这些城市新增人口的就业问题必须支出的就业岗位创造的投资成本。其中城市各项设施的投资成本又包括 4 个方面：城市用地投资成本、城市功能设施投资成本、城市社会设施投资成本与城市基础设施投资成本。张仲芳（2015）[104]把人口市民化的公共成本界定为：农业转移人口在转变成为市民的过程中需发生或应该付出的公共投入，包括城镇基础设施建设成本、公共管理成本、社会保障成本、教育成本、保障性住房成本等。

本章认为，城市化成本可以从广义上来定义，即为城市化水平的进步而付出的各种代价。

三、城市化成本的类别

(一) 城市化的环境成本

环境成本的定义，主要是人类在经济发展过程中所带给环境的影响，以及正在开发的环境保护成本。在第二、三产业现代化和转型过程中，从事低效率传统生产的转型，城市化水平逐步提升，意味着社会的进步，对于物质条件和精神文化的调节也起到了很大的帮助。然而，随着城市化比例增加，城市规模不断扩大，对周围环境也增加了压力，自然生态平衡的法律已成为一个重大问题。由于城市用地面积的扩张，城市人口增长导致的排泄物和工业废水排放的增加，会造成城市生活质量受到污染。大气的组成将被城市排放的大量各种气体和微粒所影响。这会严重影响和阻碍生态系统，影响低碳城市化，使生态环境的组成和结构发生变化。这些都是对生态系统造成的巨大压力，增加了环境的污染，降低了环境的自净能力，导致环境恶化，并增加不必要的投资，以承担成本和社会环境治理。城市化的扩展减少了自然植被，减少了城市绿地覆盖面积。城市绿地是促进城市生态系统健康发展的重要组成部分，但为了城市发展和工厂建设，自然环境被开发利用为住房、道路、广场、果园和种植蔬菜等。自然环境的植被在不断减少，不断地建设高人口密度建筑物，城市绿地的各种环境功能替代发展逐渐消失，环境问题正在不断恶化。

(二) 城市化的交通成本

随着城市化的发展，城市规模急剧地扩张，城市人口数量也飞速地增长，由此引发的城市交通拥挤问题成为各城市所共同面临的难题，各种交通费用成本也大大增加。总的来说，城市化的交通成本主要是指为促进城市化进程所支出的交通成本，城市化的交通成本可以分为城市发展成本、交通拥挤成本、交通事故成本和环境污染成本四大类。

城市发展成本主要包括建设成本、占用城市空间成本和城市形象下降成本。城市建设成本主要是指为了解决交通问题而进行城市道路的修建、维护和改造费用；城市形象下降成本主要是指为了维护城市形象而所付出的费用。

城市交通拥堵成本主要是指为了解决城市化发展过程中交通拥挤的问

题而付出的成本。交通拥堵导致公共道路被占有，使人们总体出行时间增加，也对人们的心理产生一定的损害。

城市交通事故成本主要是指在城市化过程中政府为了维护交通秩序，处理和防止交通事故产生所发生的支出。

城市环境污染成本主要指城市化发展过程中发生的噪声污染成本和空气污染成本等。交通工具的尾气排放会加重温室效应，破坏环境，增加处置环境的费用。

（三）城市化的教育成本

城市化的教育成本，主要是指为推动城市化发展进程所付出的教育成本。由于二元户籍的限制，使得农村居民的子女无法体验到与城市居民同等的教育待遇，主要体现在义务教育上。

农村义务教育和城市义务教育比较，还存在一定的差异。这些差异主要体现为，虽然随着农村义务教育投入的加大，农村义务教育状况有所提升，但农村义务教育的硬件设施上仍然存在较大差距。如在校舍建设方面，农村学校由于资金短缺多数存在有危房或是危房改造不彻底现象，以及教学设施的配备方面，部分农村学校的教学仪器、实验设备、图书资料、运动器材、多媒体设备等硬件设施配备不齐全。与城镇义务教育学校的教师相比，农村教师相对落后，不仅体现在教师的知识水平和素质上，也反映在教师队伍的构成上。由于政府投入不均衡，农村中小学办学条件差，农村课程比城市单一，不能实现学生全面发展。由于城乡教育差异，许多农村居民选择迁入城市，城市学龄儿童人数迅速增加。但由于城市资源有限，许多城市出现入学困难等问题。

（四）城市化的社会保障成本

城市化的社会保障成本是指为推动城市化进程而付出的社会保障成本。城市化在推动社会进步的同时带来相应的社会问题，它是引起城市社会不和谐的重要因素，因此也可以将其视为城市化水平提高所产生的一系列负面的社会效应。例如城市的大规模扩张使得建设用地量增长加速、农地被大面积占用引发的粮食安全担忧等，由于城市化进程加快引致大量转移的农村劳动力的失地、失业和社会保障缺失，城市扩展和城市改造使得大量被征地农民与城市动迁居民利益受损。城市化的基础设施投资主要来源于政府对经营性用地的出让金和以土地抵押的金融贷款，由此刺激了政府大量圈占农民土地多获取更多的土地出让金，以及政府面临巨额的财政赤字和金融风险，由于人口的大量聚集造成住房紧张、就业困难、城市人口过多、竞争过度造成城市人口心理失衡，社会责任感降低，使得犯罪率上升，城市的"高尚社区"与"贫民区"并存，社会分化引起的分配不公，贫富差距，城市的无序发展加剧交通拥堵、秩序混乱，这些都是城市化社会成本的表现。

四、城市化成本影响因素

从城市化成本的影响因素角度来看，国内外学者有以下研究：

高红艳（2010）[105]认为，影响城市化成本的因素很大程度上受到每个城市经济发展水平、城市性质、城市规模、政府政策、该地区物理和地理条件的影响。在贵阳市城市化经济成本实证研究中发现，不同类型、不同所有制、不同规模企业间的就业投资成本存在明显差异，而贵阳作为典型的喀斯特山区城市，其山高坡陡、地形封闭、地形破碎等地貌特征直接导致贵阳市工程性基础设施投资成本较高。钟迪（2013）[106]对城市化成本的影响因素进行研究，认为资源要素成本的变化、生态环境成本的变化、科技成本的变化和社会职能成本的变化是影响城市化成本变化的主要因素。研究得出在城市化进程中，应本着与时俱进的精神，寻找更加科学，更加符合经济发展潮流，更加具有长久效果的新型的方法。张明斗（2014）[107]分析了城市化高成本的现实成因，认为城市化高成本运行，通常体现为以城市化的私人成本和公共成本为代表的城市化自然增长成本及以城市化的社会成本和后续成本为代表的城市化非自然增长成本。城市化的自然增长成本首先表现为城市化的私人成本，作为城市化进程中农民自身所要支付的相应成本，城市化的私人成本成为城市化自然增长成本的重要组成部分。相对于城市化的自然增长成本，非自然增长成本成为我们必须重点考虑的成本类型，这也是当前中国城市化高成本的主要成因。这种成本类型往往由政府的公共政策利用不当所致，也是我国现行城市化运行模式的必然结果。章羽（2015）[108]对城市化的社会成本进行研究，认为城市化的社会成本的影响因素主要由制度与文化因素、社会政策因素和历史因素构成。这意味着随着我国工业化的深入，经济发展方式转型要求日益迫切，农民工将面临更大的就业成本和失业风险，意味着城市化将不得不面临巨大的经济转型成本。余瑞（2016）[109]根据平寨社区在城市化进程中产生的社会成本问题，从政府角度和农民自身角度找出产生社会成本的原因。从政府角度来看，政府为了城市发展征用土地，其本意是好的，但在快速的城市化进程中，农民在相关制度的作用下被强行剥离了与土地的天然联系，又不能立刻适应城市生活，便出现了生存、就业、社会保险缺失等一系列问题。从农民自身角度来看，由于世世代代主要以农业为主要职业，农民自身文化素质普遍较低，文化素质的低下决定了绝大多数农民不符合企业的基本要求，同时也决定了他们不可能很快地适应市场化就业需求的趋势，极个别找到的工作也只是以短工或临时工为主。

从学者们的研究中可以看出，从经济水平和政府政策等因素研究城市化成本的比较多。还有一些其他因素，例如，城市性质、生态环境、城市规模、科技因素、历史因素、文化政策、资源等方面对城市化成本进行研究，这些研究给本研究提供了参考。

第三节　城市化成本时空差异分析
——以浙江省为例

一、环境成本的时空差异分析

从环境成本的空间差异比较图（图5-1）可以看出，杭州所花费的环境成本最高，舟山最少，其余城市从低到高分别是衢州、丽水、绍兴、台州、温州、湖州、金华、嘉兴以及宁波。图5-1中的环境成本曲线波动比较剧烈，说明每个城市所花费的环境成本差距较大，这和不同城市企业类型以及经济发展水平有关。

从环境成本的时间差异比较图（图5-2）可以看出，2012—2015年，环境成本呈现递增的趋势，每年递增幅度较为稳定，并且在2015年达到最大值，2015—2016年，环境成本呈现下滑的趋势，这和近年来政府大力倡导保护环境，建设节约型社会，发展循环经济，减少工业"三废"的排放量有关。

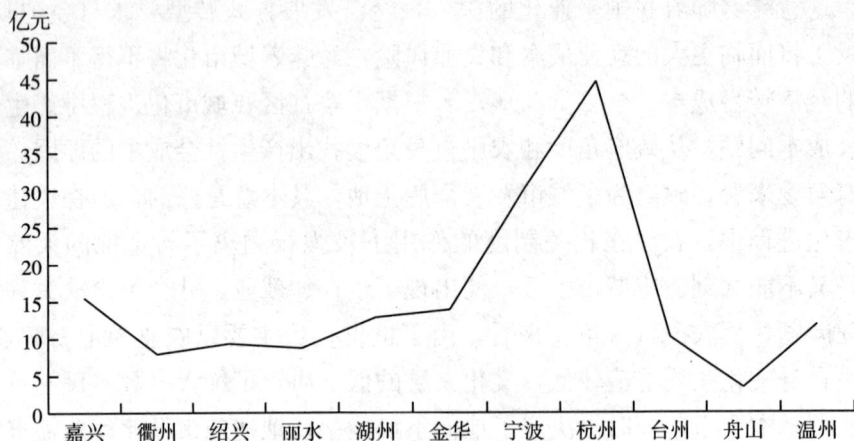

图 5-1 环境成本的空间差异比较

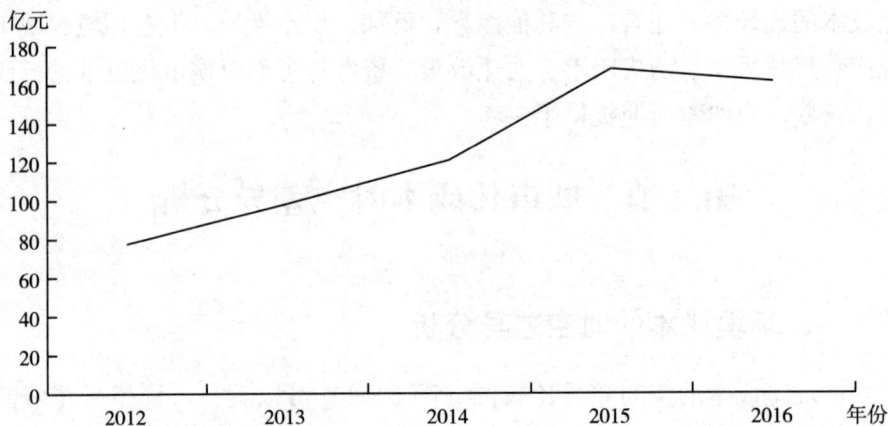

图 5-2 环境成本的时间差异比较

二、交通成本的时空差异分析

从交通成本的空间差异比较图（图 5-3）可以看出，宁波所花费的交通成本是最高的，远远超过了其余城市花费的交通成本，衢州最少，其余城市从低到高分别是湖州、丽水、绍兴、嘉兴、温州、舟山、金华、杭州以及台州。宁波和其他城市差距比较大的原因可能是宁波是港口城市，经济发展程度较高，且人口基数比较大，为了保证居民的正常出行，所需的公交车等数量比较多，并且随着经济的发展，私家车数量也增多，所以为了避免严重的堵塞，对城市公共道路面积的扩宽等有越来越高的要求。

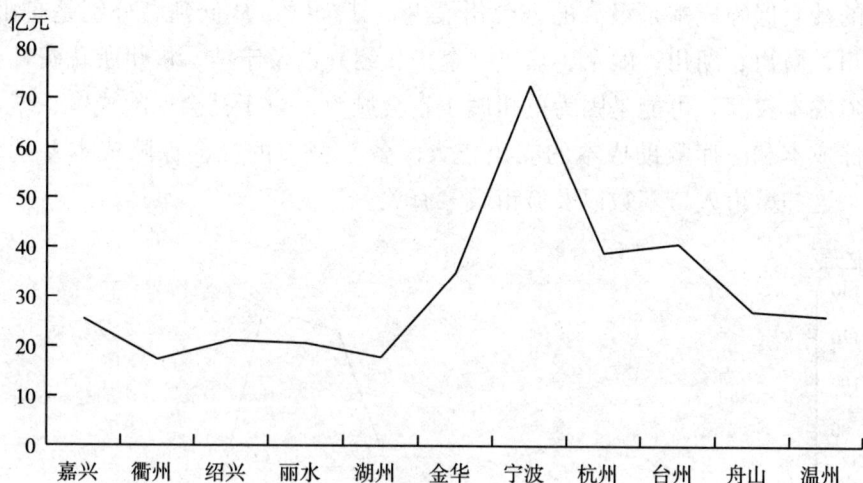

图 5-3　交通成本的空间差异比较

从交通成本的时间差异比较图（图 5-4）可以看出，2012—2015 年，交通成本呈现递增的趋势，并且在 2015 年达到最大值。除了 2014—2015 年上升的趋势比较快之外，其余年份的上升趋势不是那么明显。2015—2016 年，交通成本呈现下滑的趋势，但仍然高于 2014 年，这和浙江政府提倡低碳社会，发展公共交通，减少私家车出行的理念有关。

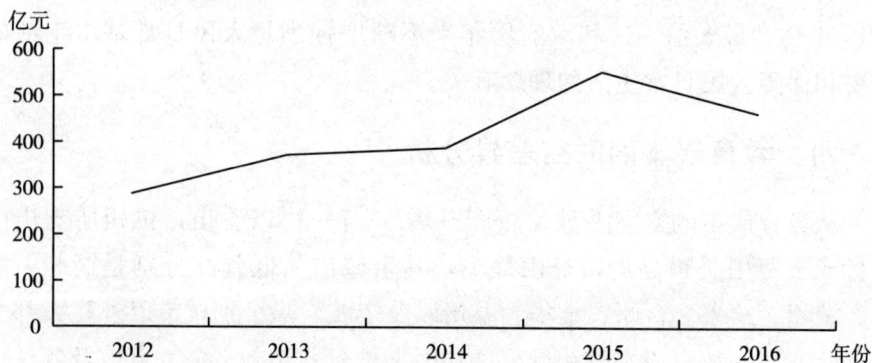

图 5-4　交通成本的时间差异比较

三、社会保障成本的时空差异分析

从社会保障成本的空间差异比较图（图 5-5）可以看出，杭州所花费的社会保障成本是最高的，台州最少，其余城市从低到高分别是舟山、温州、衢州、湖州、丽水、嘉兴、金华、绍兴以及宁波。杭州所花费社会保障成本较高，可能是因为杭州属于省会城市，对于社会保险成本、城市低保成本和医疗救助成本的支出较大。各个城市的社会保障成本差别较大，这和城市人口基数以及城市政策有关。

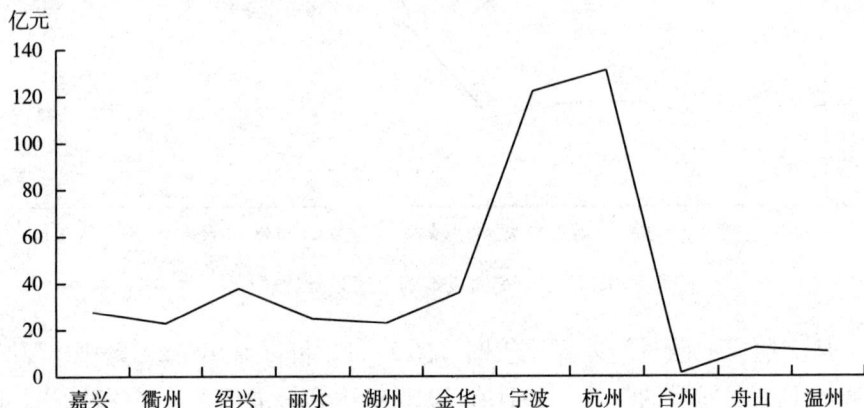

图 5-5 社会保障成本的空间差异比较

从社会保障成本的时间差异比较图（图 5-6）可以看出，2012—2016 年，浙江省的社会保障成本稳步增长，呈现递增的趋势，并且在2016 年达到最大值。这和政府历年来不断增强满足人民日常基本生活的需要和保障人民日常生活的理念有关。

四、教育成本的时空差异分析

从教育成本的空间差异比较图（图 5-7）可以看出，杭州所支出的教育成本费用是最高的，舟山最少，其余城市从低到高分别是衢州、丽水、湖州、绍兴、台州、金华、温州以及宁波。除个别城市以外，大部分城市所花费的教育成本较相近，这和国家推行九年制义务教育以及各城市对教育都比较重视有关。

亿元

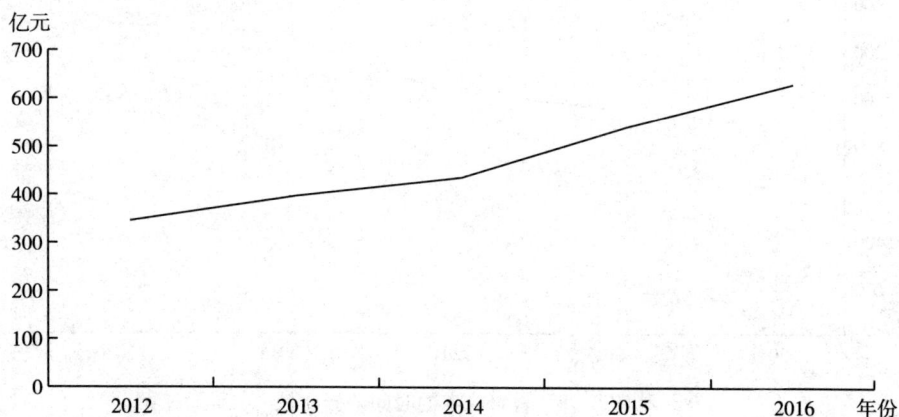

图 5-6　社会保障成本的时间差异比较

亿元

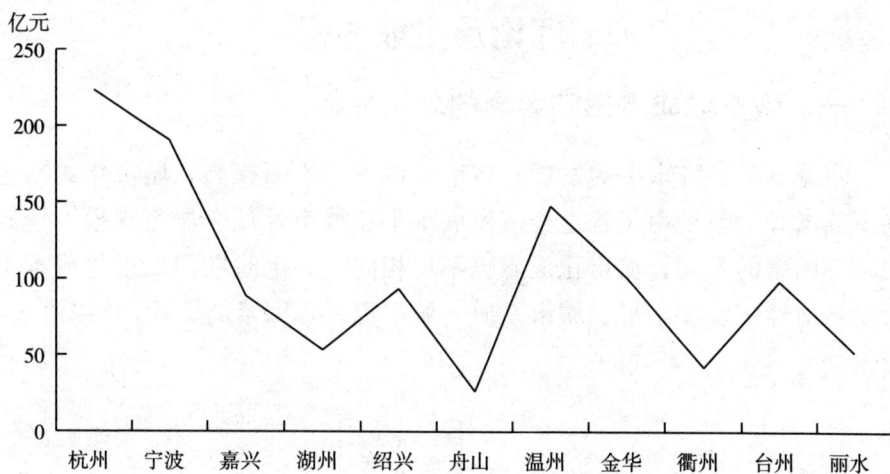

图 5-7　教育成本的空间差异比较

从教育成本的时间差异比较图（图 5-8）可以看出，2012—2016年，交通成本费用呈现递增的趋势，并且在 2016 年达到最大值。除了从 2014—2015 年上升趋势比较快之外，其余年份的上升趋势不是那么明显。这说明政府不断强化对教育的重视性，稳步提高对教育成本的支出。

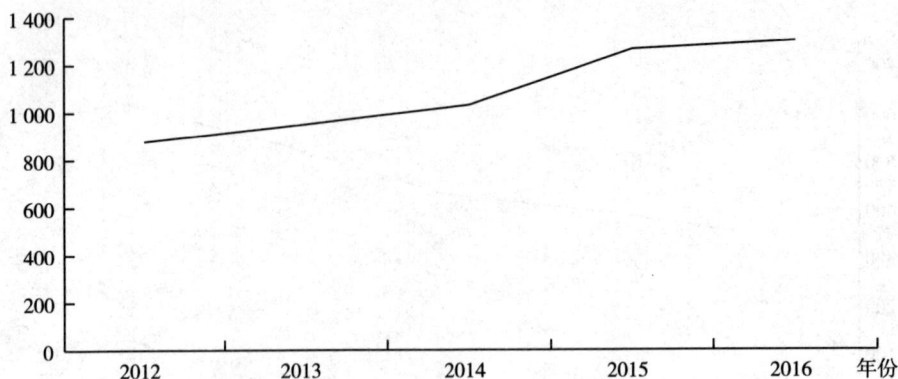

图 5-8　教育成本的时间差异比较

第四节　城市化成本影响要素的
理论及实证分析

一、城市化成本影响要素的理论分析

随着城市经济水平的发展，城市化程度的不断提高，城市化成本也在不断增长。但是由于各地经济发展水平、城市性质、城市规模、资源禀赋等因素的不同，城市化成本也不尽相同。一定时期内城市化成本主要受各地经济发展水平、城市性质、城市规模等因素的影响。如图 5-9所示。

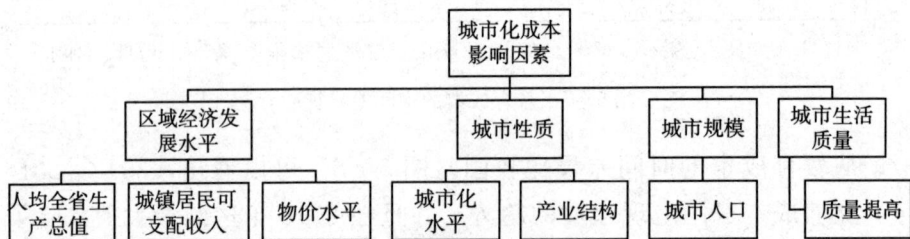

图 5-9　城市化成本影响因素结构图

（一）区域经济发展水平

区域经济是由特定地域内部和外部条件相互作用而产生的生产综合

体，城市化水平与区域经济水平相互影响。衡量区域经济发展水平的指标较多，而在众多指标中对城市化成本影响明显的是人均生产总值、城镇居民可支配收入与物价水平。作为衡量区域经济发展水平最为常用的指标——人均生产总值，是经济发展指标之中影响最大的宏观经济指标。此外，各地区之间经济处于非均衡发展情况，各区域城市经济发展阶段及发展水平亦处于不平衡状态。从物价水平看，区域经济发展水平越高，其物价水平相对也越高，即物价水平与经济增长之间呈正向关系，而较高的物价水平直接导致较高的城市化成本。从可支配收入来看，区域经济水平越高，其城镇居民可支配收入也越高，即镇居民可支配收入与经济增长之间呈正向关系，同样，较高的镇居民可支配收入也会直接导致较高的城市化成本。

（二）城市性质

城市性质是城市发展的主导因素，是指城市在国家或地区政治、经济和文化生活中所处的地位、作用及其发展方向。它体现了城市在特定时期进行建设的总方针和城市的优势领域，城市各项建设和各项事业的发展都要服从和体现城市性质的要求。城市性质是确定城市规模大小、城市用地组织特点以及各项市政公用设施的水平的前提和基础。不同性质的城市由于影响范围不同、主导产业结构不同以及职能不同，从而导致城市化成本相差较大，比如综合性城市对经济性和社会性基础设施的数量、质量有较高的要求，投资比例相应大些，而区域产业结构对区域经济投资结构起着决定性影响，不同产业部门每提供一个就业岗位所投入成本不一致，因而产业结构不同就业岗位投资成本亦存在明显差异。另外，区域城市化的成本在很大程度上还受到区域城市化水平的影响。在假定其他条件没有变化的前提下，区域城市化水平的提高会引起城市化成本的相应提高。因为城市化水平提高以后，特别是城市化质量提高以后，区域用于解决一个城市化人口的投资费用也会提高。比如，区域的经济性基础设施、社会性基础设施投资成本，就业投资成本以及城市管理成本等都会不同程度地有所增加。因此在评价区域城市化成本时，不能只考虑成本本身的高低，还应考虑与其相对应的城市化水平，将城市化成本与区域城市化质量同时加以考虑，才能较为全面和客观。

（三）城市规模

城市规模是指将城市人口数量、土地面积、公共服务设施和城市基础设施等方面进行的组成[110]。本书所指城市规模主要指城市人口规模。城市建成区越大，基础设施建设量越大，但实际上所有设施、用地规模都取决于城市人口的规模。城市人口规模即城市人口总数，亦即在城市中工作、生活并使用城市各项设施的人口总数，包括城市规划区内常住非农业人口和暂住人口。城市人口越多，要求城市提供的就业岗位越多，而随着城市人口规模的扩大，城市辖区内的准公共产品在消费上出现拥挤，原有公共产品的人均消费数量和质量就会下降，进而公共产品提供不足，对公共产品的需求就会增加，城市则需要增加基础设施建设量，即城市人口的增加必然引起城市生产规模、商业和各类基础设施规模的扩大，因此城市规模越大城市化成本越高。

（四）城市生活质量

城市化不仅意味着城市人口规模的扩展，而且从某一方面来讲，它是现代空间范围的体现。城市化进程表示城镇居民可以取得就业质量上的提高，以及更完善的基础设施和享受更加全面、更优质的公共服务。从总体上讲，这是生活质量得到了提升的表现。在城市化进程中，有一部分的投资是用来提高居民生活质量。据报告调查课题组有关负责人介绍，"生活质量指数"由一系列客观指标和主观指标加权得出。主观指数包括收入、生活成本、医疗保障、生活环境、生活节奏及生活便利程度等满意度；客观指数包括人均财富、通货膨胀率、绿地面积、恩格尔系数等。本章采用客观指数，且用客观指数里面的人均财富指标，用城镇户籍非农业人口和城镇居民可支配收入的乘积作为城市生活质量的测量变量，这能够反映出所有城市居民用来达到一定生活水准的能力。

二、变量选取及数据来源

（一）变量选取

在城市化成本理论分析基础上，本章实证研究了区域经济发展水平、城市性质、城市规模、城市生活质量 4 个方面对浙江省城市化成本的影响，区域经济发展水平、城市性质、城市规模、城市生活质量具体测量变量见表5-1。

表5-1　城市化成本影响因素变量

变量类型	变量含义	变量符号	量化指标
被解释变量	浙江省城市化成本	Y_1	城市化成本支出（教育成本、社会保障成本、环境成本和交通成本）
解释变量	区域经济发展水平	X_1	人均全省生产总值
		X_2	物价水平
		X_3	城镇居民可支配收入
	城市性质	X_4	第三产值占总产值的比重
		X_5	城市化水平
	城市规模	X_6	城市人口
	城市生活质量	X_7	非农业人口和城镇居民可支配收入乘积

1. 被解释变量

被解释变量是指浙江省城市化成本（Y_1），城市化成本，主要是指为促进城市化发展进程而支出的代价。城市化成本的计量研究如前所述，城市化成本主要由教育成本、社会保障成本、环境成本和交通成本组成。

2. 解释变量

选取人均全省生产总值、物价水平、第三产值占总产值的比重、城市人口、城镇居民可支配收入、非农业人口和城镇居民可支配收入乘积、城市化水平作为影响浙江省城市化成本的测量指标。

人均全省生产总值，用 X_1 表示。根据理论分析假设城市化成本与人均全省生产总值呈正相关关系，即人均全省生产总值越高，城市为了保持该水平需要付出更多的成本。

物价水平，用 X_2 表示。根据理论分析假设物价水平与浙江省城市化成本呈正相关关系，即地区物价水平越高，生产成本越高，城市化的成本也随之上升。

城镇居民可支配收入，用 X_3 表示。根据理论分析假设城市化成本与城镇居民可支配收入呈正相关关系，即城镇居民可支配收入越高，地区经济越发达，城市为了保持该水平需要付出更多的成本。

第三产值占总产值的比重，用 X_4 表示。根据理论分析假设第三产值占总产值的比重与浙江省城市化成本呈正相关关系，即第三产值占总产值的比重越高，说明该城市的经济水平越高，所需付出的城市化成本也就越大。

城市化水平，用 X_5 表示。根据理论分析假设城市化水平与浙江省城市化成本呈负相关关系，即地区城市化水平越高，城市可以合理控制城市化成本的支出，减少资源浪费。

城市人口，用 X_6 表示。根据理论分析假设城市人口与浙江省城市化成本呈正相关关系，即城市人口越多，城市需要增加更多的基础设施和公共服务，所需付出的城市化成本也就越大。

非农业人口和城镇居民可支配收入乘积，用 X_7 表示。根据理论分析假设城市化成本与城市生活质量呈正相关关系，即城市生活质量越高，居民可享受更具包容性和高质量的公共服务，城市为了保持该水平需要付出更多的成本。

结合以上理论分析及假设，各解释变量对被解释变量城市化成本的影响预测见表 5-2。

表 5-2　各变量基本情况

相关指标	指标简称	单位	预期影响
人均全省生产总值	X_1	万元	正相关
物价水平	X_2	—	正相关
城镇居民可支配收入	X_3	元	正相关
第三产值占总产值的比重	X_4	百分比	正相关
城市化水平	X_5	百分比	负相关
城市人口数量	X_6	万人	正相关
非农业人口和城镇居民可支配收入乘积	X_7	万人＊元	正相关

（二）数据来源

采取的数据来自于统计局官方网站上的浙江省历年 2007—2017 年统计年鉴，以及浙江省各地级市历年统计年鉴。

三、城市化成本影响要素的实证分析

（一）模型建立及变量描述性分析

据前面对影响浙江省城市化成本影响因素的分析，本节采用 2006—2016 年的样本数据进行回归分析，以检验解释变量 X_1、X_2、X_3、X_4、X_5、X_6、X_7 对城市化成本 Y_1 的预测结果影响。构建的回归方程分别如下：

$$Y_1 = \alpha_1 X_1 + \alpha_2 X_2 + \alpha_3 X_3 + \alpha_4 X_4 + \alpha_5 X_5 + \alpha_6 X_6 + \alpha_7 X_7 + C_1$$

其中，C_1、α_1、α_2、α_3、α_4、α_5、α_6、α_7、为常数。

为了更好地对数据进行实证计量，分别整理 7 个自变量和 1 个因变量从 2006—2016 年的原始数据（表 5-3），为避免所选数据为时间序列数据而造成伪回归现象，对序列进行对数化处理，结果如表 5-4 所示。

表 5-3　原始数据说明

年份	城市化成本	CPI	城市化水平	城市人口	第三产业比重	人均全省生产总值	生活质量	城镇居民可支配收入
2006	272.88	101.1	0.57	2 615.63	0.4	31 825	15 694 383.9	18 265
2007	328.91	104.2	0.57	2 665.14	0.41	37 358	18 287 817.1	20 574
2008	372.46	105	0.58	2 700.2	0.41	42 166	21 048 156.5	22 727
2009	397.69	98.5	0.58	2 730.67	0.43	44 641	23 068 382.5	24 611
2010	434.29	103.8	0.62	2 924.74	0.44	51 758	25 572 730.9	27 359
2011	471.55	105.4	0.62	2 978.76	0.44	59 331	28 979 564.7	30 971
2012	503.61	102.2	0.63	3 033.18	0.46	63 508	32 562 338.5	34 550
2013	538.88	102.3	0.64	3 089.21	0.48	68 805	30 888 752.4	37 080
2014	527.74	102.1	0.65	3 153.61	0.48	73 002	35 120 097.8	40 393
2015	584.45	101.4	0.66	3 206.66	0.5	77 644	38 351 166.5	43 714
2016	660.26	101.9	0.67	3 290.27	0.51	84 916	45 445 300.6	47 237

表5-4 初始数据说明

年份	成本	CPI	城市化水平	城市人口	第三产业比重	人均全省生产总值	生活质量	城镇居民可支配收入
2006	2.44	2	−0.244 1	3.42	−0.397 9	4.5	7.2	4.26
2007	2.52	2.02	−0.244 1	3.43	−0.387 2	4.57	7.26	4.31
2008	2.57	2.02	−0.236 6	3.43	−0.387 2	4.62	7.32	4.36
2009	2.6	1.99	−0.236 6	3.44	−0.366 5	4.65	7.36	4.39
2010	2.64	2.02	−0.207 6	3.47	−0.356 5	4.71	7.41	4.44
2011	2.67	2.02	−0.207 6	3.47	−0.356 5	4.77	7.46	4.49
2012	2.7	2.01	−0.200 7	3.48	−0.337 2	4.8	7.51	4.54
2013	2.73	2.01	−0.193 8	3.49	−0.318 8	4.84	7.49	4.57
2014	2.72	2.01	−0.187 1	3.5	−0.318 8	4.86	7.55	4.61
2015	2.77	2.01	−0.180 5	3.51	−0.301	4.89	7.58	4.64
2016	2.82	2.01	−0.173 9	3.52	−0.292 4	4.93	7.66	4.67

从表5-5可知,浙江省CPI平均值为102.536 4,最小值为98.50,最大值为105.40,标准差为1.975 99,方差为3.905。浙江省城市化水平平均值为0.617 273,最小值为0.570 0,最大值为0.670 0,标准差为0.036 903,方差为0.001。浙江省城市人口平均值为2 944.370 0,最小值为2 615.63,最大值为3 290.27,标准差为235.368 7,方差为55 398.41。浙江省第三产值占总产值的比重平均值为0.450 909,最小值为0.400 0,最大值为0.510 0,标准差为0.0 378 03,方差为0.001。浙江省人均全省生产总值平均值为57 723.09,最小值为31 825.00,最大值为84 916.00,标准差为17 500.85,方差为306 279 577.091。浙江省生活质量平均值为28 638 063,最小值为15 694 384,最大值为45 445 301,标准差为9 011 755,方差为81 211 725 443 636.970。浙江省城镇居民可支配收入平均值为31 589.18,最小值为18 265,最大值为47 237,标准差为9 760.462,方差为95 266 610。浙江省城市化水平从2006—2016年上升了10个百分点,且方差较小,这说明浙江省城市化水平处于稳步上升的状态。浙江省CPI历年来处于不断波动的状态,在一定程度上反映了通货膨胀或紧缩的程度,这说明浙江省物价水平处于稳定的波动范围之内。浙江省城市人口和

人均全省生产总值发展迅速，2006—2016 年变化幅度较大。城市生活质量和人均可支配收入处于快速上升的状态，这说明浙江省经济发展迅速，人民生活水平得到了提高。

表 5-5　描述性分析数据说明

	数字	最小值（M）	最大值（X）	平均值（E）		标准偏差	方差
	统计	统计	统计	统计	标准错误	统计	统计
CPI	11	98.5	105.4	102.536 4	0.595 78	1.975 99	3.905
城市化水平	11	0.57	0.67	0.617 273	0.011 127	0.036 903	0.001
城市人口	11	2 615.63	3 290.27	2 944.37	70.966 33	235.368 7	55 398.41
第三产值占总产值的比重	11	0.4	0.51	0.450 909	0.011 398	0.037 803	0.001
人均全省生产总值	11	31 825	84 916	57 723.09	5 276.703	17 500.85	3.06E+08
生活质量	11	15 694 384	45 445 301	28 638 063	2 717 146	9 011 755	8.12E+13
城镇居民可支配收入	11	18 265	47 237	31 589.18	2 942.89	9 760.462	95 266 610
有效 N（成列）	11						

（二）模型摘要及回归系数分析

从表 5-6 可以看出，模型的调整 R^2 为 0.998，这表明模型的拟合度为 99.8%，拟合效果较好，对于杜宾检验，对应的 DW 值为 2.357，接近于 2，表明模型不存在自相关性，即模型的随机误差期望之间没有相互干扰的成分。

表 5-6　模型摘要数据分析

模型	R	R^2	调整后的 R^2	标准估算的错误	Durbin-Watson（U）
1	1.000a	1.000	0.998	0.00 464	2.357

　　注：①预测变量：（常量），城镇居民可支配收入，CPI，城市化水平，生活质量，第三产值占总产值的比重，人均全省生产总值，城市人口；②因变量：成本。

　　表 5-7 给出了模型的方差分析结果。由该表我们可以看到回归部分的 F 值为 862.677，P 值为 0.000，小于显著水平 0.05，因此，城镇居民可支配收入、消费价格指数、城市化水平、第三产值占总产值的比重、第三产业率、人均全省生产总值对解释城市人口成本的能力非常重要。

表 5-7 ANOVA 分析

模型		平方和	自由度	均方	F	显著性
1	回归	0.130	7	0.019	862.677	0.000b
	残差	0.000	3	0.000		
	总计	0.130	10			

注：①预测变量：（常量），城镇居民可支配收入，CPI，城市化水平，生活质量，第三产业比重，人均全省生产总值，城市人口；②因变量：成本。

表 5-8 给出了线性回归模型的回归系数、标准化的回归系数以及相应的一些统计量，从该表中我们可以看出，虽然第三产值占总产值的比重、人均全省生产总值、生活质量的 t 值都比较大，但是相应的 Sig 值都比较小，CPI 和城市化水平的 Sig 值分别为 0.128 和 0.377，大于显著性水平 0.05，而先前获得的 R^2 又很大，说明模型可能存在多重共线性的可能，将其修正并获得如下结果（表 5-9、表 5-10）。

表 5-8 回归系数分析

模型		非标准化系数		标准系数	t	显著性
		B	标准错误	贝塔		
1	（常量）	7.389	3.281		2.252	0.110
	CPI	0.617	0.295	0.045	2.090	0.128
	城市化水平	0.946	0.915	0.216	1.034	0.377
	城市人口	−3.009	1.033	−0.922	−2.914	0.062
	第三产值占总产值的比重	2.363	0.369	0.752	6.404	0.008
	人均全省生产总值	1.655	0.186	2.025	8.887	0.003
	生活质量	0.540	0.083	0.668	6.486	0.007
	城镇居民可支配收入	−1.425	0.234	−1.730	−6.100	0.009

a. 因变量：成本。

表 5-9 模型摘要分析

模型	R	R^2	调整后的 R^2	标准估算的错误	Durbin - Watson（U）
1	0.999a	0.999	0.997	0.00 594	2.597

注：①预测变量：（常量），城镇居民可支配收入，第三产业比重，城市人口，生活质量，人均全省生产总值；②因变量：成本。

表 5 - 10　ANOVA 分析

模型		平方和	自由度	均方	F	显著性
1	回归	0.130	5	0.026	734.819	0.000b
	残差	0.000	5	0.000		
	总计	0.130	10			

注：①预测变量：（常量），城镇居民可支配收入，第三产业比重，城市人口，生活质量，人均全省生产总值；②因变量：成本。

从表 5 - 9 可知，在修正回归模型中，其调整后的判定系数 R^2 为 0.997，说明该回归模型具有拟合度较好，$D-W$ 统计量的值为 2.597，这说明该回归模型不存在自相关性。在回归方程中，变量 X_6 城市人口、X_4 第三产值占总产值的比重、X_1 人均全省生产总值、X_7 生活质量、X_3 城镇居民可支配收入在 5% 的置信度水平下通过显著性检验。从表 5 - 10 可以看到，回归部分的 F 值为 734.819，相应的 P 值为 0.000，当小于显著性水平 0.05 则拒绝原假设，说明城镇居民可支配收入、生活质量、城市人口、第三产业比重、人均全省生产总值对成本有重大影响。

（三）实证小结

回归模型系数分析和回归结果见表 5 - 11。

表 5 - 11　回归系数分析

模型		非标准化系数		标准系数	t	显著性
		B	标准错误	贝塔		
1	（常量）	3.978	1.235		3.222	0.023
	城市人口	−1.637	0.410	−0.502	−3.998	0.010
	第三产值占总产值的比重	1.969	0.403	0.627	4.888	0.005
	人均全省生产总值	1.744	0.217	2.133	8.036	0.000
	生活质量	0.490	0.103	0.607	4.763	0.005
	城镇居民可支配收入	−1.535	0.293	−1.863	−5.241	0.003

a. 因变量：成本。

在本次分析中，通过对 2006—2016 年各指标数据分析可以得出以下结论：近些年浙江省城市化成本上升显著，这正验证了城镇居民可支配收入、CPI、城市化水平、生活质量、第三产业比重、人均全省生产总值、城市人口对成本的增长有着相应的影响。然后，通过实证分析，对城市化水平、城市人口、第三产业比重、人均全省生产总值、生活质量、城镇居民可支配收入、CPI 做多元线性回归分析并修正后得出线性回归模型：

$$Y = 3.978 - 1.637X_6 + 1.969X_4 + 1.744X_1 + 0.49X_7 - 1.535X_3$$

其中 Y 代表城市化成本，X_6 代表城市人口，X_4 代表第三产值占总产值的比重，X_1 代表人均全省生产总值，X_7 代表生活质量，X_3 代表城镇居民可支配收入。

第五节　结论及建议

一、结论

通过选取城镇居民可支配收入、CPI、城市化水平、生活质量、第三产业比重、人均全省生产总值、城市人口作为解释变量，对浙江省城市化成本进行解释。回归结果见表 5-12。根据前面的计量得出：

表 5-12　浙江省成本影响因素模型回归结果

影响因素	浙江省成本回归系数	显著性水平
CPI	0.617	不显著
城市化水平	0.946	不显著
城市人口	-1.637	5%的置信度水平下通过
第三产业比重	1.969	5%的置信度水平下通过
人均全省生产总值	1.744	5%的置信度水平下通过
生活质量	0.490	5%的置信度水平下通过
城镇居民可支配收入	-1.535	5%的置信度水平下通过

（一）CPI 回归系数为 0.617，对浙江省城市化成本的影响并不显著，与浙江省城市化成本是正相关关系。该因素对浙江省城市化成本影响不显著，分析其原因是 CPI 代表了居民消费价格指数，与经济的通货膨胀或者通货紧缩有关。虽然这代表了居民的购买力水平，但和实际支出的城市化成本关系不大，对城市化成本的影响较小。

（二）城市化水平回归系数为 0.946，对浙江省城市化成本的影响并不显著，与浙江省城市化成本是正相关关系。该因素对浙江省城市化成本影响不显著，分析其原因是城市化水平代表了一个城市发展程度的数量指标，是城市发展进程的缩影。虽然这代表了城市化率，但城市化水平对实际的城市化成本支出影响有限，对城市化成本的影响较小。

（三）城市人口回归系数为－1.637，对浙江省城市化成本的影响较为显著，与浙江省城市化成本是负相关关系。该因素对浙江省城市成本影响较大，分析其原因是城市人口的增多，会使城市规模效率递增和提高交易效率，通过相互交换公共服务，能极大地减少相互交换公共服务的成本，进而减少城市化成本的支出。

（四）第三产业比重回归系数为1.969，对浙江省城市化成本的影响最为显著，与浙江省城市化成本是正相关关系。该因素对浙江省城市成本影响较大，分析其原因是第三产业比重的增加，会提高城市经济聚集效益，提高了吸纳劳动力的能力。第三产业比重越高，外部经济集群效益就越大，能促进交通运输和通讯服务等行业的发展，进而促进城市化成本的增加。

（五）人均全省生产总值回归系数为1.744，对浙江省城市化成本的影响为显著，与浙江省城市化成本是正相关关系。该因素对浙江省城市成本影响较大，分析其原因是人均全省生产总值是衡量一个地区经济发展水平的指标，一个地区人均全省生产总值越高，说明该地区经济发展程度越高。经济发展水平越高，则需要对维护城市基础设施和公共服务支出更多的成本，进而增加城市化成本的支出。

（六）生活质量回归系数为0.490，对浙江省城市化成本的影响为显著，与浙江省城市化成本是正相关关系。该因素对浙江省城市成本影响较大，分析其原因是城市生活质量意味着就业质量的提高，基础设施的完善以及享受公共服务更加全面。城市生活质量的提高会相应地增加城市基础设施的建设，进而增加城市化成本的支出。

（七）城镇居民可支配收入回归系数为－1.535，对浙江省城市化成本的影响为显著，与浙江省城市化成本是负相关关系。该因素对浙江省城市成本影响较大，分析其原因是城镇居民可支配收入是指将家庭收入中的一部分用来日常支出。城镇居民可支配收入的增加意味着家庭收入水平的提高，这意味着经济水平的上升和政府合理控制城市化成本的支出。

二、建议

（一）优化城市性质，改善产业结构

产业结构取决于生产力的水平。它所受的影响主要是来自于社会消费水平，环境资源状况，技术发展水平，原始产业基础，生产传统和区域间联系以及区域分工等方面。完善产业结构和促进循环经济对压缩环境成本有着很大的作用。从回归结果可以看出，产业结构对城市化成本影响较大，回归系数为1.969，影响较大。经济结构的要点和核心是产业结构，它是经济发展进一步的根本。压缩生产成本可以不断完善产业结构，并在压缩城市化成本方面有着非同寻常的意义。浙江省产业结构存在产业结构不够合理、产业布局不够清晰、产业升级速度缓慢等诸多无益的方面。这些已经是影响经济社会可持续发展的关键原因。近年来，虽然浙江省在发展过程中遭遇了资源瓶颈，但调整产业结构，促进产业升级已成为该省经济发展的主要道路和目标。合理的产业结构应具有以下特征：区域资源利用效率高；发达的技术；良好的适应性。浙江省应该把资源作为转变增长方式的重要内容，努力提高产业竞争力，促进经济处于平稳和有效发展状态之中。大力推进农业项目的发展，积极推进先进制造业和服务业的拓展，促进海洋经济发展，全面加强基础设施建设，促使经济发展更好更强。

（二）增加居民可支配收入，提高经济发展水平

居民可支配收入是指一个家庭的收入中用于平常生活的支出。从回归分析的结果可以看出居民可支配收入对于浙江省城市化成本的影响较大，回归系数为-1.535，和浙江省城市化成本呈负相关的影响。城镇人口和农村居民人均可支配收入作为衡量区域经济发展水平指标中相当重要的一部分，也是中国到2020年全面建成小康社会的重要标志。政府应该改善城乡就业和再就业环境，扩大低收入群体就业渠道，建立更加完善的城乡社会保障体系，并且提高低收入群体的保护水平。支持收入群体网络，实施多元化教育扶贫，增强城乡低收入群体生存发展能力。积极推进收入分配制度改革，以按劳分配、多种分配方式混合并存的分配制度，协调收入

分配机制，促进居民收入长效增长。不断强化消费对提高收入水平的作用，改善和提高生活质量，适应科技发展水平和助力经济增长。

（三）制定合理的城市发展战略，降低城市基础设施成本

合理的投资结构对促进城市化健康发展，降低城市基础设施投资成本有着重要的意义。国民经济的稳定发展，离不开良好的社会效益和合理的投资结构。运输、快递物流也呈现出多元化和复杂化的发展趋势。水、电、气这些和居民生活息息相关的供应也能基本满足人民群众的基本需求。实际上，随着小城市城市化水平的不断提高，基础设施投资可以为收益带来巨大的上升空间。首先是完善基础设施的投资结构可以促进城市化发展。城市化水平与城市经济水平呈现正相关的关系。其次，基础设施建设投资是走城市可持续发展道路必须坚持的要素。只有城市基础设施得到了完善，居民的生命安全才能得到保障，教育、医疗、卫生、通信等方面才能得到完善。为了提高城市综合能力，提高城市生活质量水平，逐步转变城市基础设施建设滞后等问题，城市基础设施建设的全面推进起着非常巨大的作用。政府应该加强市政道路的功能，如改造人行道和非机动车道，新建道路及其照明，交通标志和标识，修复和清理道路水道，以及改善城市供水系统。

第六章 "政府成本"视角下城市化与包容性发展的影响机理研究
——基于中介效应和调节效应的分析

中国的城市化进程始终没有脱离政府直接的行政干预,属于较为典型的政府主导型城市化,国家把城市化水平作为衡量各级政府工作的重要指标。这虽然在客观上提升了政府对城市化水平重要性的认识,然而,也使得许多地方仅仅把城市化作为一项不得不完成的任务去推进。政府作为特有资源垄断者,具有不计成本的偏好,在对投资的有效监管体系尚未建立下,就片面追求城市化和经济增长速度等政绩,在一定程度上造成盲目投资、低水平重复建设等现象,导致城市发展建设投资效率不高,出现不计成本地推进城市化的倾向[111,112]。不管怎样,城市化仍然是中国成就30多年经济增长奇迹的重要引擎,然而,城市化是否会对中国社会的包容性发展产生真实影响?政府在自己主导的这场革命中,通过何种途径发挥具体作用?在推进新型城市化过程中,政府的建设成本、干预力度应该如何把握?职能范围的边界又在哪里?

第一节 相关理论及文献综述

一、相关理论及启示

(一)包容性发展相关理论

早在2007年,由亚洲开发银行在其《包容性增长:走向繁荣的亚洲》这一报告中提出包容性增长(Inclusive Growth),希望亚洲各国能重视经济增长过程中越来越严重的不平等问题。世界银行（2008）认为，制定包容性增长战略是各国实现可持续经济增长的重要条件。联合国开发计划署（UNDP）也将其国际扶贫中心（International Poverty Center）改名为国际包容性增长政策中心（International Poverty Center for Inclusive Growth），致力于研究更具广泛性的发展政策。亚洲开发银行虽然在 2007 年才提出包容性增长的理念，但其发展战略一直与包容性发展目标保持一致。亚洲开发银行在 1999 年的减贫战略（Poverty Reduction Strategy，PPS）中提出了争取"亚太地区摆脱贫困"的美好愿景。在 2004 年的增强减贫战略中将社会发展视为减贫战略的第二大支柱。有利于穷人的可持续经济增长和良好治理分别为第一支柱和第三支柱。亚洲发展银行的研究表明，重视社会发展的经济增长可以更有效地减少贫困。为实现这些目标，亚洲开发银行建立了中期战略（Medium－Term Strategy Ⅱ 2006—2008）和长期战略（Long－Term Strategy Ⅱ 2001—2015）。希望发展中国家以这些战略为指导推动社会发展，增加贫困人口和弱势群体对社会经济的参与度，从而实现可持续的经济增长。在 2007 年，亚洲开发银行正式提出将经济发展的目标由亲贫困增长（Pro－poor Growth）转向包容性增长（Inclusive Growth）。因为大量研究发现，随着收入增长和贫困率的下降，社会收入分配差距也在逐步扩大。这样的差距将会对经济改革过程中的政治共识甚至经济稳定造成威胁。而解决这一问题的前提是保持经济的持续增长。但在经济增长的过程中要更加注重让所有人，特别是贫困人口，分享经济增长创造的机会。此后，亚洲开发银行将包容性增长、环境可持续发展以及区域一体化共同作为其"战略 2020"（Strategy 2020）的发展目标。"战略 2020"认为，包容性增长目标的实现需要创造和扩大经济机会，并且增加获取机会的途径。为了帮助弱势群体获取经济机会，需要完善教育、健康、社会保障等方面的政策和制度。

亚洲开发银行的包容性发展理念提出后，得到了中国等发展中国家的认可。中国国家领导人先后在 2009 年和 2010 年的亚太经合组织会议上倡导包容性增长，并在 2011 年的博鳌亚洲论坛上提出包容性发展战略，阐释中国在包容性发展上所做的努力和贡献。中国强调包容性发展不仅以推动经济增长为目标，更要考量全面的社会发展。世界银行和联合国也开始采用包容性这一发展理念，作为指导发展中国家实现发展目标的战略框架。

包容性发展的理念虽然受到诸多国际组织和发展中国家的关注但并未形成统一的定义。随着经济发展和社会进步，包容性增长被赋予了越来越丰富的内涵。包容性发展是在包容性增长基础上所发展出来的，相较于"增长"，"发展"更加强调在社会、政治、经济、生态等多维度的进步。从包容性增长的提出，到转变为包容性发展理念的过程中，众多国内学者对包容性发展的内涵进行了深入探讨和研究。综合学者们的观点，从一国国内的角度来看，包容性发展的内涵包括以下几个方面。

第一，包容性发展是机会平等的发展。Ali and Zhuang（2007）[113]认为，经济增长不仅要促进机会的增长，也要增加获取机会的途径。这一定义不仅要求经济增长的速度和方式能够较快地减少贫困，同时要求在亲贫困增长的过程中，让弱势群体积极地参与增长并从中获益。推动机会平等的增长就是包容性发展。机会平等是包容性发展最基本的涵义。包容性发展强调通过可持续增长创造更多的就业机会以及其他机会，同时也强调通过减少和消除各种不平等来促进社会公平和发展成果的共享性，尤其是消除由个人背景的差异所造成的收入不均等，最终实现社会公平。

第二，包容性发展是共享式的发展。包容性增长是把所有人都纳入到增长的过程中，在国家经济增长的同时，将增长的成果合理地分配给每一位社会成员，是"国富而民亦富"的增长。共享式的增长要求在关注一国经济增长总量的同时，更多地关注人民生活水平的提高以及民生问题的切实解决。汤志华（2015）[114]则强调应从内外两角度入手就包容性发展进行解读：从内部而言，强调人与自然的有机统一、社会与经济的共同发展、人类发展的良性循环，保证全体社会成员在机会以及权利方面的平等性；而从外部而言，则更希望不同国家间减少傲慢与偏见，提倡理解与尊重、合作共赢、互惠互利、共同发展。

第三，包容性发展是有益贫式的发展。Klasen（2010）[115]将包容性发展定义为收入和非收入层面的不平等下降，实际上并未超越亲贫困增长的概念。Ali and Son（2007）[116]将包容性发展概括为接受医疗和教育等社会机会的亲贫困的改进，以及这些机会在不同收入者间的分配。这个定义更加关注非收入层面的各项指标沿着收入水平的分配，以观察社会机会的分布有没有向贫困者倾斜。包容性增长的实现是要关注弱势群体，让弱势群体有足够好的生存空间，对权利同质、机会均等和公平竞争的要求更高。蔡荣鑫（2009）[117]认为，"包容性增长"理念的核心要义正是要消除贫困者权利的贫困和所面临的社会排斥，实现机会平等和公平参与，使包括贫困人口在内的所有群体均能参与经济增长、为之做出贡献，并由此合理分享增长的成果。中国发展研究基金会副秘书长汤敏（2010）[118]指出"包容性增长最核心的涵义，就是经济增长让低收入人群受益，最好是让其多受点益。"

随着包容性发展内涵的不断拓展，包容性发展的测定研究也越来越丰富，但是测量的方法存在着很大的差异。魏婕、任保平（2011）[119]针对国内具体发展情况建立了专门性的包容性增长评价指标体系，以 1978—2009 年包容性经济增长的情况为研究样本，从经济增长对增长条件的包容、对要素的包容以及对结果的包容三个角度入手进行了模糊综合评价。卢现祥等（2012）[120]在 Kakwani 与 Pernia 的基础上，建立了一个包容性增长指数，即 $\Phi=1+PEGI/PEGG$。这一指数的涵义与益贫式增长的意义较为相似，将整体减贫效果与收入分配中性条件下经济增长的减贫效果两者间的关联性展现出来。于敏（2012）[121]在 Mckinley 构建的指标体系的基础上，结合中国国情，从以经济增长可持续性、降低贫困与收入不平等、参与经济机会的公平性和获得基础社会保障四个层面入手，全面分析了中国的包容性增长。邸玉娜（2016）[122]以包容性发展三角"机会平等、生产性就业、可持续发展"为框架，对包容性发展的内涵进行了阐释，并在此基础上运用因子分析法对三个维度的指标进行了测度，得到了中国动态及区域包容性发展指数。测度结果表明，中国经济发展的包容性稳步提升，但结构失衡、环境污染等可持续性方面的问题已成为经济发展的约束；东部地区发展的包容性显著高于中西部地区，未来应注重改善区域差异，着力提升中西部地区平等地获得教育、医疗等公共服务的机会。

（二）新制度经济学的交易成本理论

交易成本理论最早起源于 20 世纪 30 年代，自 20 世纪 70 年代中叶以来逐渐成为现代经济学研究的一个热点，不少的年轻经济学家热衷于对该理论的探索并对其发现做出了巨大贡献。如奈特的"道德危机"理论、康芝斯的制度理论、巴纳德的组织理论和卢梭的契约理论。但促成交易成本经济学产生的最为直接的理论渊源是科斯——新制度经济学派的创始人，他在其经典论文《企业的性质》中对该理论进行了系统完整的阐述。

交易成本理论是用制度比较分析方法研究经济组织制度的理论。它的基本思想是：围绕交易成本节约这一中心，把交易作为分析的基本单位，找出区分不同交易的特征因素，然后分析什么样的交易应该用什么样的体制组织（如市场、企业、政府或其他中间形成）来协调。交易成本理论包括以下几个方面内容：①交易的成本总是普遍地存在于人们各种交易行为之中的。这些成本费用在原来的传统经济学理论中是被忽略不计的，真正受到重视是从科斯开始。他认为这些成本费用是客观存在于人们交易行为之中的。如获取信息费用、制定合约费用、代理执行费用等。②交易费用在一些情况下会变得十分高昂，要有效控制与减少交易成本的支出，提高经济活动的内在效率，必须进行合理的制度安排和制度创新。现实中存在诸多的因素促使交易费用的不断放大，如机会主义行为泛滥，政府组织大量寻租、设租行为的存在等等。而要对这些促使交易成本不断扩大的因素进行限制的唯一途径就是制度，依靠一定的方式进行变迁或创新，是经济活动达到帕累托最优，这里的制度创新实际上要解决两个问题：一是信息问题；二是制度激励问题。前者通过制度减低信息不对称和契约的不确定性问题；后者则通过政府激励规则安排，防止机会主义行为的发生。

交易成本理论对政府组织改革的意义：①交易成本成为评价政府组织内部运行绩效的一项重要指标。就行政组织而言，一方面凭借交易成本这一变量，政府能够找出在部门与层级间权力体制、职能关系、权责体系、沟通管道、反馈机制、人力配置、技术设置中存在的一些问题，从而寻求更加有效的组织结构设计方案；另一方面，对于政府在选择或决定自身的一些制度安排时，可以借助交易成本理论，充分考虑到推行或实施这些制度的各种交易费用，达到成本支出与收益比率的均衡性。②政府组织在制定与执行公共政策中，可以根据交易成本理论，更加理性地选择有效用的制度，从而达到降低管理费用成本的目的。根据交易成本理论，交易成本应当是考察政府组织管理国家及社会公共事务的核心标准。如果在公共物品和公共服务的提供过程中，有其他的组织形式比政府组织所支付的交易费用要低，那么这种公共物品和公共服务可以寻求其他替代的组织形式来生产提供。③由于政府经济交易活动的顺利进行，保障社会经济繁荣，政府必须采取有效的措施遏制这些行为。政府若不制定规则制止腐败贪污行为，会增加企业和公众的交易成本支出，这直接危害到市场经济的规则和良性运行，随之而来的是社会资源的急剧浪费，阻碍经济社会的发展。政府要保证正常交易秩序，维护社会正常契约关系，必须有效遏制政府官员的腐败寻租行为。

科斯从企业的角度研究入手指出，企业和市场是协调劳动分工的两种不同的形式，这两种方式之间是可以互替的。企业之所以能取代市场价格机制来协调劳动分工，原因是"企业内部的管理费用与市场费用相比较决定的"。这是科斯在《企业的性质》中表达的观点，如果将政府看成是一种特殊的组织——公共组织，科斯的分析同样适用，政府的最优规模应该在这一点：即政府的交易成本与市场的交易成本相等。市场的交易成本是指获取信息、谈判和签订契约所产生的成本，政府的交易成本是指政府在向社会提供公共服务、生产公共产品过程中发生的"人与人之间活动"产生的成本。根据科斯的理论，政府的交易成本也可称为政府的制度成本，它具体包括政府向社会公众提供公共产品与服务的顾客们的行为和所为改善环境的费用；包括政府在生产、交换、分配及消费公共产品与服务过程中发生的每一笔交易的谈判和签约的费用，其中包括讨价还价、订立合约、监督合约签订者等方面的费用；包括政府在提供公共产品和服务过程中对未来的不确定性和风险预测困难等因素而引起的费用等等。一句话，政府交易成本，包括政府的信息成本、监督管理成本和制度结构变化成本在内的系列制度成本。

因此，政府履行任何职能都是要花成本的，或者说政府的运作是要花费成本的，政府职能的大小和多少，政府规模的确定应该取决于政府交易所产生的边际费用等于市场交易或企业内部交易或社会组织内部交易的边际费用。当政府职能增加时，政府组织运作的成本自然要增加，因此政府职能的边界自然会在某一点上，由以下原则决定：当政府的职能扩张到如此的范围和规模以至于等于再组织一项交易所引起的成本等于市场机制组织这项交易的成本，等于企业内部组织这项交易的成本，等于某一社会组织（某一协会、中介组织）组织这项交易的成本时，政府、市场、企业、社会的职能界限也就确定了，社会资源的运作在政府、市场以及社会组织、企业之间就能达到一种成本最小的状态。从政府成本的时态和形态的角度，可将其分为显性成本和隐性成本。显性成本即政府履行其职能时所需要花费的货币支出，可以计算并在财务预算中列支，大致包括以下内容：人力成本，即政府组成人员的薪金，包括工资、补贴、福利等，影响人力成本的因素主要有：政府机构设置的规模，政府工作人员的数量和人员的工资水平。有人以官民比即财政供养人和总人口比例来衡量政府的人工成本，但公务员的规模是否适度，不仅要考虑官民比，还要考虑公务员在促进经济发展中的作用和公务员的行政效率。机构成本，即政府运行的物质基础，如办公建筑、办公设备、交通工具、会议开支、通讯费用等，这与政府的消费水平有很大关系。随着经济社会的发展，政府消费水平的提高，使得机构成本将同样提高管理成本，即政府行使行政管理职能所消耗的资源。这表现在，政府履行公共管理职能时发生的成本，比如：制定政策和法律制度时，调查研究收集信息的成本，征集专家制定政策的成本，征求各方意见的成本，一些重大决策试点试验推广调整的成本，执行过程中，协调不同阶层和集团利益的成本，管理成本还包括政府行为失当所造成的损失，即政府缺位即不作为，对社会经济领域的放任，听任市场无序和混乱；政府越位，对经济或私人领域过度干预，影响经济活动的正常秩序；政府错位，决策失误所带来的资源浪费和损失，以及对失误进行治理时所耗费的成本；政府出位、滥用职权、腐败和寻租行为所造成的公共财产损失和由此而增加的反腐败成本。隐性成本是隐藏于政府总成本之中，游离于财务审计监督之外的成本，是由政府行为造成的具有一定隐蔽性的成本和转移成本，是成本的将来时态和转嫁的成本形态的总和，通常反映的是政府运行的社会代价机会成本，即由于选择某一方案，放弃其他方案而失去的潜在的最大收益，这在政府制定决策时显得尤为突出。客观上来说，政府做出任何一项决策，都会存在着机会成本，有时因为难以计量或者收益周期太长而将其忽视，从而使机会成本对政府决策的约束或者激励作用大大降低社会成本，即政府行为所造成的对社会经济以及生态等方面的损失,包括:政府效率低下,行政审批程序复杂,公民徒劳往返,企业丧失投资机会和收益;政府决策造成生态破坏,所带来的潜在或未来的损失以及相应的治理花费;寻租和腐败造成政府形象和信誉遭到质疑,信任度降低社会成本影响面广,给社会公众带来一些负面影响,一般这些都难以计量,有的涉及心理感受,影响周期长,还会引发连锁反应。

理论启示:受新制度经济学交易成本理论的启发,政府规模其实是政府履行职能的一种成本,是政府维持其正常运转所能投入的人力资源。那么,既然是一种成本,就应该进行控制;既然是一种资源,就应该节约使用。成本收益原则要求我们增加有效成本的投入,控制无效成本的支出,并处理好增加有效成本的投入、促进发展和提高行政有效性降低服务成本之间的关系。因此,从"强化成本控制意识"的角度来研究有一定价值。

(三)新公共服务理论

新公共服务理论是基于对新公共管理理论的反思,特别是针对作为新公共管理理论之精髓的企业家政府理论缺陷的批判而建立的一种新的公共行政理论。其代表人物是美国著名公共行政学家罗伯特·B. 登哈特[123]。新公共服务以民主公民权理论、社区和公民社会理论、组织人本主义和新公共行政,以及后现代公共行政理论为基础,同时纠正了新公共管理单一的经济学基础中对人性的假设,把人视为具有公民美德的公民,私人利益是服从公共利益的,并抛弃了新公共管理追求"3E"的单一价值取向,把公平、公正、民主、正义等看作公共管理的重要价值取向。

新公共服务理论的基本内涵有以下几点:①政府的职责是服务而非掌舵。公务员日益重要的角色就是要帮助公民表达并满足他们共同的利益需求,而不是试图通过控制或掌舵使社会朝着新的方向发展。在一个公民积极参与的社会中,公共官员扮演的角色越来越不是服务的直接供给者,而是调停者、中介人甚至是裁判员。②公共利益是目标而非副产品。公共行政官员必须致力于建立一个共享的、集体的公共利益观念,这个目标不是要在个人选择的驱使下找到快速解决问题的方案,而是要创造共享利益和共同责任。③战略地思考,民主地行动。即满足公共需要的政策和项目,通过集体努力和协作的过程,能够得到最有效且最负责任的实现。④服务于公民而不是顾客。公务人员不仅仅是要对"顾客"的要求做出回应，而是要集中精力于公民以及在公民之间建立信任与合作关系。⑤关注责任而不是关注市场。应关注宪法和法令，关注社会价值观、政治规范、职业标准和公民利益。⑥重视人，而不只是重视生产率。公务人员所参与组织的公共组织与网络，如果能够通过基于尊重公民的合作过程与领导分享，就更有可能获得成功。⑦超越企业家身份，重视公民权和公共服务。公共行政官员不仅要分享权力，通过人民来工作，通过中介服务来解决公共问题，而且还必须将其在治理过程中的角色重新定位为负责任的参与者，而非企业家。

新公共服务在理论基础、价值取向、政府角色等方面能很好地纠正了新公共管理存在的问题。公共服务导向型的现代化公共管理应是以政府为主体的公共组织提供公共物品和服务。新公共服务理论重新强调公共性、合法性、公民精神、政府责任在公共管理中的作用，强调公民社会与政府资源互融和协调，公平、民主地运用公共权力并以科学的方法，依法对社会公共事务进行管理，成为现代公共管理的希望之所在。

理论启示：新公共服务反对新公共管理的效率至上的价值观，重新肯定公共利益在政府服务中的中心地位，强调经济和效率不是公共行政的核心价值，核心价值是社会公平。

二、国内外文献综述

（一）城市化与经济增长

目前，城市化与经济增长影响的研究主要集中在两者关系的定量检验上，以及城市化与经济增长影响机理的定性分析。

城市化与经济增长关系的定量检验，学者们主要以不同时空的时间序列、不同地域的截面或面板数据为样本，采用主成分分析、单位根和协整检验模型、动态计量模型等不同方法，来实证检验城市化与经济增长之间的关系。绝大部分的检验得到，城市化与经济增长之间是正相关的长期均衡关系。McCoskey & Kao（2000）[124]通过对 52 个不同发展水平国家的资料与数据进行动态计量分析发现，城市化与人均资本、人均产出之间存在着一种长期的均衡关系。Henderson（2000）[125]根据世界上不同的国家城市化水平与人均 GDP 对数变量的数据进行了实证研究，最终计算出了二者之间的相关系数为 0.85。另外，Henderson（2004）[126]进一步认为，城市化与经济增长之间正相关关系的成立与一个国家的制度、政府实行的政策和各个城市间的互动等因素有密切的关系。周一星（1982）[127]与许学强（1997）[128]分别研究了世界上 137 个和 151 个国家和地区的数据资料，指出城市化与经济增长之间的关系是一种十分明显的对数曲线关系。高佩义（2004）[129]利用 168 个国家与地区的城市化水平及其人均 GDP 进行了排序对比，得出城市化与经济增长之间呈双向互促的关系。李金昌、程开明（2006）[130]依据 1978—2004 年的时序数据，利用协整检验、格兰杰因果检验、误差修正模型、脉冲响应及方差分解等方法，对城市化水平与经济增长的关系进行动态计量分析。结果发现，经济增长是城市化水平提高的格兰杰原因，经济增长对城市化产生较大的正向冲击效应，而城市化对经济增长的作用强度不大；城市化水平受人均 GDP 影响的效应逐步增强，受自身影响的效应不断减弱，而人均 GDP 受自身波动影响的效应不断上升，受城市化水平影响的强度逐步下降。对我国城市化与经济增长关系的深入认识，有利于各级政府在推动城市化和促进经济增长的过程中采取合理对策，避免走入误区。还有部分研究进一步得出了两者影响关系的形状，对数曲线关系（成德宁，2004[131]，沈坤荣等，2008[132]，阳立高，廖进中，2009[133]，陈明星，陆大道，2009[134]）、倒 U 型关系或者是 S 型曲线关系（美国地理学家诺瑟姆，1979，Davis and Henderson，2003）。Davis and Henderson（2003）[135]研究结果表明城市化与人均国内生产总值之间呈 S 型曲线关系，在经济发展初期，城市化水平上升较慢，接着快速增长，然后变缓慢。张优智、陈娟（2019）[136]采用 1978—2017 年的相关数据，基于平滑转换回归（STR）模型研究了我国城市化对经济增长的非线性影响效应。实证检验发现：两个变量之间的动态关系适合使用非线性的 LSTR2 模型来刻画，城市化与经济增长之间的关系存在两个门限值，其转换变量是前两期的经济增长速度。当前两期的经济增长速度出现较快下降或者出现较快上升的时候，我国经济增长就会受到城市化的非线性影响。此时，城市化能够促进经济增长。

城市化与经济增长影响机理的定性分析方面，主要基于区位理论、二元结构理论、内生增长理论等不同理论进行了探讨。

基于区位理论，从"集聚效应"和"规模效应"角度，分析了城市化与经济增长影响机理。区位理论将城市经济视为一种社会生产或生活的组织方式，以社会生产、生活要素和活动在空间上的集聚为主要特征，城市的集聚特征的社会、经济效益优于分散系统，这正是个人、企业等经济个体向城市集中进而推动城市化过程的动力源。城市化使得人口、物质、技术、信息、资金等生产要素以"流"的形式大规模集聚，城市人口密度、资金密度等的规模变大、集聚程度的提高促进了生产效率的提升，尤其是产业集聚使得产业结构发生演变，产业自身得到升级优化，同时，城市经济的快速增长也会吸引更多的要素集聚。所以城市化通过要素的"规模效应"和"集聚效应"促进城市经济的增长（Baldwin & Martin, 2004, Baldwin, Brown & Rigby, 2008）。Baldwin & Martin（2004）[137]利用设计一个区域经济内生增长理论框架，研究并且比较了存在本地溢出效应与不存在本地溢出效应下的经济增长，进而得出城市化进程中城市的"集聚效应"可以促使城市不断发展壮大，从而促进经济的持续增长。另外，Baldwin, Brown & Rigby（2008）[138]根据加拿大 1989—1999 年相关地区的资料进行了面板数据分析，他们也得出了城市化的"集聚效应"和"规模效应"可以促进经济增长的结论。

基于刘易斯的二元结构理论，从"劳动力市场"角度，分析了城市化与经济增长影响机理。刘易斯的二元结构理论是较早通过城乡收入差距和人口流动解释经济增长和城市演化问题的经济观点，从一个侧面描述了发展中国家经济发展的基本规律，按照这一思路，农村剩余劳动力将不断涌向城市；与此同时，以工业为主导的城市现代部门则可以将由此获得的超额利润继续投资、扩大生产规模和继续吸收农村剩余劳动力。在城市化过程中，农村人口不断向城市转移，劳动力从生产效率低的农业部门转移到劳动生产率较高的城市工业部门，能有效地提高劳动生产率，另外，农民工市民化有利于扩大国内消费需求，缩小城乡收入差距，进而推进经济增长（Cai&Wang, 1999, 陈淑清, 2003）。Cai&Wang（1999）[139]使用与世界银行同样方法计算出 1978—1997 年中国农村劳动力转移对经济增长的贡献约为 20 个百分点，农村劳动力非农化转移是改革开放以来支撑中国经济增长的重要因素。陈淑清（2003）[140]从供给、需求和产业三个角度分析了城市化推动经济增长的原因，他认为，在城市化过程中，农村劳动力不断向城市转移，有效地提高了劳动生产率。国务院发展研究中心课题组（2010）[141]研究认为，农民工市民化有利于扩大国内消费需求，还通过CGE模型进行模拟和计算，结果表明农民工中每有1 000万人获得无差异的市民身份，就可以拉动经济的增长1个百分点。

基于内生增长理论，从"人力资本"和"技术创新"角度，分析了城市化与经济增长影响机理。内生增长理论模型的构建大致可以分为资本（尤其是人力资本）积累、外部性和创新机制等三类理论楔子。强调（物质和人力）资本积累对持续经济增长之重要性。该观点认为，在城市化过程中，因为人力资本积累，促进专利生成，知识与技术的外溢效应提高了劳动生产率，劳动力市场的共享效应、需求关联与成本关联的循环累积因果关系效应的共同作用和影响，使得经济发展过程中的成本得以降低，进而有利于经济可持续增长。此外，城市化还能够促进城市功能创新、提高固定资产投资效益推动经济增长（Glaeser&Mare，2001；吴福象、刘志彪，2008）。Glaeser&Mare（2001）[142]分别使用不同的方法估算出聚集经济随时间变化的效应，认为城市化有利于加快劳动力的人力资本积累速度，提高人均劳动生产率，促进经济增长。吴福象、刘志彪（2008）[143]通过对长三角地区16个城市的研究，发现城市化有利于人力资本积累并促进专利生成，推动经济增长，此外城市化还能够促进城市功能创新、提高固定资产投资效益推动经济增长。

（二）城市化对政府规模的影响

城市化对政府规模的影响机理，从"供应"和"需求"两个角度来进行诠释。

地方政府收入对土地的依赖一直是弥补地方政府收支缺口的重要来源。中国城市化以"地方政府垄断土地一级市场"为特征，政府作为城市化的重要推动力量，掌控着大量土地资源，成为土地红利和税收增长的受益者。城市化加速发展使得要素价格变化，尤其是土地价格上涨，对经济增长格局和政府财政行为产生了深刻的影响。一方面，政府及某些获准进入土地市场的企业，可以在较低的融资成本与不断上涨的地价（房价）之间获取较大的利益，因此，政府有扩大这种利差的动机；另一方面，城市化也使得政府有动力、有途径来增加与土地城市化直接关联的资本密集型的公共资本投资，在政府的推动下，城市的数量和空间规模都出现了大幅度的扩张，房地产价格加快上扬，城市化开始显现相对独立的运行态势和自维持的经济景气（文雁兵，2014[144]）。因此，从"供应"角度来看，土地财政确实是城市化建设的重要"生财"渠道，城市化对政府财政收入规模的扩张有一定的推力作用。

但是，政府在推进城市化的过程中，需要解决公共服务这一重大问题，使进城农民享受均等公共服务。中国已经出现了一些城市化亚健康状态的病状，城市就业岗位不足，城乡居民公共服务水平低，城市经营效率低下，农民市民化与本土化难度大，城市水荒、电荒、地荒、房荒、民工荒等日益突出，资源与生态环境保障问题日益严峻，城市化发展质量难以提升等一系列病态。在城市空间公共利益与私人利益交错与矛盾时，政府相关部门需要花费大量的财力和人力来治理这种"城市病"（方创琳，2010[145]）。另外，城市化建设中的旧城改造或新区开发等城市建设也是十分重要的，它需要大量的资金，为保障资金来源，政府往往引进开发商，由开发商垫资进行土地征收、拆迁安置等，为了增加对开发商的吸引力，政府往往使公开出售流于形式。这会减少政府土地出让的收益，减少了政府提供公共服务的能力，影响了新型城市化过程中农民的利益。因此，从"供应"角度来看，城市化过程中的公共服务和城市建设确实给政府带来了一定的财政压力和人力需求，城市化对政府财政支出规模和政府人员规模的扩张也有一定的促进作用。

（三）政府支出规模对经济增长的影响

从学术史的角度来看，真正将政府支出规模与经济增长联系起来，似乎可以从凯恩斯那里找到理论源头。凯恩斯经济学认为，由于信息不完全、外部性、垄断等原因，市场会出现失灵，政府可以制定相应扩张性的经济政策，通过增加需求，鼓励消费，引导需求，以此克服市场失灵，促进经济增长。罗斯福新政与凯恩斯主义的不谋而合及建立在凯恩斯理论基础上的宏观经济学理论的发展，在一段时间内人们对凯恩斯经济学的争议不大。

但是，目前学术界关于政府支出规模对经济增长的影响的观点出现了一些分歧。一种观点认为，政府支出规模增加会挤占民间经济资源，产生副作用，不利于经济增长。如 Yamamura, Eiji（2011）[146]；Carmignani, Fabrizio；Colombo, Emilio；Tirelli, Patrizio（2011）[147]认为，政府支出规模通过资本积累这个中介变量对经济增长产生负面影响。另一种观点认为，政府支出特别是有关通信、交通等基础设施建设投资以及有关民生教育、医疗卫生等社会基础设施投资有助于外部经济发展，促进经济增长（Lucas, 1988[148]；Blankenau, Simpson, 2007[149]；Albanese, Giuseppe, et al., 2012[150]）。杨子晖（2011）[151]将这两个观点综合考虑，把政府支出规模和经济增长放在一个非线性的框架下进行了研究，结果表明政府支出规模与经济增长之间存在着非线性关系，这说明政府支出规模对经济增长的影响从根本上取决于其对总产出的边际效应。

政府人员规模对经济增长的影响也存在一定的争议。从"财政负担"角度来看，普遍认为目前中国的财政供养人员规模庞大，"吃饭财政"现象在众多政府出现，政府人员所消耗的行政支出占财政支出比例大幅增加，导致政府在提供公共服务上的财力严重不足，不利于经济增长（刘铮, 2008）[152]。从"寻租、腐败"角度看，随着党的十八大反腐力度的加大，从重量级的部级干部到地方的县级干部，大批官员纷纷落马。这说明政府部门中存在一批人员，他们不去真正提高生产效率和解放生产力，而是靠"寻租"和"腐败"将大量的社会资源落入到公务员的钱包，形成他们的灰色收入，导致社会生产和资源配置的失效，腐蚀政府的工作能力，造成政府失灵。所以，政府人员规模的扩大也不利于经济的发展（杨化龙, 2012）[153]。但是，从"就业"角度看，陈东琪（1993）[154]发现政府不仅被作为一个高效服务的机构来对待，而是被作为一个"劳动力蓄水池"，政府对就业承担了过多的责任。加之基本实行单位分配的福利保障机制，使简单的政府裁员与社会稳定密切相关，而无法轻易而为之。所以，从政府提供更多的公共职位来解决就业问题这个角度来看，政府人员规模对经济增长有一定的促进作用。

综上所述，目前学者们在"新型城市化的概念界定及测量"、"城市化与经济增长"、"城市化对政府规模"以及"政府规模对经济增长"这些关系上已经做了大量研究，为本研究提供了一定的逻辑基础。但现有研究有几点缺陷和不足：第一，目前基本集中在关于城市化对经济增长的效应研究。然而，随着城市发展理念的改变和生态城市理论的兴起，新型城市化理论的价值取向已发生了重大变化，由"城乡二元结构"向"城乡一体化"转变，由"强调经济和产业发展"向"重视人本、生态建设"转变，经济增长已不是城市化的唯一内涵，确保城乡居民共享社会进步成果，实现城乡良性互动、共同繁荣，创建宜居环境，提升居民生活质量等成为了城市化建设的重要目标，也就是新型城市化建设的目标。因此，在包容性发展模式指导下，探讨城市化对社会包容性发展成为了一个重要科学问题。第二，已有学者从理论上提出了城市化与经济增长之间正相关关系的成立高度依赖于政府的作用（Henderson，2004），但鲜有研究从实证上来检验政府在城市化与经济增长间的具体作用，复杂的政府因素在城市化对经济社会发展中存在多种转化的可能性和作用方向，是直接影响？间接或中介影响？还是调节影响？第三，现有研究更多关注的是新型城市化建设的必要性及带来的各种效益，较少关注政府干预力度及政府职能范围问题，而"政府人员规模"和"政府支出规模"是支撑政府职能实现的两大重要资源，这两大资源的使用也是政府主导下的新型城市化建设需要投入的重要成本，若政府干预过度、职能范围过大必将进一步推升政府成本，因此，从"政府成本"角度，寻求新型城市化推进与政府成本之间的平衡点显得尤为必要，能为政府与市场两股力量的博弈提供理性思考。

基于现有研究的回顾和评述，本章从政府主导下新型城市化的实际情景出发，以"包容性发展理论"为指导，将政府成本、城市化、社会包容性发展的相关研究进行有机融合，建立一个政府成本与"城市化对社会包容性发展"关系的理论框架模型，研究政府成本在"城市化对社会包容性发展"关系中具有的中介效应和调节效应。其意义一方面在于，将"城市化与经济增长"的关系进行了深化和拓展，有助于丰富新型城市化建设的内涵。另一方面，将政府作用引入进来，分析政府成本在"城市化对社会包容性发展"这一关系的中介和调节作用，有助于重新认识政府在新型城市化中的职能定位。

第二节 模型构建与变量选取

一、中介效应、调节效应模型构建

第二部分的文献综述表明：城市化对经济增长的均衡影响已毋庸置疑，但随着新型城市化理论价值取向的改变，城市化必定是中国社会包容性发展的重要驱动力量。同时中国新型城市化建设处处留下了政府的痕迹，政府的行政干预是影响城市化进程的主动力，政府在公共服务提供和城市建设中发挥了市场所不具有的功能，使得政府需要扩大其规模，增加机构人员，扩展财政支出。因此，构建政府规模在"城市化对社会包容性发展"关系中的理论框架模型（图6-1），并提出以下六点假设。

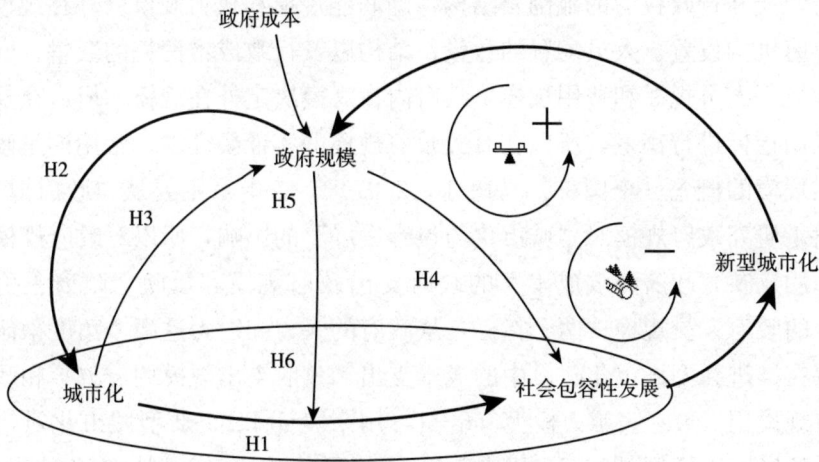

图6-1 理论框架模型

假设H1：城市化对社会包容性发展具有正影响。

假设H2：政府规模对城市化具有正影响。

假设H3：城市化对政府规模具有正影响。

假设H4：政府规模对社会包容性发展具有正影响。

假设H5：政府规模是"城市化对社会包容性发展"关系中的中介变量。

假设H6：政府规模是"城市化对社会包容性发展"关系中的调节变量。

为了逐一验证图1的理论模型及其假设，依次建立以下六个模型：

$$DLI = f_1 + a \times urb + u_1 \qquad (6-1)$$

$$urb = f_2 + b \times scale + u_2 \qquad (6-2)$$

$$scale = f_3 + c \times urb + u_3 \qquad (6-3)$$

$$DLI = f_4 + d \times scale + u_4 \qquad (6-4)$$

$$\begin{cases} scale = f_5 + c \times urb + u_5 \\ DLI = f_6 + a' \times urb + d' \times scale + u_6 \end{cases} \qquad (6-5)$$

$$\begin{cases} DLI = f_6 + a' \times urb + d' \times scale + u_7 \\ DLI = f_7 + a'' \times urb + d' \times scale + g \times urb \times scale + u_8 \end{cases} \qquad (6-6)$$

上述公式中，urb 表示城市化、DLI 表示社会包容性发展，$scale$ 表示政府规模，政府规模一般包括内在规模和外在规模两个方面。内在规模指政府职能和行政权力的范围及结构，即职能规模和权力规模。外在规模是指政府机构设置、人员配置的数量、结构以及行政成本消耗的数量，即机构规模、人员规模和费用规模。政府内在规模决定外在规模，但内在规模难以用指标进行衡量，所以在有关政府规模的实证研究中，常用的是政府外在规模的概念（李国栋、马树才，2007）[155]。本章主要从"政府成本"视角，研究政府规模对"城市化与包容发展"的影响，所以对政府规模主要采用反映"政府财政成本"的政府支出政府规模和反映"政府人力成本"的政府人员规模这两个指标，从政府的人力和财力这两个角度来研究政府在推进新型城市化建设中的成本支出，政府支出规模用 $scale_1$ 和政府人员规模用 $scale_2$ 表示。模型（6-1）用来验证 H1，新型城市化对包容发展的影响；模型（6-2）用来验证 H2，政府规模对新型城市化的影响；模型（6-3）用来验证 H3，新型城市化对政府规模的影响；模型（6-4）用来验证 H4，政府规模对包容发展的影响；模型（6-5）用来验证 H5，政府规模对城市化与包容发展关系的中介效应；模型（6-6）用来验证 H6，政府规模对城市化与包容发展关系的调节效应。

二、变量选取及数据来源

根据构建中介效应、调节效应模型，变量计算方法和统计特征如表6-1所示。

表 6-1 变量定义及统计特征

变量	名称	计算方法	单位	N	mean	sd	min	max
政府支出规模	$scale_1$	政府支出规模/GDP	％	420	18.302	8.2137	6.8892	61.211
政府人员规模	$scale_2$	政府人员规模/总人口	％	420	1.0486	0.2806	0.5651	2.1513
城市化	urb	城镇人口占总人口的比重	％	420	47.642	15.302	23.200	89.600
社会包容性发展	DLI	地区发展与民生指数	％	420	51.413	12.601	28.660	90.570

政府支出规模的测度主要基于国民账户体系（SNA）框架的测算方法，用政府支出占当年 GDP 的比重表示（％）；政府人员指供职于各级党政部门、人大、政协以及工会、妇联、共青团等官办社会团体中的所有行政编制、事业编制以及单位自收自支人员，在国家统计局的《中国统计年鉴》中，他们一直被归入"国家机关、政党机关和社会团体就业人员"类别，从 2003 年起，这个类别改称"公共管理和社会组织就业人员"，该定义和南开大学周恩来政府管理学院张光教授及其他研究者的定义都一致。

目前合适度量经济增长和社会发展的综合指标是人类发展指数（HDI：Human Development Index），但由于该数据在中国省级层面的缺乏，本章采用中国统计学会和国家统计局 2014 年发布的 2000—2013 年中国地区发展民生指数（DLI：Development and Life Index）作为各省经济增长和社会发展水平的衡量指标[22]。DLI 评价指标体系包括经济发展、民生改善、社会发展、生态建设、科技创新和公众评价六大方面，经济增长、结构优化、发展质量、收入分配、生活质量、劳动就业、公共服务支出、区域协调、文化教育、卫生健康、社会保障、社会安全、资源消耗、环境治理、科技投入、科技产出、公众满意度共 17 项二级指标和人均 GDP 等 42 项三级指标，计算与合成充分借鉴了 HDI 方法，能更为客观、全面、科学地反映各地区经济社会发展和民生改善情况，能够充分体现各地区的社会包容性发展状况。

本研究以中国 2000—2013 年大陆 30 个省级政府（由于香港特别行政区、澳门特别行政区、台湾省和西藏自治区这 4 个地方政府相关数据缺失）作为研究对象。所有数据来源于 2001—2014 年《中国统计年鉴》、《中国人口和就业统计年鉴》、《新中国六十年统计资料汇编》、《中国经济社会发展年鉴》等。根据全国人大会议的决定，将大陆 31 省份划分为东部、中部、西部三个地区，西部地区包括四川、重庆、贵州、云南、西藏、陕西、甘肃、青海、宁夏、新疆、广西、内蒙古共 12 个省份；中部地区有山西、吉林、黑龙江、安徽、江西、河南、湖北、湖南共 8 个省份；东部地区包括北京、天津、河北、辽宁、上海、江苏、浙江、福建、山东、广东和海南共 11 个省份。

第三节 中介效应和调节效应的实证分析

根据第二部分构建的中介效应、调节效应模型，首先对政府规模、城市化、社会包容性发展之间的相互关系进行实证检验，在此基础上，检验政府规模在"城市化与社会包容性发展"关系的中介效应和调节效应。

一、政府成本、城市化和社会包容性发展的相互关系

中介效应分析的基本前提是保证政府规模、城市化、社会包容性发展之间都存在显著关系。为此，首先对模型（6-1）—（6-4）进行检验。

本章采用面板固定效应模型对公式（6-1）—（6-4）进行估计。采用这类模型主要考虑有以下几点：①由于观测值的增多，可以增加估计量的抽样精度。②对于固定效应回归模型能得到参数的一致估计量，甚至有效估计量。③面板数据建模比单截面数据建模可以获得更多的动态信息。为了进一步检验面板固定效应模型的有效性，对公式（6-1）—（6-4）分别建立固定效应模型和随机效应模型，经 Hausman 检验得到所有 Hausman 统计量对应的 P 值均小于 1%，表明面包固定效应模型是合适的。为了减少由于横截面数据造成的异方差影响，采用截面权重（Cross-section Weights）的 GLS 估计方法对模型（6-1）—（6-4）进行估计。表 6-2、表 6-3 中模型（6-1）—（6-4）分别对应公式（6-1）—（6-4），表 6-2 研究了政府支出规模、新型城市化和包容发展三者之间的影响，表 6-3 研究了政府人员规模、新型城市化和包容发展三者之间的影响。

表6-2 政府支出规模、城市化和社会包容性发展的影响结果

变量	模型（1）	模型（2）	模型（3）	模型（4）
f	−19.549 9***	32.875 7***	−6.584 9***	22.079 3***
	(0.796 2)	(0.607 8)	(0.728 0)	(0.843 1)
urb	1.489 51***		0.522 4***	
	(0.016 6)		(0.015 2)	
$scale_1$		0.806 8***		1.602 7***
		(0.032 4)		(0.044 8)
$Adj - R^2$	0.969 9	0.976 6	0.886 0	0.858 6
F	451.532 7***	584.683 7***	109.582 4***	85.811 0***
$S.E.$	2.934 4	3.669 0	2.979 2	5.411 3

注：*，**，*** 分别表示10%，5%，1%显著性水平 t 检验，括号内为标准差（以下所有表中对此说明均同）。

表6-3 政府人员规模、城市化和社会包容性发展的影响结果

变量	模型（1）	模型（2）	模型（3）	模型（4）
f	−19.549 9***	16.311 9***	0.200 3***	−4.832 3***
	(0.796 2)	(1.003 5)	(0.025 6)	(1.344 2)
urb	1.489 5***		0.017 8***	
	(0.016 6)		(0.000 5)	
$scale_2$		29.878 4***		53.639 2***
		(0.951 4)		(1.270 5)
$Adj - R^2$	0.969 9	0.987 2	0.931 4	0.896 0
F	451.532 7***	1 076.622***	190.756 7***	121.387 3***
$S.E.$	2.934 4	3.280 6	0.080 6	5.055 7

注：*，**，*** 分别表示10%，5%，1%显著性水平 t 检验，括号内为标准差。

（一）城市化对包容性发展的影响关系

由表6-2、表6-3的模型（6-1）可知，在1‰显著性水平下，urb 通过了 t 检验（0.016 6），且系数为正（1.489 505），这表明城市化水平（urb）对中国的包容性发展起到了明显的正向推动作用，即假设 H1 成立。对城市化水平（urb）对中国的经济增长作用也进行检验，用人均

GDP 表示经济增长水平，得到城市化水平（*urb*）与人均 GDP 建立的面板模型的调整可决系数为 0.886 0，在 1% 显著性水平下，*urb* 也通过了 *t* 检验（50.821 88），且系数为正（2 090.163），这表明城市化水平（*urb*）对中国的经济增长确实起到了明显的正向推动作用。

进一步将中国 2000—2013 年 30 个省级地方政府的城市化水平与地区发展与民生指数（DLI）和人均 GDP 的数据进行对数变换后逐年进行相关性分析，分别得到如图 6-2 所示的 2000—2013 年中国城市化水平与地区发展与民生指数（DLI）的相关系数和中国城市化水平与人均 GDP 的相关系数。城市化水平与 DLI 的相关系数在 2000—2013 年始终大于 0.8，说明城市化与 DLI 高度正相关，城市化水平与人均 GDP 的相关系数在 2010 年以后开始小于 0.8，说明城市化与 DLI 从高度正相关走向中度正相关，并且在 2005 年之前，城市化水平与人均 GDP 的相关系数大于城市化水平与 DLI 的相关系数，2005 年之后，城市化水平与人均 GDP 的相关系数小于城市化水平与 DLI 的相关系数。这说明经济规模扩展、经济利益增加已不是城市化的首要诉求，城市建设已经走出了片面追求经济增长和产业发展的"经济主义"泛滥误区，向注重城市建设的人本化、生态化发展。新型城市化弥补了"包容性不足"的缺点，"包容性城市化"已成为了新型城市化艰涩的一种理论取向和实践思路，所以，研究城市化对包容性发展的作用是符合现实的。

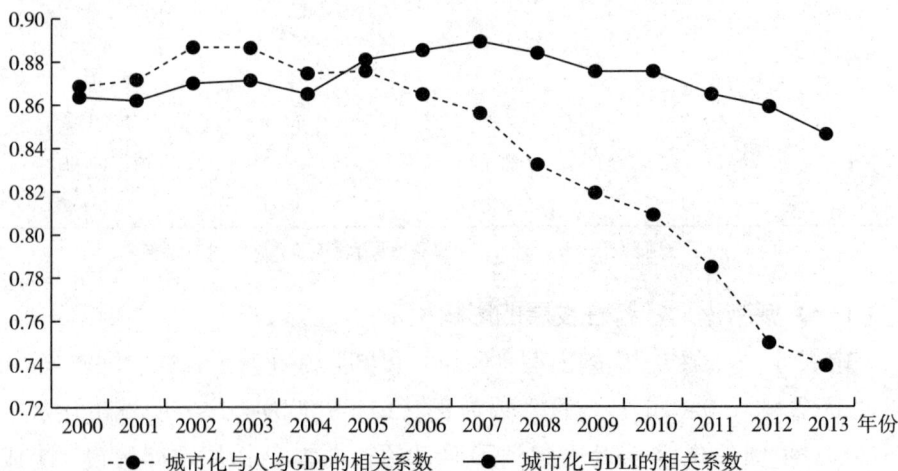

图 6-2　2000—2013 年中国城市化水平与 DLI 和人均 GDP 的相关系数

　　城市化是一种随着工业化发展而出现的社会变迁，从其本质作用上来看，城市化是各种生产要素在地理空间上的聚集，对经济增长和社会发展总体上有较好的正向促进作用。推进城市化发展，有利于发挥城市的集聚效应，实现要素或产品的规模经济；有利于现代产业分工的发展，提高经济社会的运转效率和增加财富的速度；有利于促进区域经济的发展，而区域经济发展反过来又会带动城市化水平的进一步提高，进而影响到人们的生产和生活方式等变化；给人们的各种消费和其他生活需要的满足提供了便利，使人们在城市化的环境下不断提高物质生活和精神生活水平，促进社会发展和实现人类文明的共享等。

（二）政府规模对城市化的影响关系

　　由表6-2的模型（6-2）可知，在1%显著性水平下，政府支出规模（$scale_1$）通过了t检验（0.032 4），且系数为正（0.806 80）。由表6-3的模型（6-2）可知，在1%显著性水平下，政府人员规模（$scale_2$）也通过了t检验（0.951 4），系数也为正（29.878 4）。这表明政府支出规模（$scale_1$）和政府人员规模（$scale_2$）对中国的城市化建设起到了明显的正向推动作用，即假设H2成立。对城市化水平、政府支出规模和政府人员规模的数据进行对数变化后观察系列的走向，图6-3表明我国城市化水平、政府支出规模和政府人员规模的序列具有波浪式向上攀升的规律。说明政府在我国城市化过程中起着较大的作用，虽然城市化是一个复杂的过程，受到各种因素的影响，但政府是影响城市化发展的众多因素中的一个关键因素，所以研究政府规模对城市化的影响是不可忽视的。

（三）城市化对政府规模的影响关系

　　由表6-2、表6-3的模型（6-3）表明，在1%显著性水平下，城市化对政府支出规模和政府人员规模的影响均通过了t检验，且系数为正。这表明中国的城市化对政府支出规模（$scale_1$）和政府人员规模（$scale_2$）的扩展起到了明显的正向推动作用，即假设H3成立。城市化建设的推进，对政府提供的公共服务数量和质量都提出了一定的要求，政府需要提供更多的公共物品、公共服务来满足人们的需求，固然需要花费大量的财力和人力，给政府带来了一定的"负担"。但随着城市化的进一步

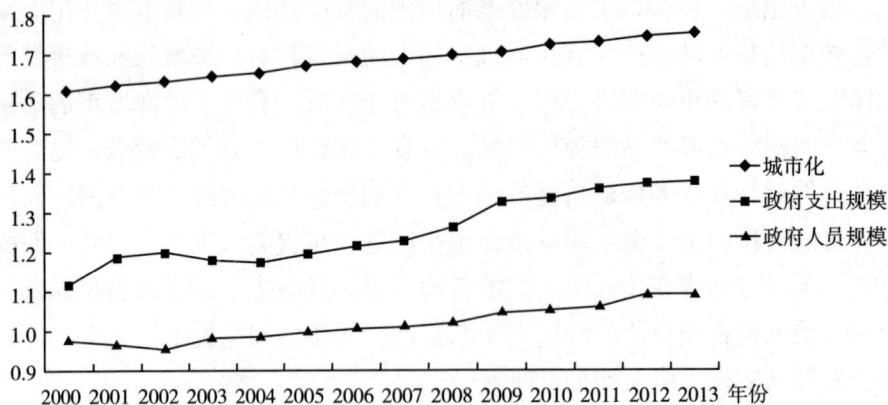

图 6-3　城市化水平、政府支出规模、政府人员规模的序列

推进，会产生"拥挤效应"和"规模效应"，导致居民获得的服务水平下降，因此，在城市化进程推进过程中，政府要高度关注城市化对中国规模的复杂影响。政府规模不能无限制的扩大，要注意政府规模的合理控制。

（四）政府规模对包容性发展的影响关系

由表 6-2、表 6-3 的模型（6-4）表明，在 1% 显著性水平下，政府支出规模和政府人员规模对包容性发展的影响均通过了 t 检验，且系数为正。这表明中国政府支出规模（$scale_1$）和政府人员规模（$scale_2$）的扩张对包容性发展起到了明显的正向推动作用，即假设 H4 成立。

综上所述，政府规模、城市化、社会包容性发展之间存在显著影响，假设 H1、H2、H3、H4 均成立。

二、政府成本的中介效应

在得到政府规模对社会包容性发展均产生明显正向推动作用基础上，进一步按模型（6-5），检验政府规模在"城市化对社会包容性发展"关系的中介效应。模型（6-5）中第一个模型 $scale_i = f_5 + c \times urb + u_3$ 检验结果在表 6-2 中的第 4 列已展现，表 6-4 的第 1、2 列为第二个模型 $DLI = f_6 + a' \times urb + d' \times scale_i + u_6$ 的检验结果。

由表 6-2 第 1 列和表 6-4 第 2 列可知，引入政府支出规模这一中介变量后，城市化对社会包容性发展的影响由 $a=1.4895$ 变为 $a'=1.2507$，通过 1% 显著性检验，中介效应为 0.238 8。由表 6-3 第 1 列和表 6-4 第 3 列可知，引入政府人员规模这一中介变量后，城市化对社会包容性发展的影响由 $a=1.4895$ 变为 $a'=1.2390$，通过 1% 显著性检验，中介效应为 0.250 5。由此得出，政府支出规模和政府人员规模在"城市化与社会包容性发展"关系的中介效应非常显著。

表 6-4　中介效应的检验结果

		中介效应	
		模型（5）（$i=1$）	模型（5）（$i=2$）
$DLI=f_1+a\times urb+u_1$	f_1	-19.5499（0.796 2）***	
	a	1.489 505（0.016 6）***	
	R^2	0.972 085	
	F	451.532 7***	
	S. E.	2.934 429	
$scale_i=f_5+c\times urb+u_5$	f_5	-6.5849*** （0.728 0）	0.200 26*** （0.025 6）
	c	0.522 38*** （0.015 2）	0.017 81*** （0.000 5）
	R^2	0.894 192	0.936 352
	Adj $-R^2$	0.886 023	0.931 443
	F	109.582 4***	190.756 7***
	S. E.	2.979 223	0.080 636
$DLI=f_6+a'\times urb+d'\times scale+u_6$	f_6	-14.9661*** （-19.4895）	-21.0092*** （-30.1567）
	a'	1.250 7*** （55.727 6）	1.239 0*** （53.369 4）
	d'	0.371 2*** （13.469 9）	12.773 5*** （13.664 6）
	Adj $-R^2$	0.976 2	0.978 9
	F	556.025 9***	626.699 6***
	S. E.	2.690 203	2.762 5

三、政府成本的调节效应

按模型（6-6）设定，检验政府规模在"城市化对社会包容性发展"关系的调节效应。模型（6-6）中第一个模型 $DLI = a' \times urb + d' \times scale_i + u_6$ 检验结果如表6-4第2、3列所示，表6-5第2、3列展现了第二个模型 $DLI = f_7 + a'' \times urb + d' \times scale + g \times urb \times scale + u_8$ 的检验结果。

表6-5 调节效应的检验结果

		调节效应	
		模型（6）（$i=1$）	模型（6）（$i=2$）
$DLI = f_6 + a' \times urb + d' \times scale + u_7$	f_6	−14.966 1*** （−19.489 48）	−21.009 2*** （−30.156 74）
	a'	1.250 678*** （55.727 55）	1.238 993*** （53.369 4）
	d'	0.371 233*** （13.469 9）	12.773 53*** （13.664 62）
	R^2	0.977 986	0.980 42
	Adj-R^2	0.976 227	0.978 855
	F	556.025 9	626.699 6
	S.E.	2.690 203	2.762 485
$DLI = f_7 + a'' \times urb + d'' \times scale + g \times urb \times scale + u_8$	f_7	−10.273 8*** （−9.725 5）	−16.156 7*** （−6.111 4）
	a''	0.114 9*** （4.430 5）	1.052 67*** （29.256 5）
	d''	0.114 9*** （2.006 1）	27.671 2** （14.472 0）
	f_8	0.001 9*** （1.674 8）	−0.382 3* （−11.042 9）
	Adj-R^2	0.993 977	0.992 224
	F	2 034.69***	1 528.644***
	S.E.	1.116 36	1.562 255

由表6-5的结果可知，在两个模型的第一阶段回归中，政府规模对包

容性发展产生了显著的正向作用，回归系数分别为 0.371 233 和 12.773 53。在第二阶段回归中，模型（6-6）引入调节变量 *scale*（政府支出规模和支出人员规模）之后，*urb*×*scale* 的回归系数分别为 0.001 906 和-0.382 271，通过 1% 显著性水平 *t* 检验。由表 6-5 的第 2、3 列得到如下 2 个公式：

$$DLI=-10.273\ 8+0.114\ 9\times urb+0.114\ 9\times scale_1+0.001\ 9\times urb\times scale_1$$

$$(6-7)$$

$$DLI=-16.156\ 7+1.052\ 7\times urb+27.671\ 2\times scale_2-0.382\ 3\times urb\times scale_2$$
$$=-16.156\ 7+27.671\ 2\times scale_2+(1.052\ 7-0.382\ 3\times scale_2)\times urb$$

$$(6-8)$$

从公式（6-7）得到，政府支出规模扩展在城市化对包容发展的影响中始终存在显著的正效应，并且，随着政府支出规模的扩大，城市化对包容性发展的正效应会越来越大。从公式（6-7）得到，政府人员规模扩展在城市化对包容性发展的影响中发挥的调节效应有点复杂，当政府人员规模小于 2.753 7% 时（$1.052\ 7-0.352\ 3\times scale_2>0$），随着政府人员规模的扩大，城市化对包容性发展的正效应会越来越大，而当政府人员规模大于 2.753 7% 时（$1.052\ 7-0.352\ 3\times scale_2<0$），随着政府人员规模的扩大，城市化对包容性发展的从正效应转为负效应，且负效应会越来越大，即 2.753 7 是政府人员规模的临界点。这个临界点也刚好落在朱光磊教授及其团队对政府公务人员规模问题进行大量研究（2003，2008，2009）[156-159] 后提出的 1～3 的区间内，他们认为我国公务员规模总量不大，并且提出了一个国家（地区）的公务员总数占该国家（地区）总人口的比例一般不低于也不宜低于 1%，1% 这条线可以作为确定政府机构和人员编制的底线，3% 是高线。

第四节 结 论

通过上述分析，本文得到以下几点结论。

结论 1：城市化对社会包容性发展起到了明显的正向推动作用。这说明经济规模扩展、经济利益增加已不是城市化的首要诉求，城市建设已经走出了片面追求经济增长和产业发展的"经济主义"泛滥误区，向注重城市建设的人本化、生态化发展。新型城市化弥补了"包容性不足"的缺点，"包容性城市化"已成为了新型城市化建设的一种理论取向和实践思路。

结论2：政府规模在"城市化对社会包容性发展"的关系中存在显著的正向中介效应，中介效应分别为0.238 8和0.250 5，即城市化通过政府规模对社会包容性发展产生显著正影响。政府规模在"城市化对社会包容性发展"的关系中存在显著的调节效应，并且政府支出规模的正向调节效应始终存在。而对于政府人员规模而言，只有当政府人员规模小于2.753 7%时，存在正向调节效应，而当规模大于2.753 7%时，则存在负向调节效应，并且这个规模在国内朱光磊教授及其团队和国际比较认同的1%底线和3%高线之内，他们认为一个国家（地区）的政府人员总数占该国家（地区）总人口的比例一般不低于也不宜低于1%，1%这条线可以作为确定政府机构和人员编制的底线，3%是高线。中介效应的正影响表明，扩大政府规模有助于新型城市化建设的推进，但同时，调节效应中存在的临界点表明，过大的政府规模又不利于新型城市化建设的推进。这共同说明，在新型城市化这一个动态的、多层面的社会空间过程中，虽然政府依然是新型城市化的重要动力主体，但政府在城市化进程中是把"双刃剑"，政府规模不是越大越好，也不是越小越好，适度政府规模才能在"城市化对社会包容性发展"关系产生有效的促进作用，这就要求政府规模与城市化和社会包容性发展相适应。而政府规模的大小是政府职能范围的直接体现，因此，适度政府规模就要求政府在新型城市化建设中应该发挥有限的政府职能。政府作为我国新型城市化战略实施的推动力，应当积极介入提供公共产品和公共服务的各项活动中，但政府角色的复杂性和自利性极易导致政府公共性的扭曲，也存在政府失灵的可能。所以，充分发挥市场和社会的力量，构建由政府、市场和社会组织共同参与的新型城市化建设机制，是实现适度政府规模和有限政府职能的重要途径。

结论3：理论分析和实证检验共同表明，城市化和政府规模二者是互动关系，形成了一个反馈机制（图6-1中的粗线），城市化和政府规模的互动影响，共同决定了社会包容性发展的实现。城市化本身不是根本目的，是促进社会经济发展的手段，政府的职能范围及其发挥目的也是为了促进经济社会的发展。因此,两者所形成的反馈机制运行目的就是为了促进社会包容性发展,这也是新型城市化战略实施的最终目标。而当城市化和政府规模间形成良性互动时,这种反馈机制对社会包容性发展是一个动力机制(图6-1中的正反馈环),而当城市化和政府规模间形成恶性循环时,这种反馈机制对社会包容性发展是一个崩溃机制(图6-1中的负反馈环)。所以,寻求一种使经济社会长远发展的平衡机制就非常有必要。

因此,准确定位政府在城市化进程中的角色,避免政府职能的"错位"、"越位"及"空位"等现象,避免政府过度干预而推升的巨额成本,构建政府、市场和社会共同参与的联合机制,以及城市化和政府职能转变的动力机制,是实现新型城市化战略的重要途径。本章对政府在新型城市化建设中的干预力量的强度及政府范围的边界做了一定的研究,那么,政府主导的方向和干预力量的重心应该在哪里,这是后续值得进一步探索的问题。

第七章 新型城市化视角下地方政府成本膨胀效应测度
——基于倍差法的经验研究

由于传统城市化的弊端日益显现，以促进城乡一体化为目标，致力于资源节约型可持续发展的新型城市化成为非常明朗的发展趋势。党的十八大报告确定的我国新型城市化战略，将直接推进我国城市在"五位一体"总布局下的系统转型，并由此带动科学城市化体系的形成。这在客观上提升了政府对城市化水平重要性的认识，然而，也使得许多地方仅仅把城市化作为一项不得不完成的任务去推进。政府作为特有资源垄断者，具有不计成本的偏好，在对投资的有效监管体系尚未建立下，就片面追求城市化和经济增长速度等政绩，在一定程度上造成盲目投资、低水平重复建设等现象，导致城市发展建设投资效率不高，出现不计成本地推进城市化的倾向。而在以高投入、高消耗为主要特征的粗放型城市发展模式下，低投资效率又进一步加剧了投资规模的膨胀，导致城市发展资金短缺现象更加严重。

因此，以"新型城市化"为切入点，从"政策评估"角度，研究新型城市化战略的实施对政府成本影响的实际效果。不同于已有的省级、市级层面的实证研究，本章采用政策评估的计量方法——双重倍差法（DID）来测算新型城市化战略对地方政府成本的膨胀效应，这可以有效克服样本自选择问题对估计结果的有偏影响，能较好地处理内生性问题；而且研究结果不仅有助于丰富政府成本扩张的影响因素，为进一步机构改革提供理论依据，还有助于思考城市化建设中的政府成本问题，现有研究更多关注的是城市化的必要性及带来的各种效益，较少关注城市化付出的政府成本，而"政府人员成本"和"政府支出成本"这两大资源是政府主导下新型城市化建设需要投入的重要成本，若政府干预过度、职能范围过大必将推升政府成本。从新型城市化战略视角切入研究政府成本问题，能为政府在新型城市化建设的合理干预提供一种思考。

第一节　相关理论及文献综述

一、政府成本扩张成因理论

（一）瓦格纳法则

德国经济学家瓦格纳（Wagner）[160]在对 19 世纪的大部分欧洲国家、日本和美国的公共部门的增长情况作了考察后提出，现代工业的发展会引起社会进步的需求，社会进步必然导致国家活动的增长，由此发现了"政府职能不断扩大，以及政府活动持续增加的规律"，并将其命名为政府活动扩张法则（The law of expanding activity），或称之为瓦格纳法则。其基本内容是：①一方面，随着社会的发展，要求不断维护社会秩序，建立健全并不断完善各种法律法规和规章制度，以保证市场经济机制发挥作用所必需的社会环境条件；另一方面，在经济工业化和随之而来的管理集中化、劳动力专门化的条件下，经济结构以及当事人之间的关系越来越趋于复杂化，所有这些都有赖于公共部门活动的加强。②政府提供的公共物品和劳务的范围越来越大，诸如交通、银行、教育、卫生保健等项目，通常具有一种天然垄断的属性，且投资数额大，外部效应显著。如果交由私人部门经营，则很容易因私人垄断而导致社会的不安定，所以，政府介入这些项目，将这些物品或劳务的提供纳入其职能范围，是一种必然的事情。随着社会上实际收入水平的上升，对于这些项目的公共支出将会超过国民生产总值的上升幅度。据此，瓦格纳得出结论，政府活动不断扩张所带来的公共支出不断增长，是经济社会发展的一个客观规律。

理论启示：瓦格纳法则为我们研究政府成本的影响机制提供了两个最基本的理论视角：①经济增长是政府扩张的最重要因素；②现代国家的政府活动的增加是必然的。这是认识政府成本膨胀问题的首要前提。

（二）公共选择理论

公共选择理论是运用经济学的逻辑和方法来研究政治学主题的一个新政治经济学分支，旨在将市场制度中人类行为与政治制度中的政府行为纳入同一分析的轨道。它产生于 20 世纪 40 年代末，60 年代末 70 年代初形成一种学术思潮。主要代表学者有詹姆斯·布坎南、丹尼斯·缪勒等[161]。公共选择理论主要从如下 5 个方面解释了政府规模扩张的决定性因素。

1. 政府是公共物品的提供者和外部不经济的消除者

公共选择理论认为，政府就是为了提供公共物品并消除或减轻外部不经济而存在的，一方面，公共物品的各种特性决定了其只有政府提供才最为经济，因此，诸如教育、交通、卫生保健等与经济社会发展密切相关的社会公共基础设施以及社会公共服务项目的建设均被纳入了政府职能的范围。另一方面，经营一些外部不经济行业产品的收益和成本的不对称性，使得这类产品的供给也只能够由政府来完成，因此，诸如环保、国防等公共安全和战略性产品的提供也理所应当地成为了政府的职能。随着社会的发展，社会对公共物品或服务的需求随之增加，外部不经济的问题也愈发严重，这就对政府干预经济及直接从事经营生产的需求不断增大，引起了政府支出的增加和政府活动范围的扩大。

2. 政府是社会再分配的调节者

地方政府作为社会再分配的调节者促使政府规模增长。现如今，调节社会再分配，为社会中承受力差的阶层提供保障已成为地方政府扩张的重要源泉。公共选择理论在解释政府再分配职能导致政府规模扩张的理论模型主要有梅尔策—理查德模型和佩尔兹曼模型。两者假设的前提一样，一是收入再分配是由富人流入穷人的，二是政府增长或说是转移支付增长的受益者支持政府扩张。其差别在于：梅尔策—理查德模型把增加的收入不公平与扩展股票权作为政府增长的基本原因，收入低于中位数的选民都赞成增加政府的转移支付；佩尔兹曼模型则认为，政府规模扩大取决于收入再分配的形式。尽管二者意见有分歧，但有一点是毋庸置疑的，即政府的再分配是解释政府规模扩张的一个重要成分，基本上是政府预算中转移支付这部分增长的原因。

3. 官僚制度

公共选择理论认为，不论是官僚个体还是整个官僚机构，都是一个理性的"经济人"，在决策的过程中，都要追求自身效用的最大化。这一追求的过程导致了地方政府规模的扩张。具体来说，主要体现在以下三个方面：第一，地方政府会通过隐藏其真实成本来实现预算的最大化，而正规的政府预算又是鼓励政府浪费金钱的。第二，官僚本性会追求权力的扩张，让权力延伸到所能达到的每一个角落。在这一过程中，官僚机构会竭尽全力地去寻找政治体制和政治制度的空缺，并利用权力去弥补，这样的动机使得政府的权力规模不断扩大。第三，帕金森定律揭示了政府机构不断膨胀的两大动力。著名的帕金森第一定律指出官员数量增加与工作量并无关系，而是由两个动因造成的。其一，每一个官员都希望增加下属而不是对手（如"投票"）；其二，官员们彼此为对方制造工作（如行政审批、工商、税务、审计、公安、既得利益驱使等）。这两种动因是与官僚体制与生俱来的。他们的出现，一方面，引起机构人员的冗余，另一方面，也影响了政务处理效率，相对增大了政府规模。

4. 利益集团

根据阿尔蒙德和小鲍威尔等人的观点[162]，利益集团是具有特定共同利益要求的人们构成的，并试图通过影响政府的政策和行为来实现和维护自身利益的社会群体，它既包括具有一定规则和组织机构的利益团体，也包括大量松弛的、缺少组织形态的利益集团类型。据此定义，我们可以发现，任何国家在任何时期都有利益集团的存在。它的存在有着积极的意义，它的存在和发展是民主意识进步的体现，对其团体成员有利益增进的功能，并可弥补政策制定和立法方面的不足之处。但与此同时，它的负面效应也不可小觑，利益集团的发展壮大会损害公共利益，误导决策，阻碍正常的立法和行政活动，还会造成政府规模的扩张。

5. 财政幻觉隐藏了政府规模扩张的真相

在西方财政学中，首先引入"财政幻觉"这一词汇，用以说明选民主观认识到的财政支出规模与真实状况的差别。公共选择理论学者在此基础上进一步提出了"财政幻觉"的存在掩盖了政府规模扩大的真相，从而引起了政府规模的持续扩张。最初提出"财政幻觉"的意大利经济学家普维亚尼认为，个人进行财政选择时，不得不依赖的财政制度会有制造幻觉的作用，进而改变个人的行为。只要公民没有意识到他们正在承受着大的税收负担，他们就会对选举的对象形成不完全的概念，产生了一种幻觉即政府比其实际的规模小。作为立法行政机构来说，他们希望尽可能地减少纳税人对于任何给定税收水平的反抗，因而会尽力依靠组织财政制度制造财政幻觉，使纳税人觉得所承担的税收比实际轻或者使受益人觉得提供给他们的公共物品或服务的性价比高。这样通过税收负担掩盖或信息隐藏的方式，政府规模实际上却超出了公民意愿的水平。

理论启示：公共选择理论认为，政府作为公共物品的提供者和外部不经济的消除者是其存在的原因。随着社会的发展，人们对公共物品需求不断增加，对消除经济外部性的需求不断扩大，从而形成了对政府规模扩张的外在需求；政府的官僚体制本质为政府的扩张提供内在动力；利益集团的存在进一步推动了政府规模的增长；而财政幻觉则为其提供了掩护；众多因素共同作用，政府规模扩张成必然之势。公共选择理论在这方面的解释具有其独到之处，且具有较高的价值。

二、政府成本膨胀因素

目前，国内外学者从不同视角对地方政府的财政成本和人力成本因素做了大量研究。

(一)国外文献关于政府支出膨胀因素研究

经济因素主要包括经济发展水平、宏观经济波动、收入分配状况、经济开放程度、税收、财政分权及其制度安排等。德国经济学家瓦格纳认为，政府规模扩张的最基本原因是工业化，在工业化进程中，人均收入增加，社会公众对公共服务的需求增加，导致政府活动扩张即政府支出规模扩大[160]，这被 Bird（1971）称之为"瓦格纳法则"[163]。随后很多学者利用单个国家的时间序列数据、跨国截面数据或者面板数据展开了一系列的研究，以检验该理论的有效性。Ram（1986）[164]利用相当大的跨国样本数据证明了 Wagner 法则的有效性，并进一步得到这种正效应在低收入国家更强。Engen 和 Skinner（1992）[165]采用两阶段工具变量法，Evans（1997）[166]利用随机增长模型，都得到了经济增长与政府规模没有显著关系这一中间观点。进入 21 世纪，外国学者越来越关注 Wagner 法则在中国的有效性。Tobin（2005）[167]从 Keynesian 模型出发，利用中国 1978—2001 年的数据得到 Wagner 法则适用于改革开放后的中国。而 Akitoby（2006）[168]得出，像中国这种发展中国家，Wagner 法则还是不成立的。Paresh Kumar Narayan 等（2008）[169]采用面板单位根、协整和格兰杰因果关系来检验 Wagner 法则，发现结论比较复杂。中国的中部和西部省份的面板支持 Wagner 法则，而各省份完整面板和中国东部省份的面板不支持 Wagner 法则。Alfred 和 Wu（2012）[170]利用面板固定效应模型得出中国不支持 Wagner 法则。此外，Meltzer and Richard（1981）[171]和 Krussel 和 Rios - Rull（1999）[172]研究了一个国家的收入分配状况通过对社会公共服务的影响而产生的对政府支出规模与结构的影响。Alesina and Wacziarg（1998）[173]等研究了经济开放程度对政府支出规模与结构的影响。Roderik（1996）[174]认为，开放的国家更容易受到外来的冲击，所以更需要一个大政府来充当稳定器的角色。Benarroch，Michael；Pandey，Manish（2012）[175]的研究都得出支出规模和开放程度没有关系。Qian and Roland（1998）[176]和 Shadbegian（1999）[177]研究了财政分权及其制度安排对政府规模支出与结构的影响。Andress Bergh，Martin Karlsson（2010）[178]从自由经济与全球化的角度研究对政府支出规模的影响。Bergh，Andreas；Henrekson，Magnus（2011）[179]通过提出两个假设：①信任程度高的国家能在不损害经济增长前提下扩大政府部门。②一些大政府国家通过高税收和支出来补偿政府政策。研究了信任程度和经济增长对政府支出规模的影响。且这两个假设都得到了证实。Andersen，Jorgen Juel（2012）[180]认为，税收对政府支出规模有影响，特别在扭曲性税收下，议会制有助于缩小政府支出规模。

社会因素主要包括人口规模与结构、民族构成、种族及宗教等。从本质上讲，公共服务的数量与种类决定了政府支出规模与结构，而人口等社会因素会直接影响到公共服务的需求和提供成本，因而对政府支出规模与结构具有重要影响。Alesina 和 Wacziarg（1998）[181]讨论了人口规模对政府支出规模的多重影响，一方面，人口规模增加可以带来规模经济效应，从而有助于降低公共服务提供成本，避免政府支出规模膨胀，但另一方面，人口规模增加也会加剧公共服务偏好的异质性，从而带来对财政支出的压力。类似地，种族和民族构成也会对整个社会公共服务偏好的异质性以及政府再分配项目的决策产生影响，进而对政府支出规模与结构产生影响（Baqir，1999[182]；Alesin，2003[183]）。但 Gerdes，Christer（2011）[184] 的研究不支持种族异质性对政府规模有负影响。Elgin，Ceyhun；Goksel，Turkmen 等（2013）[185] 讨论了收入不平等和宗教对政府支出规模的影响。

政治因素主要包括政治体制、选举规则、政党的意识形态、投票权、政府组织结构、民主、腐败、寻租及女性市场参与率等。Lott and Kenny（1999）[186] 认为投票权、聚会权等民主权利会直接影响到选民的公共服务偏好以及政府决策过程，从而对政府支出规模与结构产生影响。Jaimovich，Esteban；Rud，Juan Pablo（2014）[187] 认为腐败、寻租陷阱通过影响财政资源配置效率从而对政府支出规模和结构产生重要影响。Francisco Azpitarte（2011）[188] 研究了腐败对政府支出规模的约束影响。Funk，Patricia；Gathmann，Christina（2011）[189] 认为直接民主对政府支出规模有抑制作用，但效果比较温和。Pettersson - Lidbom，Per（2012）[190] 认为立法机构数量会抑制政府支出规模。Go Kotera，Keisuke Okada（2012）[191] 讨论了政府规模与民主、腐败之间的关系。Maldonado，Beatriz（2013）[192] 研究了政治体制、选举规则对政府支出规模的影响。Bjornskov，Christian；Potrafke，Niklas（2013）[193] 认为政党的意识形态对政府支出规模有影响。Oto - Peralias，Daniel，Romero - Avila，Diego（2013）[194] 研究了公共部门作风对政府支出规模的影响，认为当官僚作风下降时，政府支出规模减小。Eterovic，Nicolas A（2013）[195] 研究了政治竞争和参与选举对政府支出规模的影响，政治竞争有助于规模减小，而参与选举有助于规模增大。

（二）国内文献关于政府支出、政府人员膨胀因素研究

国内学者和国外学者研究不太一样，除了关注政府支出研究之外，还特别关注政府人员。对可能影响政府人员和政府支出的影响因素从不同的视角做了大量研究，文献非常丰富，对影响因素集有比较全面的认识。

在政府支出规模影响因素研究中，对著名的"利维坦假说"最为集中。长期来说，财政支出规模的扩大和地方政府财政支出比重的增大都会

刺激行政管理支出的增长，从而扩大政府财政规模；而中央政府财政收入比重的增大会抑制行政管理支出的增长，从而抑制政府财政规模（郭庆旺，贾俊雪，2010[196]；江克忠，夏策敏，2011[197]；石沛，蒲勇健，2011[198]）。另外，贸易开放与政府财政规模关系的研究也较多。杨灿明，孙群力（2008）[199]分析了外部风险对中国地方政府财政规模的影响，研究结果表明，在当前中国更为开放的市场经济中，外部风险导致了地方政府财政规模的扩大，且外部风险与社会保障和社会福利支出呈显著正相关。不管实证检验得出对外开放与政府财政规模的正影响还是负影响，都得出了对外开放对政府财政规模存在影响。张光（2008）[200]、范子英（2013）[201]认为人口数量是影响政府财政规模的重要因素，人口的数量涉及劳动成本、人口拥挤、污染、社会问题的成本等，这些问题都需要付出一定的代价和成本去解决，从而使政府财政规模扩张。行政区划面积对政府财政规模的影响（刘博逸，2000）[202]，国家地域范围的大小涉及政府举办和维护社会公共工程的多少，社会公共工程数量大则需要政府提供的社会资源财力数量多。

关于政府人员规模影响因素方面，周子康（1993）、马树才、胡立杰、王威（2005）、朱光磊（2003）、张东波（2003）张光（2008）孙涛（2008）等学者进行了研究。

20世纪90年代初，为推动机构改革工作的实际需要，中编办委托中科院数学所周子康研究员（1993）[203]对县级机构编制核定与分配方法（人员规模配置）进行了实证研究。他认为在考虑影响县级政府编制的各种因素时，首先注意到那些每个县都有的因素，如：县域人口、国土面积、行政区划数、工农业产值、第三产业产值、国民收入、财政收入等，这些因素统称为指标，对地方政府的编制配置类型进行了划分，提出一级政府人员编制应由基数、调整数和附加数三部分组成。这一方案直接进入了中央政府有关决策进程，对地方政府编制规模分配具有重要指导意义。随后，马树才、胡立杰、王威（2005）[204]在对辽宁省及其各地方政府的行政、事业编制规模测算时，选择了地方所管辖的年末人口总数、国土面积、下一级的行政区划数、国内生产总值GDP和财政收入5个影响变量。发现地方政府行政、事业机构编制规模大小与其职能范围和劳动（工作）强度有关，而其职能范围和劳动强度与其所辖区域的人口数量、行政区划、自然地理状况、社会与经济发展水平有着密切关系。

另外，以南开大学周恩来政府管理学院朱光磊、孙涛、张光等为代表的学者对政府人员规模与结构的影响因素进行了大量研究。朱光磊、张东波（2003）[205]提出，经济发展水平、政府财力、农业人口、政府职能都会影响到一国政府人员规模的配置。其中，人口规模是决定一国政府官员总量的基数，并且稳定长期地起作用；经济发展水平是最关键的制约因素；政府财力是一国政府能否雇用更多的管理人员具体的、直接的决定性因素。农业人口多的国家，政府官员规模的比例要低一些。张光（2008）[206]使用六类指标分析了当前中国"官民比"省际差异的影响因素。第一类是各省份经济发展水平。第二类是行政区划，包括3个变量，各省份县级行政区平均人口和面积、民族自治县及行政区所占比重。第三类是财政能力，用各省份地方财政收入和转移支付收入占GDP比重、政府官员平均工资对城镇职工平均工资比测量。第四类是各省份公共服务需求度差异，用小学生和初中生占人口比重测量。第五类是市场化变量，以各省份非国有企业工业产值占工业总产值测量。第六类是历史路径依赖变量，以具有浓厚中央计划经济传统的省级行政区为1，其他省份为0的虚拟变量测量。通过对2006年数据的分析，发现各省份县行政区划规模、经济发展水平、对财政转移支付的依赖程度、计划经济时代的遗产，是决定"官民比"省际差异的主要因素。孙涛（2008）[207]把制约政府官员规模的因素分为"外生变量"和"内生变量"两大类。其中，外生变量包括经济发展水平、城乡社会结构、政府能力。内生变量包括政府职能、政府财力、政府官员薪酬。此外，还存在一些随机因素，包括政策性口号和舆论宣传，某些专业性的"经济"或"生产"部门，一些机构的讨价还价能力，政治上的考虑等等。

综合上述研究发现，政府人员规模和政府支出规模主要受外部因素的影响，如社会、经济、人口和地理等。现有研究成果表明，有哪些因素可能会对政府规模产生影响，即政府规模的"影响因素集"，且学术界对"影响因素集"已达成共识。这些因素的研究为我们理解政府规模系统提供了好的基础。但关于城市化对地方政府成本影响的研究较为缺乏，已有研究得出的城市化水平与地方政府成本之间的相关关系也有一定的分歧，如孙涛（2008）[207]的研究得出两者是正相关，而安岗等（2015）[208]的研究得出两者是负相关。究其原因，我们认为，一方面，城市化地域的异质性和城市化进程的阶段性可能是导致实证结果差异性的一个重要因素；另一方面，现有研究基本采用城市人口与总人口的占比来衡量城市化的水平，但是人口城市化的测量指标已难以准确反映新型城市化的丰富内涵。

第二节　模型构建与变量选取

一、双重倍差模型构建

从政策评估角度，采用双重倍差法（difference in difference，DID），通过构建双重倍差模型，来测算新型城市化战略的实施对地方政府规模影响的实际效果。

（一）DID 基本模型介绍

"倍差法"（Difference in Differences，DID）是借鉴自然科学中的实验方法而出现的，自 20 世纪 80 年代以来被广泛地运用到政策分析方面的一种计量方法。DID 方法，主要通过对外生事件（多为政策变化）前后的因变量的变化与对照组进行对比，从而对外生事件（多为政策变化）影响的真实效果[209]。

通常，为研究一组数据（处理组）的政策效果，需要选取同一时期未受到政策变化影响的另一组数据作为对照组，并将该组数据近似视为假使政策未发生变化，处理组数据将呈现的变化趋势。这样，以政策的施行为分界点，可将数据分为 4 组，在介绍 DID 方法的文献中通常表示为 2×2 维度的 4 个象限，即政策前的对照组数据、政策前的处理组数据、政策后的对照组数据及政策后的处理组数据。通过对比政策前、后两组数据的变化情况，可以估计出政策对因变量的影响是否显著，以及是正向或反向的影响，然后对政策的效果进行评价。

假设 y_{t1}^1 和 y_{t2}^1 分别为实验组样本在干预实施前后的目标值，再设 y_{t1}^2 和 y_{t2}^2 分别为控制组样本在干预实施前后的目标值，于是可以得：

$$\tau = \Delta\Delta y = \Delta y^1 - \Delta y^2 = (y_{t1}^1 - y_{t2}^1) - (y_{t1}^2 - y_{t2}^2)$$

直观地看，τ 就代表了剔除没有外部干预情况下仍然会发生的目标值的前后变化 Δy^2 后剩下的净影响。通过剔除这种变化，可以得到外生事件（多为政策变化）前后由其引起的变化。通过建立以下模型可以更直观地了解 DID 的计算过程：

$$\zeta = \beta_0 + \beta_1 \times period_i + \beta_2 \times treated_i + \beta_3 \times period_i \times treated_i + e_i$$

式中，$period_i$ 是一个时期虚拟变量（$period_i = 0$ 代表基期或者干预进入前，$period_i = 1$ 代表报告期或者干预进入后）；$treated_i$ 是一个样本虚拟变量（$treated_i = 0$ 代表对照组（或控制组）样本，$treated_i = 1$ 代表实验组（或干预组）样本）。因此，ζ 作为目标值，而 $\hat\beta_0$ 就代表基期或干预进入前对照组样本的目标值的平均值；$\hat\beta_0 + \hat\beta_1$ 代表对照组样本在报告期也即干预后的目标值的均值；$\hat\beta_2$ 代表基期实验组与对照组之间目标值的差异；$\hat\beta_0 + \hat\beta_2$ 代表实验组在基期的平均目标值的情况；$\hat\beta_0 + \hat\beta_1 + \hat\beta_2 + \hat\beta_3$ 是实验组样本在报告期的平均目标值；最后，可以发现，根据 DID 方法的原理，$\hat\beta_3$ 就是我们期望得到 DID 值。

（二）DID 基本模型的特点

倍差法的基本思想是：对于外生事件，不能以处理组自身的变化来判断外生变量对其的影响，并且处理组的变化也并非 100% 来源于外生事件，然而我们又无法计算假使当初未发生外生事件时处理组的变化幅度。解决的办法就是，通过选取在外生事件之前，与处理组有时间趋势上有相似性的对照组，理想状况下，两者在其他方面都具有极高的相似度。也就是说，对照组在期初和期末的变化，就相当于假使处理组未发生外生事件时，会发生的变化趋势。那么，对照两组数据，不难观察出外生事件对因变量的实际影响，而通过外生事件前后大量的数据对比，进行科学的计量，可以分析出外生事件对处理组的真实影响。

（三）模型构建

本章采用双重倍差法分析的有利环境包括：①可以有效克服样本自选择问题对估计结果的有偏影响，能较好地处理内生性问题；②目前还未形成简明、系统、权威且具有通用性的衡量新型城市化水平的指标体系，所以从统计学角度无法得到衡量指标。从政策评估角度，来研究新型城市化战略的实施对政府规模影响是本章的创新之处；③我国目前各个地区的城市化发展阶段不同，新型城市化战略在不同省份采取逐步推进方式，这有利于找到处理组和对照组。中国社会科学院城市发展与环境研究所副所长魏后凯表示，沿海地区城市化水平相对比较高，中西部地区已成为了加快城市化建设的主战场[210]。因此，设想新型城市化战略实施对中国地方政府规模会有不同的影响，且对中西部地区的影响效果更为明显。

　　将中国大陆 31 个省份分为两组，即处理组（中、西部 20 省份）和对照组（东部 11 省份），并分成新型城市化战略实施前期（2000—2006 年）和新型城市化战略实施之后（2007—2013 年）。中国科学院可持续发展战略研究组组长、首席科学家牛文元（2009）[211] 曾发表过这样的观点："如果把城市化进程的第一个阶段，看作'传统城市化'的标志，那么城市化的第二个阶段，就应当看作'新型城市化'的本质表现。我国在 2007 年，人均 GDP 已经超过了 2 000 美元，工业化水平也达到了中后期的阶段，城乡二元结构系数已经平均高出 1：3 以上，城乡差异、贫富差异和区域差异都处于较高的数值，因此我国应当采取新型城市化战略，即必须把统筹城乡发展、坚持城乡一体化，形成城乡机会平等、实施公共服务均质化、达到共同富裕，作为城市化战略的主流进入第二个转折期的新型城市化。"所以，本研究将 2007 年作为新型城市化战略实施节点。基于此，采用 2000—2013 年省级面板数据来评估新型城市化战略的实施对地方政府规模膨胀的实证影响。为了验证本章的假设，构建如下双重倍差模型：

$$scale_{it} = \alpha_0 + \alpha_1 w_{it} + \alpha_2 t_{it} + \alpha_3 w_{it} \times w_{it} + \sum \alpha_j control_{it} + u_i + u_t + \varepsilon_{it}$$

$$(7-1)$$

　　上式中，下标 i 和 t 分别表示第 i 个省份的第 t 年；被解释变量 $scale_{it}$ 为地方政府规模。本章主要从政府的人力和财力两个角度来研究政府在推进新型城市化建设中的成本付出，采用政府支出规模 $scale_1$ 和政府人员规模 $scale_2$ 两个指标来衡量政府规模。哈佛大学著名经济学家 Rodrik 曾使用政府支出在 GDP 中的占比来衡量政府财政规模，该比值越大表示政府财政规模越大，否则就越小，此后绝大部分研究政府规模的文献也使用该指标来衡量政府财政规模的大小。常用政府人员规模测量指标主要有三种：各年政府人员总数、政府人员总量占总人口的比重（官民比）、政府人员规模年增长率。而这三种测量指标中，国内外最常用的指标是公务员总量占总人口的比重，也称为"官民比"，该指标也是进行国际间比较最常用的指标。因此，本章也用各地方政府财政支出与当地 GDP 的比值来衡量地方政府财政规模，用政府人员总量占总人口的比重（官民比）来衡量地方政府人员规模。u_i 和 u_t 分别表示个体和时间效应，ε_{it} 为误差项。w_{it} 为中西部地区虚拟变量，若某省份属于中、西部则 w_{it} 取 1，否则为 0；新型城市化战略实施前 t_{it} 取 0，实施后取 1；中西部虚拟变量 w_{it} 与时间虚拟变量 t_{it} 的交互项 $w_{it} \times t_{it}$ 即为倍差法估计量，α_3 度量了新型城市化战略对地方政府规模的净影响。

为了剔除其他因素对地方政府规模的影响，需要对相关因素进行控制，国内学者对可能影响政府规模的因素从不同的视角做了大量研究，根据著名的"利维坦假说"、"瓦格纳法则"、Roderik 和 Afonso、郭庆旺和贾俊雪、杨灿明和孙群力、张光和范子英、马树才等、朱光磊、孙涛等学者的研究思路及控制变量计算方法，本章加入控制变量集 $control_{it}$，它包括人均 GDP、财政分权、年末人口数、行政区划面积、外贸依存度等变量，这些变量的选取原则和计算方法均与已有研究保持一致，这既保证了变量选择和设计具有科学性，也确保了研究结论可与既有的研究作比较。

二、变量选取与数据来源

根据以上构建的双重倍差模型中包含的相关变量，对相关变量的计算方法和统计特征进行描述，见表 7-1。

表 7-1 变量定义及统计特征

变量	名称	计算方法	单位	N	mean	sd	min	max
政府支出成本	$scale_1$	政府支出成本/GDP	%	420	18.302	8.213 7	6.889 2	61.211
政府人员成本	$scale_2$	政府人员成本/总人口	%	420	1.048 6	0.280 6	0.565 1	2.151 3
地区变量	w	中、西部各省取值为 1；东部各省取值为 0	—	420	0.633 3	0.482 5	0.000 0	1.000 0
时间变量	t	新型城市化战略实施后取值为 1，否则为 0	—	420	0.500 0	0.500 6	0.000 0	1.000 0

（续）

变量	名称	计算方法	单位	N	mean	sd	min	max
交乘项	$w*t$	位于中、西部各省且在新型城市化战略实施后取值为1，否则为0	—	420	0.316 7	0.465 7	0.000 0	1.000 0
人均GDP	GDP	人均GDP的自然对数	元/人	420	9.780 5	0.774 6	7.880 5	11.489
人口规模	pop	年末总人口的自然对数	万人	420	8.140 1	0.764 0	6.248 0	9.272 8
财政分权	$decn$	各省财政支出/全国财政支出	%	420	3.307 9	1.724 9	0.573 5	10.334
人均财政收入	fin	政府财政收入/总人口	元/人	420	0.237 9	0.282 2	0.021 6	1.731 0
外贸依存度	$trade$	各省进出口总额/各省GDP	%	420	4.492 7	5.621 7	0.384 9	24.444
县级区划数	div	县级区划数的自然对数	个	420	4.272 2	0.795 6	0.000 0	5.209 5

　　政府人员指供职于各级党政部门、人大、政协以及工会、妇联、共青团等官办社会团体中的所有行政编制、事业编制以及单位自收自支人员，在国家统计局的《中国统计年鉴》中，他们一直被归入"国家机关、党政机关和社会团体就业人员"类别，从2003年起，这个类别改称"公共管理和社会组织就业人员"，该定义和南开大学张光教授定义的一致[200]。

　　本章以中国2000—2013年大陆30个省级政府（由于香港、澳门、台湾和西藏4个地方政府相关数据缺失）作为研究对象。所有数据来源于2001—2014年《中国统计年鉴》、《中国人口和就业统计年鉴》等。根据全国人大会议的决定，将大陆31省份划分为东部、中部、西部3个地区，西部地区包括四川、重庆、贵州、云南、西藏、陕西、甘肃、青海、宁夏、新疆、广西、内蒙古共12个省份；中部地区有山西、吉林、黑龙江、安徽、江西、河南、湖北、湖南共8个省份；东部地区包括北京、天津、河北、辽宁、上海、江苏、浙江、福建、山东、广东和海南共11个省份。

第三节　实证结果估计与分析

一、单变量分析

　　表7-2列出了对照组与处理组样本在新型城市化战略实施前后政府

财政成本和政府人员成本的水平值及其变化情况。在新型城市化战略实施之前，处理组与对照组政府支出成本分别为 11.562 3% 和 17.418 9%，处理组与对照组政府人员成本分别为 0.969 4% 和 0.956 7%，两者的差异在 10% 的水平上显著。这反映出，即使没有实施新型城市化战略，中、西部地区的政府支出成本比东部地区大，中、西部地区的政府人员成本比东部地区略低，这意味着在分析新型城市化战略的影响时，若不考虑消除样本间横向差异可能会得到具有误导性的结论。在新型城市化战略实施后，处理组与对照组政府支出成本分别为 15.468 6% 和 24.728 3%，处理组与对照组政府人员成本分别为 1.078 6% 和 1.169 0%，两者的差异在 5% 的水平上显著。这反映出，在新型城市化战略实施之后，中、西部地区的政府支出成本仍比东部地区高，中、西部地区的政府人员成本反超过东部地区。

表7-2　处理组与对照组的单变量分析

结果变量	新型城市化战略实施前		新型城市化战略实施后		战略实施前后差分值（differences）		战略实施前后变化幅度	
	对照组	处理组	对照组	处理组	对照组	处理组	对照组	处理组
$scale_1$（%）	11.562 3	17.418 9	15.468 6	24.728 3	3.906 3	7.309 4	33.78%	41.96%
标准差（P值）	3.216 4 (0.000)	5.753 1 (0.000)	5.379 2 (0.000)	9.212 0 (0.000)	3.395 9 (0.000)	5.114 7 (0.000)		
$scale_2$（%）	0.969 4	0.956 7	1.078 6	1.169 0	0.109 2	0.212 3	11.26%	22.19%
标准差（P值）	0.280 3 (0.064)	0.220 8 (0.064)	0.293 9 (0.028)	0.281 0 (0.028)	0.115 7 (0.000)	0.128 5 (0.000)		

　　然后，将对照组新型城市化战略实施后的政府财政规模和新型城市化战略实施前的政府财政规模相减，得到对照组新型城市化战略实施前后差分值（differences），即表7-2的第6列，同理得到战略实施前后处理组的差分值，即表7-2的第7列。第6、7列的数据显示，新型城市化战略实施前后对照组政府支出规模的差分值为 3.906 3%，处理组的差分值为 7.309 4%，对照组政府人员规模的差分值为 0.109 2%，处理组的差分值为 0.212 3%，且在 1% 的水平上高度显著。并且由差分值得到新型城市

化战略实施前后政府规模的变化幅度，在政府财政规模方面，对照组的政府财政规模扩张了 33.78%，处理组的政府财政规模扩张了 41.96%，在政府人员规模方面，对照组的政府人员规模扩张了 11.26%，处理组的政府人员规模扩张了 22.19%。

由上述分析表明，从全样本来看，经历新型城市化战略后，政府支出规模和政府人员规模都显著扩大。从分样本来看，相对于东部地区，中、西部地区在经历新型城市化战略后政府支出规模和政府人员规模扩张更加显著。接下来进一步检验该结论。

二、双倍差模型分析

表 7-3 列出了模型（7-1）新型城市化战略对政府支出规模影响的计量结果。模型（1a）中，没有加入任何控制变量，交互项 $w_{it} \times t_{it}$ 系数为 3.403 1，且在 5% 上显著。模型（1b）中控制了个体效应后，发现交互项 $w_{it} \times t_{it}$ 系数未变化，且高度显著，模型的解释力也从 33.88% 增加到 50.47%。模型（1c）中又进一步控制了时间效应，发现交互项 $w_{it} \times t_{it}$ 的系数估计值仍为 3.403 1，且在 1% 的水平上显著，但模型的解释力下降。模型（1d）在模型（1c）的基础上加入控制变量——人均 GDP，发现交互项 $w_{it} \times t_{it}$ 系数下降到 2.621 2，但高度显著。模型（1e）、模型（1f）、模型（1g）和模型（1h）又进一步控制了人口规模、财政分歧、财政收入、外贸依存度等变量，发现这些控制变量的加入尚未对交互项 $w_{it} \times t_{it}$ 系数及其显著性产生显著影响。上述分析表明，新型城市化战略显著提高了政府支出规模。

表 7-3　新型城市化战略对政府支出规模双倍差模型的计量结果

解释变量	模型 (1a)	模型 (1b)	模型 (1c)	模型 (1d)	模型 (1e)	模型 (1f)	模型 (1g)	模型 (1h)
w	5.856 7***	5.856 7***	5.856 7**	9.530 8***	9.278 8***	10.352 3***	10.181 2***	9.170 0***
	(0.000 0)	(0.007 2)	(0.012 5)	(0.000 0)	(0.000 0)	(0.000 0)	(0.000 0)	(0.000 0)
t	3.906 3***	3.906 3***	3.906 3***	−0.190 2	0.566 8	1.607 2	1.169 6	1.228 2
	(0.000 3)	(0.000 0)	(0.000 6)	(0.885 2)	(0.681 1)	(0.305 0)	(0.438 5)	(0.370 6)

（续）

解释变量	模型 (1a)	模型 (1b)	模型 (1c)	模型 (1d)	模型 (1e)	模型 (1f)	模型 (1g)	模型 (1h)
$w \times t$	3.403 1**	3.403 1***	3.403 1***	2.621 2***	2.189 6***	1.614 3***	2.561 9***	2.449 9***
	(0.012 2)	(0.000 0)	(0.000 0)	(0.000 1)	(0.000 3)	(0.001 0)	(0.000)	(0.000)
GDP				4.309 0***	4.116 5***	3.558 1***	2.480 3	2.420 4
				(0.000 6)	(0.000 9)	(0.005 5)	(0.043 1)	(0.038 4)
pop					−5.008 2**	−6.439 0***	−6.695 3***	−7.106 7***
					(0.010 7)	(0.000 1)	(0.000)	(0.000)
decn						0.799 6***	0.939 4***	1.180 8***
						(0.000 1)	(0.000)	(0.000)
fin							3.655 8***	4.630 2***
							(0.003 3)	(0.003 2)
trade								−0.198 3*
								(0.097 0)
个体效应	NO	YES	YES	YES	YES	YES	YES	YES
时间效应	NO	NO	YES	NO	NO	NO	NO	NO
F	72.578 1	143.300 2	29.028 7	150.802 0	122.678 6	103.220 9	90/9 072	80.527 7
Adj-R^2	0.338 8	0.504 7	0.167 1	0.588 5	0.592 2	0.594 1	0.600 3	0.602 9

注：①***、**和*分别表示在1%、5%和10%水平上显著，括号内为 P 值；②被解释变量均为地方政府财政规模（gfs）；③个体效应通过加入30个省份虚拟变量来衡量，时间效应通过加入时间虚拟变量来衡量；④所有模型均考虑了异方差问题，采用稳健性标准误计算 P 值。

细言之，表7-3中的交互项的估计系数位于1.614 3～3.403 1之间，该区间值除以地方政府财政规模的样本平均值18.302 3即可算出，因变量的增加幅度为8.82%～18.59%。这表明，与东部各省相比，新型城市化战略的实施，使中、西部地区地方政府财政规模的水平值相对于样本平均值增加了8.82～18.59个百分点。

表7-4列出了模型（1）新型城市化战略对政府人员规模影响的计量

结果，在模型（1a）中，没有加入任何控制变量，交互项 $w_{it} \times t_{it}$ 的系数估计值为 0.103 1，且在 5% 的水平上显著。在模型（1b）中控制了个体虚拟变量后，发现交互项 $w_{it} \times t_{it}$ 的系数估计值未发生变化，且高度显著，模型的解释力也从 10.28% 增加到 48.56%。在模型（1c）中又进一步控制了时间效应，发现交互项 $w_{it} \times t_{it}$ 的系数估计值仍为 0.103 1，且在 1% 的水平上显著，但模型的解释力下降。模型（1d）在模型（1c）的基础上又加入了控制变量——实际人均 GDP 的自然对数，发现交互项 $w_{it} \times t_{it}$ 的系数估计值下降到 0.069 3，且在 1% 的水平上显著。模型（1e）、模型（1f）、模型（1g）和模型（1h）又进一步控制了人口规模、县级区划数、财政分歧、财政收入、外贸依存度等变量，发现这些控制变量的加入尚未对交互项 $w_{it} \times t_{it}$ 的系数估计值及其显著性水平产生显著影响。上述分析表明，新型城市化战略显著提高了中、西部地方政府财政规模。

细言之，表 7-3 中的交互项的估计系数位于 0.053 5～0.103 1 之间，该区间值除以地方政府财政规模的样本平均值 1.048 6 即可算出，因变量的增加幅度为 5.10%～9.83%。这表明，与东部各省份相比，新型城市化战略的实施，使中、西部地区地方政府财政规模的水平值相对于样本平均值增加了 5.10～9.83 个百分点。

表 7-4　新型城市化战略对政府人员规模双倍差模型的计量结果

解释变量	模型（1a）	模型（1b）	模型（1c）	模型（1d）	模型（1e）	模型（1f）	模型（1g）	模型（1h）
w	−0.012 7***	−0.012 7	−0.012 7**	0.145 8***	0.147 3***	0.137 4***	0.139 3**	0.167 5**
	(0.000 1)	(0.869 6)	(0.905 1)	(0.045 1)	(0.009 2)	(0.006 2)	(0.016 0)	(0.022 9)
t	0.109 2***	0.109 2***	0.109 2***	−0.067 5**	−0.054 0*	−0.057 4*	−0.063 5**	−0.064 9**
	(0.000 0)	(0.000 0)	(0.000 0)	(0.010 6)	(0.052 1)	(0.055 5)	(0.019 5)	(0.031 8)
$w \times t$	0.103 1**	0.103 1***	0.103 1***	0.069 3***	0.053 5***	0.057 3***	0.068 4***	0.069 9***
	(0.000 0)	(0.000 0)	(0.000 0)	(0.000)	(0.000)	(0.000)	(0.000)	(0.000)
GDP				0.185 9***	0.190 9***	0.191 8***	0.177 6***	0.177 7***
				(0.000)	(0.000 0)	(0.000 0)	(0.000 0)	(0.000 0)

（续）

解释变量	模型（1a）	模型（1b）	模型（1c）	模型（1d）	模型（1e）	模型（1f）	模型（1g）	模型（1h）
pop					−0.160 0**	−0.157 3***	−0.189 8***	−0.190 2***
					(0.000 0)	(0.000 0)	(0.000 0)	(0.000 0)
decn						−0.005 4	−0.001 9	−0.003 5
						(0.492 0)	(0.817 8)	(0.682 7)
fin							0.058 4	0.046 9
							(0.137 7)	(0.262 5)
trade								0.004 2
								(0.330 9)
个体效应	NO	YES	YES	YES	YES	YES	YES	YES
时间效应	NO	NO	YES	NO	NO	NO	NO	NO
F	16.996 2	132.832 8	26.225 7	215.026 4	176.259 3	146.941 1	127.195 5	112.026 7
Adj - R^2	0.102 8	0.485 6	0.153 0	0.671 4	0.676 5	0.676 4	0.678 3	0.679 5

从表 7-3 还发现，人均 GDP 对地方政府规模产生了正面影响，即随着地区经济发展水平的提高，其政府规模呈现缩小的趋势，这与吴木銮和林谧[212]的研究相一致——瓦格纳定律在中国是不成立的。地区开放程度（trade）提高了地方政府规模，这证实了 Rodrik（1996）[213]的研究假设，即随着地区开放程度的提高，地方政府规模具有膨胀倾向。从表 7-3 还发现：地区市场化进程（market）的提高增加了地方政府规模，因为更加深入的市场化变革需要政府提供更多的公共服务（如商品质量监管、社会保障体系、产权保护等）；人口增长率（pop）的估计系数为负值，这表明，政府的管理可以实现规模经济，这是符合理论预期的；城市化进程对政府规模具有负向影响。

从表 7-3、表 7-4 发现，人均 GDP 对政府财政规模和政府人员规模都产生了显著的正效应，这说明经济发展推动了政府规模的扩展，这与

Ram[164]和孙群力的研究结论相一致——瓦格纳定律在中国成立。政府财政和人员的安排对地区经济发展水平具有较高的敏感性；江健桐（1987）[214]认为，从管理的角度看，随着经济社会的发展，需要管理的社会事务越多、越复杂，对当地政府财政和人员管理决策乃至投入产生一定的影响。

人口规模对政府财政规模和政府人员规模都产生了显著的负影响，这结论和理论分析不太一致。理论上分析，人口规模决定着一个地区政府规模的基数，假定一定时期内平均每个人的公共物品需求恒定的条件下，人口总数直接决定了政府组织工作量的大小，涉及劳动成本、人口拥挤、污染、社会问题的成本等，人口规模与社会公共事务数量互相影响。而人口规模对政府财政规模和政府人员规模的负边际效应，这说明整体而言，人口规模的增长对政府规模的影响随着时间的推移发生了质的变化，人口规模的增加从"规模不经济效应"转变为"规模经济效应"，降低了公共服务提供成本，避免了政府规模的膨胀。因此，这个结论意味着在研究人口规模对政府规模的影响时，不但要从人口规模的大小角度考虑对规模的影响，而且要从人口规模产生的"规模经济效应"角度考虑对规模的影响。这也是值得进一步研究的内容。

财政分权对政府财政规模产生了显著的正效应，即随着财政分权的提高，其政府规模呈现扩展的趋势，这与孙琳（2009）[215]的研究结论相一致——利维坦假说在中国不成立，财政分权分摊了地方政府投资公共品的成本，进而激励政府提高本地公共品的供给水平，间接使得地方政府规模出现膨胀。

财政收入规模对政府支出规模产生了显著的正效应，说明本章的研究支持了"量入为出"的假设，即由收入的多少来决定支出的大小，因此，增加税收会增加政府支出，而减少税收会降低政府规模。美国里根总统时代，一些减税支持者，即属于这一个学派，他们相信，减税可迫使政府"减肥"，抑制支出。小政府的主张者说过，政府规则第一条是，政府只会花完它可使用的每一块钱，然后留下人们所能忍受的最高预算赤字负担，所以增税根本就无助于预算赤字的削减，而只会导致公共支出规模的加倍扩张。本文的实证结果显示，财政收入规模对政府人员规模影响不显著，而事实上我国地方政府人员规模的大小理应受其财力大小影响，我国许多地方"人头费"奇高，是典型的"吃饭型财政"，即把保工资作为财政运行的主要甚至首要目标的事实，在其他条件相同的情况下，财政收入规模较大的地区应当能够支撑较大的"官民比"。我国政府人员规模是否受政府财力这一供给因素的影响，在实证检验和理论分析上存在一定矛盾，值得进一步研究。

贸易开放程度对政府支出规模产生了显著的负效应。开放初期，国内经济贸易必然会受到国际经济的冲击，为了抵御外部风险，各政府需花费一部分人力、物力资源抵御风险。Roderik（1996）[213]认为，开放的国家更容易受到外来的冲击，所以更需要一个大政府来充当稳定器的角色，如果Roderik稳定效应居主导，则开放度在回归中的系数为负。而随着中国开放程度的加深，政府对经济的干预会越少，在一定程度上能替代政府职能的民间非政府组织也越发达，能减少政府的工作量，抑制政府规模。Afonso（2006）[216,217]认为，出口可以作为国际资本和劳动市场竞争的代理变量，更大的开放将带来更大的竞争，而更大的竞争会对政府的无效状态进行惩罚。如果Afonso惩罚效应居主导，则开放度在Tobit回归中的系数为正。因此，本章的实证结果表明，Afonso惩罚效应居主导。

三、稳健性讨论

为了保证上述结论的稳定性，表7-5列出了各种稳健性检验结果，检验"新型城市化战略显著提高了政府支出规模"这一结论。

首先，考虑该结论是否因估计方法选择造成，模型（1i）同时加入时间和个体效应后估计模型（7-1），发现交叉项 $w_{it} \times t_{it}$ 系数显著为2.239 0，且在1%的水平上显著，估计结果和表3的较为接近。其次，考虑可能存在的多重共线性问题，经检验发现 t 与其他变量的相关性稍高，所以去掉 t 的估计结果为模型（1j）。模型（1i）和模型（1j）表明，结论的稳定性不因估计方法和多重共线性而发生改变。第三，考虑到政府支出规模具有持续性，在模型（1j）中加入因变量的滞后1期，发现模型（1k）中交互项 $w_{it} \times t_{it}$ 系数降到1.470 8，但仍高度显著。模型（1l）在模型（1k）的基础上，加入时间和个体效应，发现 $w_{it} \times t_{it}$ 系数降到 0.928 6，但仍高度显著。第四，模型（1m）中用政府人员规模来衡量被解释变量，发现交互项 $w_{it} \times t_{it}$ 系数降到 0.069 9，但仍高度显著。第五，考虑到有学者认为行政区划数对政府支出规模也有一定的影响，在模型（1i）中加入县级区划数作为控制变量，发现模型（1n）中交互项 $w_{it} \times t_{it}$ 系数降到 1.470 8，但仍高度显著。模型（1k）、模型（1m）和模型（1n）表明，本章结论的稳定性并不随因变量和自变量的改变而发生变化。第六，上文将 2007 年作为新型城市化战略的起始年，但也有学者认为 2010 年是起始年，以 2010 年作为分界点，重新估计得到模型（1o），发现交互项 $w_{it} \times t_{it}$ 系数显著为 2.156 2。模型（1p）以 2006 年作为分界点，2006 年年底党的十七届三中全会提出建设社会主义新农村，"社会主义新农村和城市化是保持经济平稳较快发展的一个持久动力，要发展中小城市、小城镇的落户政策，鼓励部分城市将农民工纳入城镇住房的保障体系。"2006 年，时任中共浙江省委书记习近平同志又率先提出并实施新型城市化战略。重新进行估计，发现交互项 $w_{it} \times t_{it}$ 系数显著为 2.105 9，且在 1% 的水平上显著。模型（1o）和模型（1p）的测试均表明，本章的结论对分界时间点的选择不具有敏感性。最后，还考虑了离群值对估计结果的影响，根据国家统计局对东、中、西部的划分，将广西划到东部地区进行估计，模型（1q）的结果得到 $w_{it} \times t_{it}$ 系数显著为 2.562 6，且在 1% 的水平上显著。根据刘勇提出的我国宏观区域经济的"新三大地带"的划分方案，将东北三省全部合并到东部重新进行估计，模型（1r）估计结果发现 $w_{it} \times t_{it}$ 系数显著为 2.259 7，且在 1% 的水平上显著。模型（1q）和模型（1r）的测试均表明，本章的结论对样本区域划分也不具有敏感性。且表 7-5 中控制变量的系数及其显著性与表 7-3 的结果也较为一致。所以，稳健性检验表明，新型城市化战略导致政府支出规模膨胀的结论是稳定、可靠的。

按上述思路，检验了"新型城市化战略显著提高了政府人员规模"这一结论，检验结果和上述结果相同，不再重复展现，稳健性检验同样表明，新型城市化战略导致政府人员规模膨胀的结论是稳定、可靠的。

表 7 - 5 稳健性检验

解释变量	模型 (1i)	模型 (1j)	模型 (1k)	模型 (1l)	模型 (1m)
$scale_1$ (−1)			0.963 9***	0.972 9***	
			(0.000 0)	(0.000 0)	
w	9.825 7***	8.990 0***	−0.665 7*	−0.480 1	0.167 5**
	(0.000 0)	(0.000 0)	(0.042 1)	(0.121 3)	(0.022 9)
t	2.214 5***				−0.064 9**
	(0.001 6)				(0.031 8)
$w×t$	2.239 0***	3.181 0***	1.470 8***	0.928 6***	0.069 9***
	(0.000 1)	(0.000 0)	(0.000 0)	(0.003 8)	(0.000 0)
GDP	1.940 8***	2.809 2***	−0.920 9***	−1.098 3***	0.177 7***
	(0.001 0)	(0.000 0)	(0.000 4)	(0.000 2)	(0.000 0)
pop	−7.064 4***	−6.729 1***	−0.802 9***	−0.829 3***	−0.190 2***
	(0.000 0)	(0.000 0)	(0.000 7)	(0.000 5)	(0.000 0)
$decn$	1.193 3***	0.994 4***	0.208 8*	0.238 3**	−0.003 5
	(0.000 0)	(0.001 6)	(0.061 6)	(0.025 0)	(0.682 7)
fin	2.876 0***	5.123 8***	1.727 6***	1.432 9**	0.046 9
	(0.005 5)	(0.000 0)	(0.006 1)	(0.017 1)	(0.262 5)
$trade$	−0.036 6	−0.192 8**	−0.075 0**	−0.059 8*	0.004 2
	(0.683 0)	(0.038 1)	(0.024 1)	(0.051 7)	(0.330 9)
div					
个体效应	YES	YES	YES	YES	YES
时间效应	YES	NO	NO	YES	NO
F	54.601 9	91.230 0	1 265.35	1 489.95	112.027
$Adj - R^2$	0.505 8	0.601 4	0.963 0	0.968 4	0.679 5

	模型 (1n)	模型 (1o)	模型 (1p)	模型 (1q)	模型 (1r)
$scale_1$ (−1)					
w	7.794 1***	10.201 0***	9.675 3***	7.510 1***	8.301 4***
	(0.000 0)	(0.000 0)	(0.000 0)	(0.000 0)	(0.000 0)
t	1.787 7***	1.939 6*	0.096 7	1.409 1	1.469 8
	(0.008 1)	(0.090 3)	(0.931 6)	(0.308 3)	(0.282 5)

（续）

	模型（1n）	模型（1o）	模型（1p）	模型（1q）	模型（1r）
w×t	2.647 0***	2.156 2***	2.105 9***	2.562 6***	2.259 7***
	(0.000 1)	(0.000 2)	(0.000 7)	(0.000 0)	(0.000 1)
GDP	1.604 0***	3.259 3***	3.416 1***	2.343 3**	2.640 7**
	(0.003 5)	(0.002 3)	(0.005 8)	(0.050 0)	(0.025 5)
pop	−8.248 1***	−6.737 3***	−6.990 0***	−6.711 5***	−7.003 1***
	(0.000 0)	(0.000 0)	(0.000 0)	(0.000 0)	(0.000 0)
decn	1.302 4***	0.952 6***	1.145 6***	0.977 2***	1.028 85***
	(0.000 0)	(0.000 0)	(0.000 0)	(0.000 0)	(0.000 0)
fin	5.181 9***	1.367 3	4.668 4***	4.391 6***	4.011 7***
	(0.000 0)	(0.270 2)	(0.002 2)	(0.009 7)	(0.013 6)
trade	−0.244 2***	−0.083 4	−0.226 8**	−0.247 9**	−0.248 4**
	(0.004 5)	(0.495 4)	(0.030 3)	(0.048 3)	(0.041 8)
div	1.041 5**				
	(0.036 1)				
个体效应	YES	YES	YES	YES	YES
时间效应	NO	NO	NO	NO	NO
F	72.732 9	86.286 8	75.160 3	76.885 9	79.810 0
Adj−R^2	0.606 4	0.619 5	0.586 1	0.591 7	0.600 8

第四节　结论与讨论

本书从新型城市化背景切入，基于"政策评估"视角，采用双重倍差法测算了新型城市化战略实施对地方政府规模膨胀效应。用政府支出规模和政府人员规模作为政府规模的衡量指标，以2000—2013年省级面板数据为样本，得到新型城市化战略的实施推动了地方政府规模的扩展，但对不同地区的影响不同，与东部地区相比，对中、西部地区政府规模的推动作用更加明显。新型城市化战略的实施使政府支出规模的水平值相对于样本平均值增加了8.82～18.59个百分点，使政府人员规模的水平值相对于样本平均值增加了5.10～9.83个百分点，且经稳定性检验，表明新型城市化战略的政府规模膨胀效应是稳健的。

本书的结论不仅对于地方政府规模的合理确定、总量的有效控制具有理论参考价值，而且对寻求新型城市化推进与政府成本之间的平衡点，为政府与市场两股力量的博弈提供理性思考。政府主导下"新型城市化"这一伟大的经济与社会结构变革，需要巨额成本的投入在所难免，尤其对于新型城市化建设的主战场——中、西部地区而言，随着中、西部地区建设的加快，东部地区产业转移的承接，农民工回乡创业人数的增加，政府更需花费大量人力、物力来处理各种经济社会问题。公共选择理论也认为，政府自身也会产生扩张的冲动和内驱力，在制度安排不能及时跟进的情况下，政府规模和政府职能就会被放大，政府成本就会大大增加。但政府不计成本地推进城市化的主导行为，必然导致城市化泡沫和城市病的出现，这就违背了新型城市化建设的目标和进程。因此，新型城市化建设推进过程中，中央政府应考虑地方政府可能会借机膨胀其规模，增加不必要的各类机关部门及各种财政投入。各地方政府应准确定位城市化进程中的角色，避免政府职能的"错位"、"越位"及"空位"等现象，避免政府过度干预而推升的巨额成本。政府在城市化进程中是把"双刃剑"，作为我国新型城市化战略实施的推动力，政府应当积极介入提供公共产品和公共服务的各项活动中，但政府角色的复杂性和自利性极易导致政府公共性的扭曲，也存在政府失灵的可能。所以，未来改革的关键问题在于，如何充分发挥市场和社会的力量，构建由政府、市场和社会组织共同参与的新型城市化建设机制，以及如何在既定的政府规模下，通过提高地方政府机构效率和效能来推进新型城市化战略，限制地方政府规模过度膨胀所引致的财政资源浪费。未来思考的重点在于，政府在新型城市化建设中干预力量的强度、干预力量的重心、政府范围的边界和政府主导的方向应该在哪里？

第八章 结论及展望

第一节 主要研究结论

本书立足于中国新型城市化战略全面推进及政府成本扩张的现实背景,以"新型城市化发展成效及对经济社会、生态环境的影响"和"政府主导型城市化建设带来的政府成本"两大核心问题为主线,以耦合理论、协调发展理论作为新型城市化发展与产业结构及生态环境互动发展的理论基础;以包容性发展理论、新制度经济学交易成本理论、新公共管理理论、瓦格纳法则、公共选择理论等为新型城市化发展中政府成本研究的理论基础,借助于熵权法、综合评价法、双重差分模型等方法,以环杭州湾地区、浙江省、长江经济带、中国省级城市为样本,多区域多角度进行了大量实证研究。主要的研究结论如下。

第一,从经济发展质量、居民生活质量、社会公共服务、生态环境质量、科学技术发展、城乡协调发展6个子系统构建了新型城市化综合评价指标体系,以环杭州湾地区为例,对环杭州湾地区6个城市在2014—2018年间新型城市化质量进行了综合评价。整体上看,环杭州湾地区的新型城市化水平较高,杭州市作为浙江省的省会城市在环杭州湾地区6个城市中综合得分最高,并在经济发展子系统、社会公共服务发展质量子系统和科学技术发展子系统这3个子系统中均取得第一的好成绩。宁波市居于第二位,它在经济发展子系统、社会公共服务发展质量子系统和科学技术发展子系统中均取得第二的成绩。湖州市排在第三位,它在生态环境质量子系统中取得最高成绩。嘉兴市、绍兴市和舟山市分别居于第四、第五、第六。其中，嘉兴市在居民生活质量子系统中取得最高成绩，绍兴市在居民生活质量子系统、社会公共服务发展质量子系统以及城乡协调发展子系统中均取得第二的成绩，舟山市的最高得分出现在城乡协调发展子系统中。另外，考虑到 2012 年是加快推进环杭州湾地区建设的开始年，所以对 2011 年的环杭州湾地区城市化质量和 2018 年的环杭州湾地区城市化质量进行对比。通过比较发现，经过七年时间的发展，环杭州湾地区 6 个城市的发展趋于均衡，在经济、人口、社会、生态等方面的差距在缩小。

第二，基于耦合理论，分析了新型城市化和产业结构两系统的耦合作用机理，在此基础上，构建产业结构和新型城市化指标体系，以浙江省为例，通过协整检验得出 2005—2017 年浙江产业结构和新型城市化间有长期稳定关系。通过计算综合指数得出，2005—2017 年，浙江省产业结构综合发展指数总体略有减小，而新型城市化指数则有所提高，且增速较快。总体来看，产业结构综合发展指数始终高于新型城市化，到 2017 年时已基本持平。杭州为产业结构滞后型，宁波、温州为二者同步发展型，其余地区均为城市化滞后型，其中丽水和衢州两者综合发展指数差距较大。通过耦合协调模型得出，浙江省 11 个市产业结构和新型城市化的耦合协调度逐年提高，两者的耦合互动关系从失调阶段提升至协调阶段，两系统的耦合程度有良好的发展前景。从时间维度来看，2005—2009 年处于失调状态到 2010 年达到协调阶段；从空间维度来看，浙江省各地级市的产业结构和新型城市化发展的耦合协调程度有显著差异，西南部内陆地区的耦合协调发展程度弱于东部沿海地区，其中杭州协调程度明显高于其他地级市，说明浙江产业结构和新型城市化内在关联程度仍需提高。

第三，从复杂系统角度出发，基于协调理论和 PSR 模型，分析新型城市化和生态环境两系统的协调发展作用机理，构建新型城市化与生态环境综合评价指标体系，以长江经济带为例，得出新型城市化综合水平整体呈上升趋势，经济城市化对新型城市化综合水平的发展贡献总量最高；生态环境综合水平在整体上呈现出波动性上升的趋势，2004—2006 年明显下降，2006—2013 年平缓上升，2013—2014 年再次下降，2014—2018 年快速上升，总的发展态势呈"W"型，其中生态涵养能力在生态环境系统中具有较高的贡献份额。借助协调度模型得出，2004—2018 年长江经济带的新型城市化与生态环境耦合协调度呈现明显上升趋势，经历了 9 年的耦合磨合时期，耦合协调经历了从严重不协调——不协调——基本协调——优化协调——高级协调的五种类型，新型城市化与生态环境协调发展态势逐渐向好。整体看长江经济带新型城市化与生态环境协调发展水平在空间上呈"东高西低—阶梯下降"的特点，地域特征明显。其中，2007 年呈现"二分格局"，随着新型城市化与生态环境耦合协调水平的不断提升，长江经济带内部耦合协调度差异减小，表现出新型城市化与生态环境耦合协调水平与长江流域呈反梯度特征，即存在"下游地区＞中游地区＞上游地区"。

第四，以浙江省为例，从环境成本、交通成本、社会保障成本、教育成本方面，从时空维度对城市化成本进行比较分析；然后从区域经济发展水平、城市性质、城市规模及城市生活质量 4 个方面，选取城镇居民可支配收入、CPI、城市化水平、生活质量、第三产业比重、人均全省生产总值、城市人口作为解释变量，对影响成本要素进行实证分析，得出 CPI 回归系数为 0.617、城市化水平回归系数为 0.946，CPI 和城市化水平与浙江省城市化成本呈正相关关系，但 CPI 和城市化水平对浙江省城市化成本的影响不显著；第三产业比重回归系数为 2.363、人均全省生产总值回归系数为 1.655、生活质量回归系数为 0.540，第三产业比重、人均全省生产总值和生活质量与浙江省城市化成本呈正相关关系，且对浙江省城市化成本的影响为显著，其中第三产业比重的影响最为显著；城市人口回归系数为－3.007，城镇居民可支配收入回归系数为－1.425，城市人口、城镇居民可支配收入与浙江省城市化成本呈负相关关系，且对浙江省城市化成本的影响较为显著。

第五，以"包容性发展理论"为指导，将政府成本作为中介变量和调节变量，建立了政府成本与"城市化对社会包容性发展"关系的理论框架模型。据此理论模型，在验证政府成本、城市化和社会包容性发展相互作用关系的前提下，检验政府成本在"城市化对社会包容性发展"关系中的中介效应和调节效应。用政府支出规模和政府人员规模分别作为政府成本的衡量指标，以中国 2000—2013 年省级面板数据为样本，研究结果表明：

城市化对社会包容性发展起到了明显的正向推动作用。这说明经济利益已不是城市化发展的首要诉求，"包容性城市化"已成为新型城市化建设的理论取向和实践思路。城市化通过政府规模对社会包容性发展产生显著影响，政府规模在"城市化对社会包容性发展"关系中调节效应也显著，并且政府支出规模的正向调节效应始终存在。但对政府人员规模而言，当政府人员规模小于 2.753 7% 时，存在正向调节效应；当政府人员规模大于 2.753 7% 时，则存在负向调节效应。这说明政府在城市化进程中是把"双刃剑"，适度政府规模和有限政府职能才能更有利于新型城市化建设的推进。城市化和政府规模二者是互动关系，形成了反馈机制，二者的互动影响共同决定了社会包容性发展的实现。准确定位政府在新型城市化进程中的角色，构建政府、市场和社会共同参与的联合机制，以及城市化和政府职能转变的动力机制，是实现新型城市化战略的重要途径。

第六，以倡导以人为本的"新型城市化"为切入点，从"政策评估"角度，采用双重倍差法测算新型城市化战略实施对地方政府规模的膨胀效应。分别用政府支出规模和政府人员规模作为政府成本的衡量指标，以中国 2000—2013 年省级面板数据为样本，基于单变量分析得出，从全样本来看，经历新型城市化战略后，政府支出规模和政府人员规模都显著扩大。从分样本来看，相对于东部地区，中西部地区在经历新型城市化战略后，政府支出规模和政府人员规模扩张更加显著。即新型城市化战略的实施，推动了地方政府成本的扩展，但对不同地区的影响不同，与东部地区相比，对中西部地区政府成本的推动作用更加明显。进一步采用双倍差模型得出，新型城市化战略的实施使政府支出规模的水平值相对于样本平均值增加了 8.82~18.59 个百分点，使政府人员规模的水平值相对于样本平均值增加了 5.10~9.83 个百分点，且经稳定性检验表明，新型城市化战略的地方政府成本膨胀效应是稳健的。

第二节　需进一步研究的问题

虽然在本书的研究中，采用较为宽广的视角，以耦合理论、协调发展理论、包容性发展理论、新制度经济学交易成本理论、新公共管理理论、瓦格纳法则、公共选择理论等为理论基础，采用多样本例证，以环杭州湾地区、长江经济带、浙江省 11 个地级市、中国大陆 30 个省级政府为研究对象，围绕"新型城市化发展成效及对经济社会、生态环境的影响"和"政府主导型城市化建设带来的政府成本"为两大核心问题，分六大章节进行了探索。但客观来看，新型城市化建设涉及的层面较广、涉猎的问题错综复杂，另外由于鄙人及团队的学识水平有限和城市工作经历相对缺乏，掩卷深思，不讳言短，本书存在一定的不足和尚需深化研究的问题。

第一，本书虽然建立了新型城市化综合评价体系，并且考虑到由于城市系统的复杂性及城市化进程的动态变化性，基于不同研究对象的特点，多次建立了新型城市化综合评价体系，以期更加客观、准确地对该区域新型城市化建设成效进行评价。但目前，国内外学者对新型城市化评价指标的选择还未达成一致，未能完全形成一套权威的、公认的评价体系，且对新型城市化评价偏向于实证研究。因此，在以后进一步深入研究中，检验综合评价体系的合理性和完备性，对综合评价体系的要素予以修正和补充使其完善，且具有更丰富理论的支撑是未来新型城市化评价体系构建值得探索的地方。

第二，本书采用多样本例证，以环杭州湾地区、长江经济带、浙江省 11 个地级市为研究对象，对不同地区的新型城市化建设成效进行了综合评价，对不同地域新型城市化与产业结构及生态环境的协调性进行了评价，也确实得到了区域间的差异性，但未对改变差异性作进一步探索。中国地大物博，城市发展水平各异，区域经济发展差异、资源禀赋等多方面因素会影响新型城市化建设成效。如长江经济带下游地区的上海、江苏、浙江，这些沿海城市经济较为发达，城市可用于发展的投入要素量要高于其他地方；长江经济带上游地区的贵州、云南等省份交通条件、经济发展等多种不利因素的影响，对于外部要素的吸引不够，导致城市的发展水平偏低，与其他城市发展差异不断拉大，这些城市往往处于受益递增阶段。因此，值得进一步研究影响区域新型城市化发展的差异性因素，探索差异性发展的路径，为促进区域一体化发展提供一定科学依据。

第三，本书对城市化成本的研究，一方面主要从宏观层面探讨了城市化进程中的政府经济成本，另一方面，从宏观层面探讨了政府的财力和人力的行政成本，即主要关注的城市化的直接政府经济成本和行政成本。但城市化成本本身具有隐匿性、难测量和多层次的特点，这是因为经济成本的直接作用掩盖了社会成本，导致社会成本不易为人们察觉，常常隐藏在现实生产生活的背后，其次社会成本概念比较抽象，寻找指标困难，最后，社会成本包罗万象，微观上可以作用到个人，宏观上又可以影响到整个社会的运行和发展。因此，从微观角度，研究个人和家庭、组织和邻里等在城市化进程中的成本，有利于城市及社会的和谐发展。

参考文献

[1] 张毅. 基于改进的熵权法在合肥市水资源承载力综合评价中的应用 [D]. 合肥：安徽建筑大学，2020.

[2] 王永昌. 坚持走新型城市化道路　合力提升城市综合竞争力 [J]. 中国发展，2007 (1)：98-103.

[3] 牛文元. 中国新型城市化战略的设计要点 [J]. 中国科学院院刊，2009，24 (2)：130-137.

[4] 程必定. 新型城市化与城市群——中部崛起之路 [J]. 城市，2007 (10)：3-7.

[5] 邓智平. 统筹城乡发展的理论视角与核心理念 [J]. 重庆社会科学，2011 (2)：100-104.

[6] 许经勇. 新型城乡关系的基础——新农村与城市化融为一体 [J]. 山西师大学报 (社会科学版)，2006 (5)：1-4.

[7] 马卫，白永平，张雍华等. 2002—2011 年中国新型城市化空间格局与收敛性分析 [J]. 经济地理，2015，35 (2)：62-70.

[8] 董嘉明，庞亚君，王琳. 准确把握新型城市化的内涵与特征——浙江省新型城市化评价指标体系研究 [J]. 浙江经济，2008 (7)：62-63.

[9] 牛文元. 中国新型城市化发展报告 2009 [M]. 北京：科学出版社，2009.

[10] 祝保梁. 关于新城市化的衡量指标 [J]. 经济研究导刊，2011 (8)：60-61.

[11] 朱丽萌. 欠发达地区县域新型城市化指标体系的建立与发展路径研究 [J]. 山东财政学院学报，2012 (4)：52-57.

[12] 廖海燕. 我国发达地区新型城市化评价指标体系研究——以广东省为例 [J]. 湖南社会科学，2013 (4)：162-165.

[13] 张丹，张冲. 新型城市化评价指标体系的构建 [A] //《中国人口·资源与环境》编辑部. 中国人口·资源与环境 2013 年专刊——2013 中国可持续发展论坛（一）[C].：中国可持续发展研究会，2013：5.

[14] 李文思. 我国省际城市化发展水平测度及其比较研究 [D]. 北京：北京理工大学，2015.

［15］于佳. 山东省地级市城市化质量评价［D］. 青岛：青岛理工大学，2018.

［16］McGowan D，Vasilakis C. Reap what you sow：Agricultural technology，urbanization and structural change［J］. Research Policy，2019，48（9）：103794.

［17］Capozza C，Salomone S，Somma E. Local industrial structure，agglomeration economies and the creation of innovative start‐ups：evidence from the Italian case［J］. Entrepreneurship & Regional Development，2018，30（7‐8）：749‐775.

［18］Carlucci M，Ferrara C，Rontos K，et al. The long breadth of cities：revisiting worldwide urbanization patterns 1950—2030［J］. Applied Economics，2020，52（38）：1‐13.

［19］Sarkar R. Urbanization in India and West Bengal：Focuses an unequal growth of cities in the state of West Bengal［J］. Pratidhwani the Echo，2019，7（3）：276‐284.

［20］Gokan T，Kuroiwa I，Nakajima K. Agglomeration economies in Vietnam：a firm‐level analysis［J］. Journal of Asian Economics，2019（62）：52‐64.

［21］Staníčková M，Melecký L. Impact of Global Pattern on the EU Economic Growth and Urbanization［M］. Migration and Urbanization：Local Solutions for Global Economic Challenges. IGI Global，2020.

［22］Podolskaya T，Baranov A，Tomashevskaya L. Creative Clusters of Urbanized Cities as a Factor for Increasing Global Economic Efficiency［M］. Migration and Urbanization：Local Solutions for Global Economic Challenges. IGI Global，2020.

［23］Parveen S，Khan A Q，Farooq S. The Causal Nexus of Urbanization，Industrialization，Economic Growth and Environmental Degradation：Evidence From Pakistan［J］. Review of Economics and Development Studies，2019，5（4）：721‐730.

［24］Iyer S. Circular migration and localized urbanization in rural India［J］. Environment and Urbanization ASIA，2017，8（1）：105‐119.

［25］Mosk C. Japanese Industrial History：Technology，Urbanization and Economic Growth：Technology，Urbanization and Economic Growth［M］. Routledge，2016.

［26］Adams S，Klobodu E K M. Urbanization，economic structure，political regime，and income inequality［J］. Social Indicators Research，2019，142（3）：971‐995.

［27］廖永伦. 基于农村就地城镇化视角的小城镇发展研究［D］. 北京：清华大学，2016.

［28］章明宇. 浙江省乡村就地城镇化转型：过程、格局、机理［D］. 杭州：浙江大学，2018.

［29］吕玉兰. 城镇化背景下中国能源消费问题的多尺度时空分析［D］. 济南：山东大学，2019.

［30］刘千亦．经济新常态下新型城镇化内涵及影响因素述评［J］．现代营销（信息版），2019（9）：106 - 107.

［31］郑立文，黄俊宇．东北地区新型城市化与产业结构耦合效应研究［J］．税务与经济，2019（5）：49 - 54.

［32］陈丹妮．中国城镇化对产业结构演进影响的研究［D］．武汉：武汉大学，2015.

［33］孙伟增．中国开发区空间选址及对城市发展影响的经济机制研究［D］．北京：清华大学，2016.

［34］魏敏，胡振华．区域新型城镇化与产业结构演变耦合协调性研究［J］．中国科技论坛，2019（10）：128 - 136.

［35］哈梅芳．宁夏产业结构变动对城镇化响应时空分异研究［J］．商业经济研究，2019（12）：153 - 156.

［36］上创利，李兆鑫．农业结构对城镇化影响的实证分析——基于黑龙江省双鸭山市经济的协整回归［J］．商业经济，2020（2）：98 - 99，177.

［37］李春生．我国产业结构演进与城市化协调发展研究［D］．北京：首都经济贸易大学，2016.

［38］吕剑凤．京津冀协同发展下天津承接产业转移的研究［D］．北京：首都经济贸易大学，2018.

［39］万朝阳，王东红．城镇化、产业结构调整对城乡居民收入差距影响的研究［J］．中国商论，2018（16）：164 - 165.

［40］闫星宇，许士道．城镇化、市场化与产业结构升级研究［J］．产业经济评论，2019（1）：48 - 58.

［41］K EWeick. Educational Organizations as Loosely Coupled Systems［J］. Administrative Science Quarterly，1976（21）：1 - 19.

［42］吴大进，曹力，陈立华．协同学原理和应用［M］武汉：华中理工大学出版社，1990.

［43］Carson R. Silent spring［M］. Houghton Mifflin Harcourt，1962.

［44］Pearce D. Economies of Natural Resources and the Environment［M］. New York：Harvester Wheatsheaf，1990.

［45］Grossman G M，Krueger A B. Economic growth and the environment［J］. The quarterly journal of economics，1995，110（2）：353 - 377.

［46］Vester F，Von Hesler A. Ecology and planning in metropolitan areas sensitivity model［M］. Berlin：Federal Environmental Agency，1980.

［47］Odum H T，Elisabeth C. Modeling for all scales：an introduction to system simulation［M］. San Diego：Academic Press，2000.

[48] Kok D J, Titus M, Herman G W. Application of fuzzy sets and cognitive maps to incorporate social science scenarios in integrated assessment models [J]. Integrated Assessment, 2000, 1 (3): 177-188.

[49] Ducrot R, Page C L, Bommel P, et al. Articulation land and water dynamics with urbanization: an attempt to model natural resources management at the urban edge [J]. Computers, Environment and Urban Systems, 2004, 28 (1-2): 85-106.

[50] B Cohen. Urbanization in developing countries: Current trends future projections, and key challenges for sustainability [J]. Technol. Soc. 2006 (28): 63-80.

[51] Coulibaly. Future projections, and key challenges for sustainability. [J]. Technology in Society, 2006, 28 (1-2): 63-80.

[52] Song T, Zheng T, Tong L. An empirical test of the environmental Kuznets curve in China: A panel cointegration approach [J]. China Economic Review, 2008, 19 (3).

[53] Estoque R C, Murayama Y. Measuring Sustainability Based Upon Various Perspectives: A Case Study of a Hill Station in Southeast Asia [J]. Ambio, 2014, 43 (7): 943-956.

[54] Kasman A, Duman Y S. CO_2 emissions, economic growth, energy consumption, trade and urbanization in new EU member and candidate countries: A panel data analysis [J]. Economic Modelling, 2015, (44): 1-384.

[55] Chikaraishi M, Fujiwara, Akimasa Kaneko Shinji. The moderating effects of urbanization on carbon dioxide emissions: A latent class modeling approach [J]. Technological Forecasting and Social Change, 2015, 90 (1): 302-317.

[56] Charfeddine L, Mrabet Z. The impact of economic development and social-political factors on ecological footprint: A panel data analysis for 15 MENA countries [J]. Renewable and Sustainable Energy Reviews, 2017 (76): 138-154.

[57] Yazdi, Soheila, Khoshnevis, Shakouri Bahram. The effect of renewable energy and urbanization on CO_2 emissions: A panel data [J]. Energy Sources Part B: Economics Planning and Policy, 2018, 13 (2): 121-127.

[58] Effiong Ekpeno L. On the urbanization-pollution nexus in Africa: a semiparametric analysis [J]. Quality & Quantity, 2018, 52 (1): 445-456.

[59] Asongu S A, Agboola M O, Alola A A, Bekun F V. The criticality of growth, urbanization, electricity and fossil fuel consumption to environment sustainability in Africa [J]. Science of the Total Environment, 2020 (712): 136-376.

[60] 黄金川, 方创琳. 城市化与生态环境交互耦合机制与规律性分析 [J]. 地理研究,

2003（2）：211-220.

[61] 刘耀彬．中国城市化与生态环境耦合规律与实证分析［J］．生态经济，2007（10）：122-126.

[62] 郭军华，幸学俊．中国城市化与生态足迹的动态计量分析［J］．华东交通大学学报，2009，26（5）：131-134.

[63] 杨福霞，聂华林，杨冕．中国经济发展的环境效应分析——基于广义脉冲响应函数的实证检验［J］．财经研究，2010，36（5）：133-143.

[64] 余达锦．基于生态文明的鄱阳湖生态经济区新型城镇化发展研究［D］．南昌：南昌大学，2010.

[65] 陈晓红，万鲁河，周嘉．城市化与生态环境协调发展的调控机制研究［J］．经济地理，2011，31（3）：489-492，499.

[66] 陈晓红，万鲁河．城市化与生态环境耦合的脆弱性与协调性作用机制研究［J］．地理科学，2013，33（12）：1450-1457.

[67] 段维佳．城市化与生态环境交互耦合机制与规律性分析［J］．环境与发展，2017，29（10）：185-190.

[68] 蒋洪强，张静，王金南等．中国快速城镇化的边际环境污染效应变化实证分析［J］．生态环境学报，2012，21（2）：293-297.

[69] 冯霞．新疆城镇化与生态环境耦合关系分析［J］．地域研究与开发，2016，35（3）：123-127.

[70] 刘巧婧，王莉红．城市化与生态环境耦合协调关系研究——以杭州市为例［J］．环境科学学报，2018，38（10）：431-439.

[71] 戴培超，沈正平，赵娅汝，程冰．城镇化与生态环境耦合关系变化分析——以徐州市为例［J］．江苏师范大学学报（自然科学版），2014，32（2）：18-22.

[72] 史宝娟，张立华．天津地区城市化与生态环境压力脱钩关系研究［J］．生态经济，2018（3）：166-170.

[73] 齐亚霄，张飞．丝绸之路经济带核心区城市化水平与生态环境耦合协调关系综合测度［J］．江苏农业科学，2020，48（9）：321-326.

[74] 刘耀彬，李仁东，宋学锋．中国区域城市化与生态环境耦合的关联分析［J］．地理学报，2005（2）：237-247.

[75] 宋建波，武春友．城市化与生态环境协调发展评价研究——以长江三角洲城市群为例［J］．中国软科学，2010（2）：78-87.

[76] 何禹霆，王岭．城市化、外商直接投资对环境污染的影响——基于1997—2010年中国省际面板数据的经验分析［J］．经济体制改革，2012（3）：47-50.

[77] 李大秋，等．山东省城市化进程大气环境问题分析［J］．中国环境监测，2013，29

（5）：6-11.

[78] 郭施宏，等.空气质量与城镇化质量协调关系研究——基于全国73个主要城市的数据 [J].生态经济，2015，31（3）：25-30.

[79] 周正柱.长江经济带人口、经济、社会及空间城镇化耦合协调发展研究 [J].统计与决策，2019，35（20）：130-133.

[80] 顾剑华，李梦，杨柳林.中国低碳绿色新型城市化系统耦合协调度评价及时空演进研究 [J].系统科学学报，2019，27（4）：86-92.

[81] 宋颖.鄱阳湖生态经济区资源环境与社会经济发展的协调性研究 [D].南昌：江西财经大学，2017.

[82] 路娟，张勇.长江经济带城市化与生态环境耦合、协调特征及时空演化规律研究 [J].四川师范大学学报（社会科学版），2018，45（4）：85-93.

[83] 蒋涤非，宋杰，刘蓉.健康城市化的响应机制及指标体系——基于包容性增长的视角 [J].城市问题，2012（5）：15-20.

[84] 朱铁臻.城市化是新世纪中国经济高增长的强大动力 [J].经济工作导刊，2000（11）：11-14.

[85] 杨治，杜朝晖.经济结构的进化与城市化 [J].中国人民大学学报，2000（6）：82-88.

[86] 陈军涛.城市化——解决中国系列经济社会问题的新起点 [J].河南商业高等专科学校学报，2000（2）：20-23.

[87] Phetkeo P，Shinji K，Shobhakar D. Impacts of Urbanization on National Transport and Road Energy Use：Evidence from Low，Middle and High Income Countries [J]. Energy Policy，2012，46（7）.

[88] 李强，左静娴.城镇化与我国环境污染关系的实证研究 [J].华北电力大学学报（社会科学版），2018（1）：8-16.

[89] 冷艳丽，杜思正.产业结构、城市化与雾霾污染 [J].中国科技论坛，2015（9）：49-55.

[90] Qian-Nan S，Xia P，Qian X，et al. Air quality and its response to satellite-derived urban form in the Yangtze River Delta，China [J]. Ecological Indicators，2017（75）：297-306.

[91] 程雨婷.一带一路沿海超大城市热岛时空特征及卡拉奇城市化对城市热岛影响分析 [D].南昌：江西理工大学，2020.

[92] 张雷，任国玉，苗世光等.城市化对北京单次极端高温过程影响的数值模拟研究 [J].大气科学，2020，44（5）：1093-1108.

[93] 王伟娜，徐勇.基于耦合协调度的河南省人口城镇化与土地城镇化协同发展研究

[J]. 河南农业，2018（9）：45-48.

[94] Taniadel M. Study on Cultivated Land Protection Ability in the Process of Urbanization of Yiyang City [C]. Fifth International Conference on Intelligent Systems Design & Engineering Applications. IEEE，2000.

[95] Gerrit Knaap. Research on Coordination between the Urbanization Development and Cultivated Land Change in Chengdu City [J]. Chinese Agricultural Science Bulletin，2002，26（1）：312-316.

[96] 李家兵，刁承泰. 城市化进程和耕地保护研究初探——以重庆永川市为例 [J]. 安徽农业科学，2007（9）：2685-2686，2723.

[97] 邓雅丁. 浅析失地农民再就业过程中的政府责任 [J]. 人口与经济，2009（S1）：130-131.

[98] 王琼，胡静. 农民工市民化与户籍制度改革：进程与思考 [J]. 生产力研究，2013（9）：27-30.

[99] 耿建祥. 规划失地农民再就业教育探析 [J]. 沙洲职业工学院学报，2013，16（1）：49-51.

[100] 王玉霞. 论政府在失地农民再就业教育培训中的职能定位 [J]. 乡镇经济，2008（9）：47-50.

[101] 王春兰，罗玉林. 城市发展成本评价指标体系的构建探讨 [J]. 时代经贸（下旬刊），2007（8）：32-33，35.

[102] 郭上沂. 降低城镇化成本：城镇化健康发展的理性选择 [J]. 理论与改革，2006（3）：72-76.

[103] 张国胜，陈广桂. 中国农民工市民化的社会成本研究 [J]. 经济界，2004，61-68.

[104] 张仲芳，舒成. 农业转移人口市民化的公共成本测算及分担机制——以江西为例 [J]. 江西社会科学，2015，35（9）：54-60.

[105] 高红艳. 贵阳市城市化经济成本研究 [D]. 重庆：西南大学，2010.

[106] 钟迪. 重庆城市化经济发展：成本变化及控制 [J]. 企业导报，2013（5）：178.

[107] 张明斗. 城市化高成本运行中的城市危机治理研究 [J]. 郑州大学学报（哲学社会科学版），2014，47（1）：82-86.

[108] 章羽. 城镇化社会成本生成逻辑与影响因素 [J]. 经济研究参考，2015（42）：46-47.

[109] 余瑞. 乡村快速城市化进程的社会成本研究 [D]. 贵阳：贵州师范大学，2016.

[110] 赵玮，宋永生. 城市化进程与土地价格关系研究——以上海市为例 [J]. 中国集体经济，2009（25）：26-27.

[111] 徐善登. 城市化进程中的政府正确主导行为探微 [J]. 新西部（下半月），2009 (1)：84-85.

[112] 张孝德. 中国城市化的陷阱：政府主导下的城市规模扩大化 [J]. 改革，2001 (6)：5-8.

[113] Ali I. Zhuang J. Inclusive Growth toward a Prosperous Asia：Policy Implications [R]. ERD Working Paper No. 97. Economic and Research Department，Asian Development Bank，2007，Manila：28-63.

[114] 汤志华. 包容性发展：中国模式的核心价值 [N]. 中国社会科学报，2015-05-29 (A05).

[115] Kalsen. Comparing and Contrasting Inclusive Growth Concepts [Z]. 2010：9.

[116] Ali I，Son H H. Measuring Inclusive Growth [J]. Asian Development Review，2007，24 (1)：11-31.

[117] 蔡荣鑫. "包容性增长"理念的形成及其政策内涵 [J]. 经济学家，2009 (1)：102-104.

[118] 商灏. 汤敏：包容性增长就是机会平等的增长 [N]. 华夏时报，2010-10-16 (29).

[119] 魏婕，任保平. 中国经济增长包容性的测度：1978—2009 [J]. 中国工业经济，2011 (12)：5-14.

[120] 卢现祥，徐俊武. 中国共享式经济增长实证研究——基于公共支出、部门效应和政府治理的分析 [J]. 财经研究，2012，38 (1)：27-37.

[121] 于敏，王小林. 中国经济的包容性增长：测量与评价 [J]. 经济评论，2012 (3)：30-38.

[122] 邱玉娜. 中国实现包容性发展的内涵、测度与战略 [J]. 经济问题探索，2016 (2)：16-27.

[123] 丁煌. 西方公共行政管理理论精要 [M]. 北京：中国人民大学出版社，2005.

[124] Mccoskey S，Kao C. A Monte Carlo Comparison of Tests for Cointegration in Panel Data [R]. Syracuse University，Working Paper，2000.

[125] Henderson J V. How Urban Concentration Affects Economic Growth [R]. The World Bank Policy Research Working Paper，No. 2326，Washington D C 2000.

[126] Henderson J V. Urbanization and Growth [J]. Handbook of Economic Growth，2005 (1)：1543-1591.

[127] 周一星. 城市地理学 [M]. 北京：商务印书馆，1995.

[128] 许学强，朱剑如. 现代城市地理学 [M]. 北京：中国建筑工业出版社，1988.

[129] 高佩义. 中外城市化比较研究 [M]. 天津：南开大学出版社，2004.

[130] 李金昌，程开明. 中国城市化与经济增长的动态计量分析 [J]. 财经研究，2006 (9)：19 - 30.

[131] 成德宁. 城市化与经济发展 [M]. 北京：科学出版社，2004.

[132] 沈坤荣，蒋锐. 中国城市化对经济增长影响机制的实证研究 [J]. 统计研究，2007 (6)：9 - 15.

[133] 阳立高，廖进中. 城市化拉动中国经济增长实证研究 [J]. 经济问题，2009 (1)：35 - 37，90.

[134] 陈明星，陆大道，张华. 中国城市化水平的综合测度及其动力因子分析 [J]. 地理学报，2009，64 (4)：387 - 398.

[135] Henderson J C D V. Evidence on the political economy of the urbanization process [J]. Journal of Urban Economics，2003 (53)：98 - 125.

[136] 张优智，陈娟. 我国城市化对经济增长的非线性影响效应研究 [J]. 吉林工商学院学报，2019，35 (3)：14 - 18，47.

[137] Baldwin R E，Martin P. Agglomeration and Regional Growth [J]. Handbook of Regional and Urban Economics，2003 (4)：2671 - 2711.

[138] Baldwin J R，Brown W M，Rigby D. Agglomeration Economies：Microdata Panel Estimates from Canadian Manufacturing [R]. Economics Analysis Research Paper Series No. 49，Statistics Canada，2008.

[139] Cai W D. Sustainability of Economic Growth and Labor Contribution in China [J]. Journal of Economic Research，1999 (10)：62 - 68.

[140] 陈淑清. 城市化：我国经济长期增长的动力之源 [J]. 经济与管理研究，2003 (5)：20 - 23.

[141] 国务院发展研究中心课题组. 农民工市民化对扩大内需和经济增长的影响 [J]. 经济研究，2010，45 (6)：4 - 16，41.

[142] Glaeser，Edward L，Mare，David C. Cities and Skills [J]. Journal of Labor Economics，2001，19 (2)：316 - 342.

[143] 吴福象，刘志彪. 城市化群落驱动经济增长的机制研究——来自长三角 16 个城市的经验证据 [J]. 经济研究，2008，43 (11)：126 - 136.

[144] 文雁兵. 政府规模的扩张偏向与福利效应——理论新假说与实证再检验 [J]. 中国工业经济，2014 (5)：31 - 43.

[145] 方创琳. 城市亚健康之忧 [J]. 人民论坛，2010 (18)：7.

[146] Yamamura E. Decomposition of the effect of government size on growth [J]. Economics Letters，2011，112 (3)：230 - 232.

[147] Carmignani F，Colombo E，Tirelli P. Macroeconomic risk and the (de) stabilising

role of government size [J]. European Journal of Political Economy，2011，27 (4)：781－790.

[148] Robert E，Lucas，et al. On the mechanics of economic development [J]. Journal of Monetary Economics，1988 (22)：3－42.

[149] Blankenau W F，Simpson N B，Tomljanovich M. Public Education Expenditures，Taxation，and Growth：Linking Data to Theory [J]. American Economic Review，2007，97 (2)：393－397.

[150] Albanese G，Modica S. Government Size, the Role of Commitments [J]. Oxford Bulletin of Economics & Stats，2012，74 (4)：532－546.

[151] 杨子晖．政府规模、政府支出增长与经济增长关系的非线性研究 [J]．数量经济技术经济研究，2011，28 (6)：77－92.

[152] 刘峥．公务员规模的平衡点问题研究 [D]．北京：中国地质大学，2008.

[153] 杨化龙，王莉．"公务员热"对经济增长的影响 [J]．北方经贸，2012 (11)：26－28.

[154] 陈东琪．政府规模与机构改革 [J]．经济学家，1999 (3)：3－5.

[155] 李国柱，马树才．政府规模与经济增长：基于中国的经验研究 [J]．统计与决策，2007 (3)：45－46.

[156] 朱光磊，张东波．中国政府官员规模问题研究 [J]．政治学研究，2003 (3)：91－99.

[157] 张光．"官民比"省际差异原因研究 [J]．公共行政评论，2008 (1)：89－111，199.

[158] 张光．财政规模、编制改革和公务员规模的变动：基于对 1978—2006 年的实证分析 [J]．政治学研究，2008 (4)：97－107.

[159] 朱光磊，李利平．公务员占人口的适当比例问题刍议 [J]．中国行政管理，2009 (9)：66－72.

[160] Wagner A. Grundlegung der Politischen Oekonomie [M]. Leipzig：Wintersche Verlaghandlung，1893：291－302.

[161] 丹尼斯 C，缪勒，等．公共选择理论 [M]．北京：中国社会科学出版社，2010.

[162] 阿尔蒙德，鲍威尔．比较政治学 [M]．北京：商务印书馆，1993.

[163] Bird R M. Wagner's Law of Expending State Activity [J]. Public Finance. 1971 (26)：1－26.

[164] Ram Rati. Government Size and Economic Growth：A New Framework and Some Evidence from Cross－Section and Time－Series Data [J]. American Economic Review，1986 (76)：191－203.

[165] Engen E J. Skinner. Fiscal Policy and Growth [R]. NBER Working Paper, 1992:
4223.

[166] Evans Paul. Government Consumption and Growth [J]. Economic Inquiry, 1997
(35): 209 - 217.

[167] Tobin D. Economic Liberalization, the Changing Role of the State and Wanger's
Law: China's Development Experience since 1978 [J]. World Development, 2005,
33 (5): 729 - 743.

[168] Akitoby B, Clements B, Gupta, Snchauste G. Public spending, voracity, and
Wagner's law indeveloping countries [J]. European Journal of Political Economy,
2006, 22 (4): 908 - 924.

[169] Paresh K N, Russell S. Panel data, cointegration, causality and Wagner's law:
Empirical evidence from Chinese provinces [J]. China Economic Review, 2008, 19
(2): 297 - 307.

[170] Alfred M, Wu M L. Determinants of government size: evidence from China [J].
Public Choice, 2012, (151): 255 - 270.

[171] Meltzer A H, Richard S F. A Rational Theory of the Size of Government [J].
Journal of Political Economy, 1981, 89 (5): 914 - 927.

[172] Krussel P, J V Riso - Rull. On the Size of US Government: Political Economy in the
Neoclassical Growth Model [J]. American Economic Review. 1999 (89): 1156 -
1181.

[173] Alesina A, R Wacziarg. Openness, Country Size and Government [J]. Journal of
Public Economics, 1998 (69): 305 - 321.

[174] Roderik D. Why do More Open Economies Have Bigger Governments? [R]. NBER
working paper, 1996: 36.

[175] Benarroch, Michael, Pandey, Manish. The relationship between trade openness and
government size: Does disaggregating governmentexpenditure matter? [J]. Journal
of Macroeconomics, 2012, 34 (1): 239 - 252.

[176] Qian, Yingyi, G Roland. Federalism and the Soft Budget Constraint [J]. American
Economic Review, 1998 (88): 1143 - 1162.

[177] Shadbegian R J. Fiscal Federalism, Collusion, and Government Size: Evidence from
the States [J]. Public Finance Review, 1999 (27): 262 - 281.

[178] Andress Bergh, Martin Karlsson. Government size and growth: Accounting for
economic freedom and globalization [R]. Public Choice, 2010 (142): 195 - 213.

[179] Bergh, Andreas; Henrekson, Magnus. Government Size and Growth: A Survey

and Interpretation of the Evidence [J]. Journal of Economic Survey, 2011, 25 (5): 872 - 897.

[180] Andersen, Jorgen Juel. Costs of taxation and the size of government [J]. Public Choice, 2012, 153 (1 - 2): 83 - 115.

[181] Alesina A R. Wacziarg. Openness, Country Size and Government [J]. Journal of Public Economics. 1998 (69): 305 - 321.

[182] Baqir R. Districting and Government Overspending [J]. Journal of Political Economy. 2002 (110): 1318 - 1354.

[183] Alesina A, Spolaore E. The Size of Nations [M]. MIT Press, 2003.

[184] Gerdes C. The Impact of Immigration on the Size of Government: Empirical Evidence from Danish Municipalities [J]. Scandinavian Journal of Economics, 2011, 113 (1): 74 - 92.

[185] Elgin, Ceyhun; Goksel, Turkmen; Gurdal, Mehmet Y. Religion, income inequality, and the size of the government [J]. Economic Modelilng, 2013 (30): 225 - 234.

[186] Lott J, L Kenny. Did Women's Suffrage Change the Size and Scope of Government? [J]. Journal of Political Economy. 1999 (107): 1163 - 1198.

[187] Jaimovich, Esteban; Rud, Juan Pablo. Excessive public employment and rent - seeking traps [J]. Journal of Development Economics, 2014 (106): 144 - 155.

[188] Francisco Azpitarte. Can corruption constrain the size of governments? [J]. Public Choice, 2011, (32): 1 - 14.

[189] Funk P, Gathmann C. Does Direct Democracy Reduce the Size of Government? New Evidence from Historical Data, 1890—2000 [J]. Economic Journal, 2011, 121 (557): 1252 - 1280.

[190] Pettersson - Lidbom, Per. Does the size of the legislature affect the size of government? Evidence from two natural experiments [J]. Journal of Public Economics, 2012, 96 (3 - 4): 269 - 278.

[191] Go Kotera, Keisuke Okada, Sovannroeun Samreth. Government size, democracy, and corruption: An empirical inverstigation [J]. Economic Modelling, 2012, (29): 2340 - 2348.

[192] Maldonado, Beatriz. Legislatures, Leaders, and Leviathans: How Constitutional Institutions Affect the Size of Government Spending [J]. Social Science Quarterly, 2013, 94 (4): 1102 - 1123.

[193] Bjornskov, Christian, Potrafke, Niklas. The size and scope of government in the US

states: does party ideology matter? [J]. International Tax and Public Finance, 2013, 20 (4): 687 - 714.

[194] Oto - Peralias Daniel, Romero - Avila Diego. Tracing the Link between Government Size and Growth: The Role of Public Sector Quality [J]. Kyklos, 2013, 66 (2): 229 - 255.

[195] Eterovic, Dalibor S, Eterovic, Nicolas A. Political competition versus electoral participation: effects on government's size [J]. Economics of Government, 2012, 13 (4): 333 - 363.

[196] 郭庆旺，贾俊雪. 财政分权、政府组织结构与地方政府支出规模 [J]. 经济研究，2010, 45 (11): 59 - 72, 87.

[197] 江克忠，夏策敏. 财政支出规模、支出分权和收入集权对行政管理支出的动态影响 [J]. 财经论丛，2011 (1): 33 - 40.

[198] 石沛，蒲勇健. 政府规模决定因素与相关假说——中国数据的一个新的实证解释 [J]. 软科学，2011, 25 (12): 37 - 40.

[199] 杨灿明，孙群力. 外部风险对中国地方政府规模的影响 [J]. 经济研究，2008, 43 (9): 115 - 121, 160.

[200] 张光. 财政规模、编制改革和公务员规模的变动：基于对 1978—2006 年的实证分析 [J]. 政治学研究，2008 (4): 97 - 107.

[201] 范子英，张军. 转移支付、公共品供给与政府规模的膨胀 [J]. 世界经济文汇，2013 (2): 1 - 19.

[202] 刘博逸. 政府规模适度化的评价标准 [J]. 湘潭大学学报（社会科学版），2000 (2): 17 - 19.

[203] 周子康，那吉生. 县级机构编制核定与分配方法研究 [J]. 管理现代化，1993 (1): 1 - 5.

[204] 马树才，胡立杰，王威. 地方行政、事业机构编制配置与总量调控研究 [J]. 统计研究，2005 (9): 25 - 28.

[205] 朱光磊，张东波. 中国政府官员规模问题研究 [J]. 政治学研究，2003 (3): 91 - 99.

[206] 张光. "官民比" 省际差异原因研究 [J]. 公共行政评论，2008 (1): 89 - 112.

[207] 孙涛. 比较视野下的中国政府官员规模研究 [J]. 南开学报（哲学社会科学版），2008 (1): 66 - 76.

[208] 安岗，钱鑫，刘铭. 地方政府规模影响因素的经验研究 [J]. 财经问题研究，2015 (2): 71 - 77.

[209] 邵传林. 西部大开发视角下的地方政府规模膨胀效应测度——基于倍差法的实证

研究［J］. 中南大学学报（社会科学版），2014，20（5）：160-165.

[210] 李凤桃. 专访中国社科院城市发展与环境研究所副所长魏后凯："中国将在2050年完成城市化"［J］. 中国经济周刊，2014（9）：26-28.

[211] 牛文元. 中国新型城市化战略的设计要点［J］. 中国科学院院刊，2009，24（2）：130-137.

[212] 吴木銮，林谧. 政府规模扩张：成因及启示［J］. 公共管理学报，2010，7（4）：1-11，122.

[213] Rodrik D. Why Do More Open Economies Have Bigger Governments?［R］. NBER Working Papers，1996.

[214] 江健桐. 外国政府机构的规模和工资情况——兼同我国比较［J］. 中共山西省委党校学报，1987（6）：55-58.

[215] 孙琳，潘春阳. "利维坦假说"、财政分权和地方政府规模膨胀——来自1998—2006年的省级证据［J］. 财经论丛，2009（2）：15-22.

[216] Afonso A，Schuknecht L，Tanzi V. Public Sector Efficiency：An International Comparsion ［J］. Public Choice，2005，123（4）：321-347.

[217] Afonso A，Fernandes S. Measuring Local Government Spending Efficiency：Evidence for the Lisbon Region ［J］. Regional Studies，2006，40（1）：39-53.